Research on
D A T A
GOVERNANCE
and Rural Innovation Practice

数据治理与乡村创新实践研究

张春玲 赵 爽 吴红霞 徐 嘉 ◎著

中国财经出版传媒集团

经济科学出版社
Economic Science Press
·北京·

图书在版编目（CIP）数据

数据治理与乡村创新实践研究／张春玲等著. -- 北京：经济科学出版社，2023. 12

ISBN 978 - 7 - 5218 - 5453 - 4

Ⅰ.①数… Ⅱ.①张… Ⅲ.①农村经济－经济管理－数据处理－研究－中国 Ⅳ.①F32

中国国家版本馆 CIP 数据核字（2023）第 252926 号

责任编辑：宋艳波
责任校对：郑淑艳
责任印制：邱　天

数据治理与乡村创新实践研究

SHUJU ZHILI YU XIANGCUN CHUANGXIN SHIJIAN YANJIU

张春玲　赵　爽　吴红霞　徐　嘉　著

经济科学出版社出版、发行　新华书店经销

社址：北京市海淀区阜成路甲 28 号　邮编：100142

总编部电话：010 - 88191217　发行部电话：010 - 88191540

网址：www. esp. com. cn

电子邮箱：esp@ esp. com. cn

天猫网店：经济科学出版社旗舰店

网址：http://jjkxcbs. tmall. com

固安华明印业有限公司印装

710 × 1000　16 开　17 印张　270000 字

2023 年 12 月第 1 版　2023 年 12 月第 1 次印刷

ISBN 978 - 7 - 5218 - 5453 - 4　定价：68.00 元

（图书出现印装问题，本社负责调换。电话：010 - 88191510）

（版权所有　侵权必究　打击盗版　举报热线：010 - 88191661

QQ：2242791300　营销中心电话：010 - 88191537

电子邮箱：dbts@ esp. com. cn）

前　言

在第四次工业革命期间，我国紧随数字化时代的步伐，运用大数据、人工智能、移动互联、云计算、物联网、区块链等数字技术创新经济活动，大力发展数字经济，对我国经济实现高质量发展具有举足轻重的意义。数据资源是数字经济的关键要素，党的十九届四中全会首次将数据列为生产要素。2023年4月国家互联网信息办公室发布的《数字中国发展报告（2022年）》显示，自2017年至2021年，我国数据产量从2.3ZB增长至8.1ZB，位居世界第二位。然而，我国数字经济在突飞猛进发展的同时，也面临着"数据孤岛""数字鸿沟""大数据垄断"等问题，数据治理能力有待提高。为此，国家陆续出台了关于数据要素治理的顶层设计思路，2022年12月中共中央、国务院进一步印发《关于构建数据基础制度 更好发挥数据要素作用的意见》，系统设计了数据基础制度的总体架构、具体机制和政策措施，在数据产权、流通交易、安全治理等领域提出了一系列的制度安排，又称"数据二十条"。而2023年3月国家数据局的组建，更是恰逢其时，彰显了国家对数据治理的重视，对促进数字经济发展和数字中国建设意义重大。

乡村发展不充分、城乡发展不平衡是实现中国式现代化的短板，也是实现共同富裕的关键问题之一，实施乡村振兴战略是破解这一难题的治本之策，而数字乡村建设是赋能乡村振兴的重要手段。2022年1月中央网信办等十部门印发《数字乡村发展行动计划（2022—2025年）》，对"十四五"时期数字乡村发展作出部署安排，指出要"以解放和发展数字生产力、激发乡村振兴内生动力为主攻方向，着力发展乡村数字经济，着力提升农民数字素养与技能，着力繁荣乡村网络文化，着力提高乡村数字化治理效能"。而乡村数据治理是数字乡村建设的基础和关键，也是短板。

提升乡村数据要素的供给能力，提高乡村数据的安全性和质量，可以让乡村数据安全地流动起来,利用大数据技术,让乡村数据得到充分利用,实现乡村数据互联共享,辅助科学决策,提高基层工作效率和乡村治理精准化水平。因此,如何构建数据治理体系,确保数字经济高质量发展,促进数字乡村建设和实现乡村振兴,实现共同富裕,是中国式现代化建设中的一个重大课题。本书从理论与实践两个方面探究了数据治理的相关内容,从结构上分为上下两篇,上篇从理论角度主要阐述数据治理的相关理论内容,下篇从实践角度阐述了乡村数据治理的相关内容。

上篇为"数据治理理论篇",共包含四章。

第一章:数据治理的基础:数据。本章主要从数据的内涵与特征、数据资源与数据资产、数据价值、数据思维、数据危机方面入手,对数据的价值、复杂性等进行了深入探讨。首先,概述了数据的内涵与特征:数据即大数据,归根结底是一种数据集,其特性可概括为规模性、多样性、高速性、价值性、真实性、易变性;其次,介绍了数据资源管理、数据资产管理的内涵与发展历程;再次,基于数据概念以及定义延伸,从政治、经济、社会三方面深入阐述了数据价值,并进一步介绍了数据思维的核心以及采用数据思维解决问题的具体步骤;最后,对不同时代的数据危机进行了简要的概括。

第二章:数字经济的发展基础:数据要素。本章主要从数据要素定义、数据要素市场、数据产品定价、数据安全和数据要素赋能经济高质量发展等方面进行详细论述。第一部分通过对数据要素含义、特征及问题的探讨,总结了数据要素在数字经济、传统生产要素、国家治理能力等方面的关键作用和巨大价值;第二部分基于数据要素市场化配置理论,简要介绍了数据要素市场的本质及其与经济增长的关系,通过概括国内外数据要素市场的发展现状,总结了数据要素市场的发展模式,归纳了我国数据要素市场体制机制面临的挑战,并进一步阐述了数据要素市场的发展趋势,为培育发展数据要素市场提供了详细的对策建议;第三部分简要介绍了数据市场结构、数据产品定价原理、数据定价策略和数据产品定价模型;第四部分详细介绍了数据安全发展的现状与痛点难点,基于痛点难点问题提出了关键举措;第五部分介绍了数据要素对经济高质量发展的重要性以及数据要素赋能经济高质量发展的路径。

第三章:数据治理体系。本章着重探讨了数据治理的内涵、数据治理的框架、数据治理成熟度评估模型等内容。首先，通过探讨数据治理与数字治理含义的区别，归纳了数字治理与数据治理的异同点，介绍了数据治理框架，包括 DAMA 数据治理框架、DGI 数据治理框架、IBM 数据治理框架、CALib 数据治理框架、中国电子技术标准化研究院数据治理框架和政府数据治理框架；其次，阐述了数据治理的 CMM 成熟度评估模型和 IBM 成熟度模型；最后，进一步论述了在国家治理能力现代化的过程中，数据治理在促进治理主体多元化、治理主体智能化、治理决策科学化、治理过程协同化、治理目标精准化方面起着至关重要的作用。

第四章：数据治理相关理论基础。本章重点论述了数据治理的相关核心概念及理论基础。通过对治理、治理体系、数据治理、数字治理核心概念的阐释，进一步概述了治理能力现代化理论、善治理论、多中心治理理论和协同治理理论。治理能力现代化理论指出国家治理现代化包括国家治理体系现代化和国家治理现代化；善治理论即遵循"善者治理、善意治理、善于治理"原则，本着"以人为本"的总战略，实现共商共建共享的创新治理模式；多中心治理理论是指通过多元主体的有效互动，推动实现多元主体对基层社会的共建共治共享；协同治理理论主要是主张各方参与主体在相互博弈中互相妥协，最终利益各方达成共识。

下篇为"数据治理乡村实践篇"，共包含六章。

第五章：我国乡村数据治理现状、困境及分析。本章主要介绍了我国乡村数据治理的现状、困境和关键问题。首先，通过梳理目前乡村数据治理的成效，介绍了乡村多元共治格局的初步形成。其次，介绍了我国乡村数据治理在治理主体和治理过程方面仍面临着巨大的挑战：治理主体方面，多元主体严重阻碍乡村治理数字化进程，如村民政治参与度不高、基层政府人员基层治理效能不足、乡村企业主体平台对接难度大；治理过程方面，乡村数据治理实践过程复杂、异化现象频发。最后，深入介绍了我国乡村数据治理在数据收集处理、数据流动传递、数据管理体制、数据开放共享等方面的关键问题。

第六章：我国乡村数据治理体系构建。本章主要介绍了建立乡村数据治理的流程、乡村数据治理与数据管理、区块链应用于乡村数据质量管理以及乡村数据治理的大数据技术应用。首先，基于数据生命周期的角度和数据治理全局角度构建乡村数据治理流程，并进一步介绍了乡村数据治理主体的博弈模型，以及乡村数据治理与数据管理概念的异同点。其次，介绍了区块链技术应用于乡村数据治理的特性，并从数据层、网络层、共识层、合约层、应用层构建了区块链的数据管理系统基本构架，同时进一步阐述了区块链技术应用于乡村数据治理的困境。最后，从大数据＋预测、大数据＋整合、大数据＋决策、大数据＋服务等方面深入探究了乡村数据治理的大数据技术应用。

第七章：我国乡村数据治理评价体系构建。本章主要论述了乡村数据治理评价指标体系的建立、评价指标模型的构建、评价指标权重的确立。首先，基于指标体系构建的基本原则，明确了乡村数据治理评价指标体系有3个一级指标、8个二级指标、26个三级指标，并详细阐述了各指标体系的内涵。其次，介绍了层次分析法和模糊综合评价法的原理与评价步骤，采用层次分析法确定评价指标体系的权重，采用模糊综合评价法对乡村数据治理的过程进行评价。最后，介绍了利用德尔菲法及问卷调查法获取乡村数据治理评价指标体系中各项指标权重数据集的过程，并最终明确了乡村数据治理评价指标体系的权重。

第八章：我国乡村数据治理赋能乡村振兴机理。本章主要论述了乡村振兴战略背景与乡村数据治理对乡村振兴的赋能机理。一方面梳理了乡村振兴战略的背景与内涵，深入阐述了乡村振兴与脱贫攻坚及共同富裕之间的联系与发展过程；另一方面从乡村产业、乡村绿色生活、乡村网络文化、乡村善治、乡村信息惠民五个方面全面介绍了乡村数据治理对乡村振兴的赋能机理。乡村产业包括数字农业、智慧农业、科技农业、农村电商等内容；乡村绿色生活包括数字生态、绿色农业、人居环境等；乡村网络文化包括数字文化资源、数字文化产业；乡村善治包括将信息化平台、数字化技术、区块链技术嵌入村务管理、政务党建、法律服务等工作中；乡村信息惠民包括教育现代化、医疗信息化、养老服务科技化。

第九章：国内外数据治理赋能乡村建设实践。本章主要介绍国内外数据治理赋能乡村建设的具体实践应用。国外主要介绍了美国、日本、韩国、德国等国家农村信息化发展现状和实现模式，总结了其农村信息化建设的经验与启示，如充分发挥政府主导作用、重视人才教育、研发特色产品、提高农业机械化水平等。国内主要从乡村数字经济、乡村网络文化、乡村智慧治理、乡村绿色发展方面概述了各个地方数据治理赋能乡村建设的实践。

第十章：我国乡村数据治理赋能乡村振兴路径。为充分发挥数据治理对乡村振兴的驱动作用，实现以数据为依托的智慧化乡村振兴，本章主要重点介绍了乡村数据治理赋能乡村振兴的具体路径，如优化数字化基础设施，缩小城乡数字鸿沟，实现乡村地区信息网络基础设施普及化；多角度赋能精准化信息服务，多渠道增强村民信息素养；构建数字化治理平台，推进基层数字治理组织变革；推进供给侧结构性改革，丰富并延长产业链和价值链，增添创业就业新机遇；推进农业发展绿色转型，促进农村生态文明建设，推动乡村生态关系数字化转型；强化网络安全和信息化建设，推进乡村文化资源数字化，提高基层公共文化设施数字化服务水平；积极发展农村教育事业，构建农村普惠医疗服务体系，大力发展智慧养老；数字赋能城乡发展，推动数字城乡融合发展。

笔者一直关注数据治理、数字化转型、乡村振兴等领域的研究前沿和实践应用，承担了一系列相关课题，如河北省教育厅人文社会科学研究重大课题攻关项目（项目编号：ZD202008）、河北省社科基金重点项目（项目编号：HB22GL001）、河北省科技厅软科学研究专项（项目编号：22557658D），这些项目为本书的写作积累了丰富的素材，也培养了一支稳定、高素质的研究团队。本书是国家社科基金项目"数字经济赋能农业强国建设的作用机理、空间效应和差异化路径研究"（项目编号：23BGL195）的阶段性成果，本书得到河北省哲学社会科学学术著作出版、河北大学共同富裕中心和燕山大学经济管理学院的资助。为本书成稿作出贡献的研究生有范默莘、李安娜、王鸿斌、许健源。

学界对数据治理的研究正在不断深入，特别是关于乡村数据治理的探索更是需要进一步深化。囿于笔者能力和水平，不足之处在所难免，期望通过本书抛砖引玉，吸引更多的优秀研究者加入对乡村数据治理相关的研究中来，为我国数字经济发展以及乡村振兴作出更多更好的贡献。

张春玲

2023 年 8 月于燕山大学

目录
Contents

上篇
数据治理理论篇

下篇

数据治理乡村实践篇

上篇

■ 数据治理理论篇

第一章 数据治理的基础：数据

第一节 数据的内涵及特征

一、数据的内涵

数据（data）一词源自拉丁文"datum"，最初意为给出的东西，随着信息技术的出现及发展后被解释为"可传输的和可储存的计算机信息"。维基百科对其的解释是"关于事件的离散且客观的事实描述，是构成消息和知识的原始材料"。百度百科中对数据的解释可以总结为对客观事物进行观察并对其逻辑进行归纳得出的结果，是未经过加工的、原始的，对于数据的分类，可以按照是否为数字划分为数字数据、非数字数据，数字数据主要指数字、文字等，非数字数据可以是图像、音频等。在计算机系统中，数据以二进制信息单元0、1的形式表示。韦伯词典对于数据的解释有三种，分别是"用作推理、讨论或计算基础的事实信息，如测量或统计数据等""可以传输或处理的数字形式信息""传感设备或器官输出的信息，包括有用或者不相关或冗余的信息，必须经过处理才能有意义"，从其解释中不难看出，数据与信息密切相关，而数据显然存在于信息之前，需要对其处理分析以后转为信息，才能为人所用。牛津词典对于数据的定义为"收集在一起的事实和统计数据以供参考或分析"，强调了数据的用途。

从以上众多对数据的定义及解释中可以看出，数据早在计算机出现之前就已经存在，比如科学家们在科学实践中采集、分析、计算的数据等。随着技术的蓬勃发展以及对不断增长的数据的持续应用，传统的数据解释已经失去意义，如今谈到数据，我们更多地认为其是对现实世界客观事物的描述，是在计算机中用于传输、加工、储存的原始材料，而数据治理中的数据定义则更倾向于"大数据"。

"大数据"一词并不是近几年才出现的，最早是由美国著名未来学家阿尔文·托夫勒（Alvin Toffer，1980）在《第三次浪潮》（*The Third Wave*）一书中提出，其将大数据赞颂为"第三次浪潮的华彩乐章"；而 2000 年迪博尔德（Diebold）所撰写的论文使"大数据"一词第一次出现在学术期刊中。对大数据的定义有多种，在维基百科中，大数据指的是无法被软件处理的、规模巨大的、无法被企业处理、管理及利用的资料，由于资料的数量是巨大的，以至于数据分析软件无法在合理的时间内对数据进行处理、管理及为企业决策作出支持。世界著名企业管理咨询公司麦肯锡对大数据也做过类似的定义，其认为大数据即规模巨大超出数据库管理系统的数据，且数据库无法对其进行有效存储、分析、管理。还有一些研究机构认为大数据是需要打破传统管理方式，对数据处理流程进行优化才能形成的海量、高增长率、多种类的信息资产。中国科学院院士徐宗本则在第 462 次香山科学会议上将大数据定义为"不能够集中存储并且难以在可接受时间内分析处理，其中个体或部分数据呈现低价值性而数据整体呈现高价值的海量复杂数据集"。

综上可知，不同公司、机构、专家对大数据的定义各不相同，原因在于各自的研究侧重点不同，但对于大数据的基本特征各界达成了共识，即数量规模巨大、增长速度迅速、种类多样，与传统数据相比较，需要更新处理方式来保证在不同需求环境下及时间限制内完成对数据的处理。此外大数据的"大"还包括自身所引发的"大决策""大处理""大分析"等问题。

二、数据的特征

根据数据的产生、收集、使用及自身特点等，可以将数据的特征大致概括为以下十点：

（1）数据本身是对一个事实的描述，代表某件事物的客观描述，即用"数字符合"代表事物。

（2）数据种类不同。根据属性进行划分，可以将数据分为结构化、半结构化、非结构化三种数据。企业数据库中的信息一般为结构化数据，由于结构明确，可以方便企业更好地管理和利用。半结构化数据是介于结构化数据与非结构化数据之间的一种数据，如员工简历。非结构化数据包括图像、影音等，非结构化数据在现实中占比最多。

（3）生产数据需要花费成本，如硬件的购置、软件的更新、人力成本等，如果想要直接获得数据，需要向数据公司支付一定的费用。

（4）数据是能够互补的。小规模的数据价值远远不如大规模的数据价值高，单维度的数据也不如多维度的数据价值大，原因在于数据具有互补性。当数据的规模、维度达到一定程度，数据之间进行互补，数据才能发挥较大作用。

（5）数据能够无限增长。数据一旦产生就会辐射般地产生许多相关数据，并不断增长，而且它没有折旧，只是旧信息会出现延迟性。

（6）数据要素是数字时代的关键生产要素。农业时代，关键生产要素主要是土地与劳动力；工业时代，关键生产要素是技术与资本；数字时代，数据要素是关键生产要素，国家已经将其列为重要生产要素，足见其重要性。

（7）数据获取的速度。数据的获取需要一定程序的处理，这其中包括数据采集、数据分类、数据存储与管理等操作，这些环节所用的时间决定了数据获取的速度。

（8）数据的时效性。数据的发生和使用是有时间期限的，超越了这个时间期限，数据就失去了潜在的价值，因此许多企业利用数据的时效性来预测未来市场趋势。

（9）数据的分散性。数据的产生是分散的、不固定的，因此收集数据时需要通过多种渠道，如网络、书籍、广播等。分散的数据往往需要相互关联起来才完整，才能够产生价值。

（10）数据的多重价值性。在不同人眼里，数据的价值是不同的，同样的数据可以同时产生多重价值，只需要对其进行有针对性的分析和使用即可实现。

对于大数据的特征，人们用"6V"进行了总结，即规模性（volume）、多样性（variet）、高速性（velocity）、价值性（value）、真实性（veracity）和易变性（variability）。这些特性是随着人们对大数据的认识不断深入、全面而认识到的。

在规模方面，大数据通常指 10TB（1TB＝1024GB）规模以上的数据量，可以理解为海量数据。"大数据"在互联网行业是必备项：互联网公司在日常运营中生成、累积的用户网络行为数据。例如，社交电商平台每天产生的订单、各个短视频，论坛、社区发布的帖子、评论及小视频，用户每天发送的电子邮件以及上传的图片、视频与音乐等，这些无数个体产生的数据规模很庞大，体量早已达到了 PB 级别以上。数据的大量产生主要有三方面原因：其一是信息技术迅速发展，通信工具的数据传输能力得到了显著提升，通信的流量也快速增长，人们无时无刻不在通信，数据也伴随其产生；其二是电子设备对数据的生产能力和存储能力大大加强，很多生产事务、现实事物实现了信息化；其三是集成电路的成本下降，智能设备的生产成本也随之降低，生产数据的设备大量产生。

在多样性方面，大数据中的数据种类繁多。随着传感器种类的增多以及智能设备、社交网络等的流行和发展，数据类型也变得更加复杂，不仅包括传统的关系型数据类型，也包括以网页、视频、音频、E-mail、文档等形式存在的未加工的、半结构化的和非结构化的数据。正是多样化的数据形式决定了大数据更高的价值，为此，数据挖掘和数据资产越来越受到企业的重视，多类型的数据对数据的存储和处理能力都提出了更高的要求。目前，在这方面应用最广泛的就是智能推荐系统，如今日头条、百度、抖音等平台都会通过用户使用数据对用户的行为进行分析，从而智能地向用户推荐其喜欢的内容，提升用户的使用体验。

在高速性方面，数据的处理和分析速度是非常快的。对传统数据的处理是以 TB 为衡量标准的，但现在的数据处理速度已经变成了 PB 级别，也就是说数据处理的速度发生了质的变化，可以用海量数据与超速处理来形容。现在越来越多的数据是以流式数据出现的，数据快速流动变化，以至于传统系统难以处理。随着网络传输的速率不断攀升，从传统的百兆到千兆、万兆网络，移动网络也已经逐步升级到了 5G 时代，数据的产生和传输速度都越来越高，所以客户越来越强调实时反馈，无论是在线看电影还是在线直播、刷视频都要求低延时，对传输、存储、播放都要求高速度。在这一背景下，速度成为竞争中的一个利器，不论运营方还是服务商，谁能提供更快的速度，谁就能获得更多的用户和订单。

在价值性方面，大数据的价值往往呈现出稀疏的特点。随着物联网的广泛应用，数据量呈指数级增长，但隐藏在海量数据中的有效信息并没有相应地同比例增长，反而使获取有用信息的难度加大。人们必须先从海量数据中提取有关联的、有用的信息，才能使大数据转变为知识或生产力，由此出现了机器学习、深度学习，以此来高速高质量挖掘大数据中的价值。大数据的潜在价值就在于此，通过深度机器学习，对海量数据进行处理分析，找出其中存在的新规律、新知识，以此对未来的发展趋势进行预测，并为企业的决策提供支持。

在真实性方面，要求大数据要客观反映事实，数据的准确度和可信赖度代表着数据的质量。与传统抽样调查相比，大数据呈现的内容更加真实、全面。大数据可以对数据造假进行有效检验，在样本数据充足条件下，检验其是否符合第一数学定律，若不符合该定律，则样本数据很可能存在数据造假问题。

在易变性方面，大数据往往呈现出多变的形式和种类。数据的内容和形式在不同环境、不同条件下容易发生变化，有时可能发生根本性的改变。相较传统的业务数据，大数据存在不规则、不清晰的特征，许多数据分析软件很难对其进行准确、快速的分析，而传统业务数据并不会存在这样的问题，因为传统业务数据经过不断优化更新，已经标准化、规范化，能够被分析软件准确识别。

除了以上特点外，大数据还因应用领域不同而具有所在领域的专有特性，这些特性存在较大差异。对于网络购物的大数据而言，网店公司需要对用户的购买数据进行分析，了解和把握用户的消费心理，刺激用户的消费欲望，为用户推送其所需商品，这就对数据的准确度、及时性提出了较高的要求；对于医疗领域的大数据，需要依据病例信息对病人的信息进行判断，而前提是需要大量的相似病情数据，所以对数据的可靠性和精确度要求非常高。

第二节 数据资源

一、数据资源的内涵及发展

数据资源（data resource）狭义的解释是指数据本身，即企业运作中积累的各种各样的数据信息，如用户信息、商品信息、人事信息、采购信息、财务数据及库存数据等，这些数据通常存储在数据库管理系统或其他软件下的数据库中。广义的解释涉及数据的产生、传递、交换、处理等整个过程，包含数据本身、数据的管理工具（计算机与通信技术）和数据管理专业人员等。

数据资源具体来说是信息技术基础设施的一个组成部分，它代表某组织可使用的所有数据，无论这些数据是结构化、非结构化或是半结构化的。不同的业务组织可能有不同的需求，建立信息技术基础设施可能非常复杂。通常，机构本身越复杂，其信息技术需求就越复杂，最终信息技术基础设施的建立也将变得更加困难。信息技术基础结构包括许多方面。架构师需要在网络部分考虑网络外围设备，包括路由器、交换机、电缆、无线连接和其他产品。然后是服务器方面，将任务分配给不同服务器，如数据库服务器、Web 服务器、FTP 服务器等。数据资源是此基础设施的一个单独组件。与网络和服务器组件以及许多其他未提及的组件一样，仔细规划信息基础结构的数据资源也很重要。数据资源包含组织对每个可用数据的所有表示形式。这意味着，即使是那些非自动化数据，如每个员工各自办公桌上的大量纸质文件，隐藏在保密柜中的机密纸质数据、销售收据、发票及所有其他交易纸质文件，也构成了数据资源。不可否认，尽管所有业务流程都已数字化，但纸质文本仍在业务运营中发挥着重要作用。目前，数字数据资源为公司提供了更快、更有效的数据管理手段。在当今世界，数据资源的实现不仅限于数字化方面。

目前，许多公司发现，支持数据资源的最有效方法正在不断变化，并随着技术的发展而发展。实际上，近 20 年以来，数据资源的变化巨大。如今，数据资源的物理性质可能已经发生了巨大变化，但是对可伸缩和可靠基础架构的需求却没有改变。分散的数据资源通过网络连接变得普遍且意义非凡，因为对信息的需求变得越来越普遍。

在特定位置或硬件的基础上创建基础架构已不再可行，在网络的帮助下基于每个组织中的另一个普遍实体创建基础架构变得更加重要。该网络具有许多固有的优势，使其成为管理托管数据资源基础结构的理想选择。数据资源可能分散在公司的各处，可能来自财务、销售、市场、人力资源、制造和其他公司部门，还有一些数据资源可能来自不同地区的公司部门。

简而言之，数据资源可能来自世界各地，它们可能汇聚在一个数据仓库中，也可能将交叉数据从一个部门发送到另一部门。无论如何，一切都朝着网络基础架构发展，联网数据资源的最好例子是互联网，全世界有数百万台 Web 服务器是数据资源。

二、数据资源的管理

随着数据资源的不断发展，数据资源管理也随之发展。国际数据管理协会对数据资源管理的定义是"致力于发展处理企业数据生命周期的适当的建构、策略、实践和程序"。这是一个高层次而包含广泛的定义，而并不一定直接涉及数据管理的具体操作（如关系数据库的技术层次上的管理）。一般而言，数据资源管理包括数据获取、数据处理、数据存储、数据分析、数据库管理、数据安全管理、数据质量管理、数据迁移、战略数据架构等。维基百科的描述似乎更容易理解，"数据资源管理是应用数据库管理系统、数据仓库等信息技术和软件工具等数据管理工具，完成组织主体所从事的数据相关资源管理活动，满足企业信息需求的管理活动"（姜程潇，2022），而管理工具包括信息技术和分析软件，管理任务则是管理数据资源。

数据资源的发展大致经历了三个阶段，分别是文件数据资源阶段、数据库数据资源阶段和业务数据资源阶段。从开始的文件记录存储的简单管理到目前的全业务数据标准规范管理，对数据的分析挖掘更加便捷有效。

在文件数据资源阶段，对数据资源的管理是以文件管理方式进行的，计算机文件代表了主要的数据资源。在这种方法中，利用计算机对数据资源完成管理操作，数据被计算应用程序整理成数据文件，只能以特定方式访问。在早期，这种管理方法较为方便，但随着信息技术迅猛发展，此方法已跟不上现代企业的物流链管理、供应链管理、组织管理的速度，管理成本太高，灵活性太差。

1961 年，美国通用公司研发的第一个数据库系统 DBMS 诞生，此后，数据资源进入数据库时代，数据管理变得规范化、标准化、系统化。企业需利用数据库技术、数据管理技术及其他管理技术，对企业数据进行管理，完成管理任务，满足企业的信息化需求。需要注意的是，不论文件型还是数据库型数据资源，绝大多数并未得到全面管理，没有实现真正意义上的数据资源价值释放。

为了实现数据资源的全面管理，"全业务域数据资源中心"被提出，全业务域数据资源中心为企业提供完整的数据中心解决方案，提升企业管理和运营效率，实现数据收集管理、标准规范管理、元数据管理、主数据管理、数据跟踪管理、调度管理、数据反哺、BI 决策分析等。通过体系化的数据资源管理中心的建设，能够有效疏通企业内的数据沟通渠道，帮助企业进行信息化改革，促成集成的、有序的、高效的数据交流，充分体现数据的基础支撑功能，实现企业数据共享、数据集成，避免出现"数据孤岛"现象。

第三节 数据资产

一、数据资产的内涵及发展

数据资产的概念源于大数据的兴起。早在 1974 年，美国学者理查德·

彼得斯（Richard Peterson）便提出"数据资产"一词，他指出数据资产的组成成分包括政府、公司、实物债券等资产。此时还没有出现"大数据"，数据资产与大数据的联系也没有出现，但随着信息技术的发展，数据要素的重要性不断提高，人们越来越意识到把大数据作为数据资产处理的可能性。1997年，阿尔甘（Ugur Algan）提出创建数据库对数据资产进行管理，以便更好地发挥其价值，同时他指出公司的市场价值和竞争定位直接关系到数据资产的数量、质量、完整性及可用性。同年，美国国家航空航天局（NASA）研究员在第8届国际可视化学术会议上首先提出"大数据"一词，此后大数据逐渐为人所知，并与数据资产的联系逐渐密切。2008年，《自然》（Nature）杂志出版了一期大数据专刊，大数据在学术研究领域的受重视度极大提高，随后美国政府发表了《大数据研究和发展倡议》，各国纷纷跟进，对大数据进行了研究。

2009年，托尼·费希尔（Tony Fisher）在《数据资产》一书中提出数据是一种资产，强调企业要把数据作为企业未来发展的基础加强重视。同年，国际数据管理协会（DAMA）在《DAMA数据管理知识体系指南》中指出，信息时代，数据被认为是企业的一项重要资产，每个企业都需要对其进行有效管理。2011年，世界经济论坛发布的报告《个人数据：一种新资产类别的出现》指出，个人数据正在成为一种新的资产类别。2013年，《美国陆军信息技术应用指南》将数据资产定义为"任何由数据组成的实体，以及由应用程序所提供的读取数据服务；数据资产可以是系统或应用程序输出的文件、数据库、文档或网页等，也可以是从数据库返回单个记录的服务和返回特定查询数据的网站；人、系统或应用程序可以创建数据资产"。

2015年，北京中关村成立国内首家开展数据资产登记确权赋值服务的机构——中关村数海数据资产评估中心，以推动大数据作为资产的确权、赋值并促进交易等。2016年，中关村数海数据资产评估中心与Gartner公司一起发布了全球首个数据资产评估模型。2018年，中国信息通信研究院云计算与大数据研究所发布的《数据资产管理实践白皮书》对数据资产作出定义，"数据资产（Data Asset）是指由企业拥有或者控制的，未来能够为企业带来经济利益的，以物理或电子的方式记录的数据资源，如文件资料、电子数据等。"在企业中，并非所有的数据都构成数据资产，数据资产必须是能够为企业产生价值的数据资源。

二、数据资产的属性

如今，在这个数字时代，企业已经将数据资产看作重要的战略资源，其专有的价值性要求企业必须视其为核心资产。但其仍是一种数据，数据具有的物理、信息、存在属性它都具备。

数据的物理属性是指数据是有形的，需要占用物理空间进行存储，并以二进制的形式在电脑硬盘中存储。在大数据时代，数据一般都是 PB 量级的，而 1PB 的数据需要近三倍的存储空间来保存，就像现实中存储粮食一样，需要建造一个更大的实体仓库，对于数据存储来说，这个仓库可以理解为机房，是有形存在的。

数据的存在属性是指数据是可读的，不可读的数据资产是无形资产，其价值不能确定，无法具体呈现。要读取数据，就要将数据存储在实物中，并且还要可取，好比把粮食装进粮仓里，需要时再取出来，数据应该是真实可以取出的。数据的存在属性是建立在物理属性基础上的，没有物理存储，就没有数据的读取。

数据的信息属性是指数据的价值。因为数据的价值是无法衡量的，难以计算，所以数据被读取后其发挥价值的过程是以其无形资产存在的。数据价值的大小取决于对数据的挖掘程度以及信息需求匹配程度等，对于不同的人，需求的信息是不同的，产生的价值也不同，因此只能采取估算的方法进行计量，此时的数据是无形资产。

根据对数据的物理属性、存在属性和信息属性的解释可知，数据具有无形资产和有形资产的双重特性，发挥数据的价值需要对两种特性进行管理。此外，数据的传递成本较低，通过复制、发送便可以实现，所以数据流动得非常快，若是不加以管理监督，数据会在公司内外随意流动，造成数据泄露，最终导致企业的资产损失。再有，数据的不损耗、不折旧特点使其可以被长期保存，所以数据资产属于长期资产，在会计核算时，需要对其进行特殊对待，单独列出。

三、数据资产的管理

数据资产是企业的重要战略资源，对数据资产进行管理非常重要。数据资产管理包括数据标准管理、数据模型管理、元数据管理、主数据管理、数据质量管理、数据安全管理、数据价值管理、数据共享管理等部分。

数据标准是对数据的一种约束，目的是保证内外部使用和交换数据时保持一致性、准确性、规范性。数据标准管理的第一个关键是理解数据标准化的需求，即任何一个管理活动都要和企业的战略规划、需求紧密结合。数据标准管理的第二个关键是制定数据标准的体系与规范。第三个关键是制定相应的管理办法及实施流程要求。第四个关键是建立一些数据标准的管理工具。

数据模型是现实世界数据特征的抽象。数据模型包括三个：首先是概念模型，概念模型是面向用户与客观实践的，构建概念模型的本身与数据库或者数据仓库的架构搭建没有特别多的关系；其次是在建立概念模型的基础上可以构建逻辑模型，逻辑模型是面向业务的，用于指导一些数据库系统的实现；最后是物理模型，物理模型是基于逻辑模型，面向计算机物理表示，考虑了操作系统、硬件模型等，描述数据在存储介质上的组织结构。

元数据管理。以二维表为例，如果要描述一个二维表信息，可以描述其每一行、每一页，也可以提取这个表中的一些抽象化或者是更高层次的信息，如这些表的字段或者表的结构及表的大小等，这样就对这个表格进行了数据的描述。元数据管理可以帮助实现关键信息的追踪与记录，快速掌握元数据变化可能带来的风险。对元数据的运用，最关键的是血缘分析和影响分析，通过这两个分析可以了解数据走向，知道数据从哪里来、到哪里去，也可以构建数据地图和数据目录，自动提取元数据信息，了解企业目前拥有的数据资产情况。

主数据管理，如用户数据、职工数据、产品数据、成本数据等。主数据管理可以使企业跨系统使用一致的、共享的数据，从而降低成本和复杂度，支撑跨部门、跨系统数据融合的应用。主数据的关键活动包括识别主数据、定义和维护主数据的架构及实现数据库与主数据库的同步。主数据管理在很多行业成为企业开展数据资产管理的切入点。通过对主数据的梳理和管理，将建立数据的一个参考，为数据标准后期的管理节约很多的人力和物力。

数据质量管理，可以帮助企业获得一些干净及结构清晰的数据，进而提高数据应用和服务水平。数据质量的衡量指标一般包括完整性、规范性、一致性、准确性、唯一性以及时效性。在定义数据质量管理时应该将管理过程中的成本考虑进去。同样还需要和企业的业务需求紧密结合，找到平衡点。数据质量管理其他的关键活动包括持续的测量、监控数据的质量、找出数据质量问题的原因、制定数据质量的优化方案、监督调控数据质量管理操作和绩效等。

数据安全管理。主要是对数据设定一些安全等级来评估数据的安全风险，健全数据安全管理的相关技术规范，对数据实施全生命周期安全管控，包括数据的生成、存储、使用、共享、销毁等，实现事前可管、事中可控、事后可查。

数据价值管理。通过对数据的成本和数据的应用价值两个方面的度量，使企业能够最优化、最大化释放数据的价值。成本价值计量可以从采集、存储、计算成本角度进行评估，也可以从运维成本角度评估，还可以从数据的活性及数据质量应用场景的经济性等角度进行评估。数据的成本及数据价值的评估维度主要和自身的应用场景与业务需求挂钩即可。数据的成本与数据价值的典型评价方法包括成本法、收益法及市场法。

数据共享管理，包括数据内部共享、外部流通、对外开放。数据共享管理的关键活动包括定义数据资产运营指标、设计管理方案等。

第四节　数据价值

一、数据价值的内涵

在数字时代，数据已经成为重要的生产要素，国际数据公司（IDC）曾预测，全球大数据技术与服务相关收益到 2023 年将达到近 2900 亿美元，可见大数据所蕴含的巨大价值，与传统的生产要素不太一样，大数据的复杂性要远超工业经济时代石油、煤炭、资本等生产要素。人们对大数据价值特征的认识具有双面性，一方面有人认为在大数据时代，所有的数据都是有价值的，无论数据本身还是数据的相关性；另一方面有人认为数据本身并无价值，必须对其进行分析得出所需的信息才能获得价值。这两种观点中，前者肯定了大数据所包含的巨大价值，后者指出了其价值密度较低的特点，即需要对其进行挖掘才能产生较高价值，因此对数据价值的理解具有较高的复杂性。

对样本数据而言，数据挖掘是必不可少的，在海量的数据中寻找有用信息就像淘金一般，但数据并不像黄金一样，黄金本身具有天然价值，而数据的价值不是固有的，需要对其加工、深度开发才能产生。许多人把数据比作"新的黄金、新的石油"，可见其价值非同一般，对企业来说，对海量数据进行处理分析，可以更准确地把握市场趋势，及时更新产品和服务，提高生产效率，助力企业制定发展战略，这些都是数据能够产生的价值。因此可以得出总结即数据是具有价值的，其价值是在对其进行处理分析以后产生的。

大数据的价值主要体现在对生产流程的改进优化、产品创新、生产效率提高等方面，是对不同大数据主体进行重组整合的过程。数据的价值来源于其客体，取决于其主体，产生于实践。对数据价值的考虑可以从三个方面进行，分别是政治价值、经济价值和社会价值。

二、数据的政治价值

在政治价值方面，大数据被视为提升国家实力、获得竞争优势的重要资源。许多国家颁布相关法律政策，规范大数据管理环境，鼓励引导本国企业进行大数据管理。美国在 2012 年发布了《大数据研究和发展倡议》，这一倡议标志着大数据已经成为重要的时代特征。之后美国政府宣布投资 2 亿美元用于大数据领域，大数据技术从商业行为上升到国家战略。此后，日本、英国、德国等国均出台相关文件，促进本国大数据发展，从国家层面进行规划部署。

2015 年 8 月 31 日，国务院印发《促进大数据发展行动纲要》，明确提出要建立国家大数据，统筹规划大数据基础设施建设，为政府大数据治理提供服务，而数据的政治价值重点体现在其对于政府大数据治理中政府数据开放的基础支撑作用。

政府数据开放可以促进产业发展、提高行政管理效率、优惠方便民众，并且政府数据的开放意味着数据可以在政府内部和外部进行交流传递，这可以极大地方便政府内部管理，提高工作效率，满足综合治理需求，打破了政府内部各部门之间的信息壁垒和避免了"信息孤岛"，使得数据流动速度大大加快，部门行政管理能力加强，行政管理效率提高。而政府数据共享对外影响同样有利，数据共享以后，政府部门更加公开透明，社会民众对其更加了解，同时加强了民众对于政府部门的监督，有效遏制了腐败行为，提高了政府在民众心中的信任度，使政府公信力大幅提升。此外，数据共享以后，提高了民众参与公共事务的积极性，民众能够与政府部门有效沟通、互动，提高了政府的社会综合治理能力。例如，社会治理的大数据平台应用，将政府各部门分散的资源整合起来，并应用于智慧城市系统，极大地提高了政府的社会治理能力。

三、数据的经济价值

在经济价值方面，一方面，数据本身可以作为一种商品，企业可以将其进行买卖，其具有增值性。数据交易最早于 2008 年在国外出现，一些前瞻性的企业开始加大对数据业务的投入，数据应用新业态包括"数据交易""数据银行""数据评估"等，知名数据服务商包括微软、亚马逊、甲骨文等一些科技公司。国内数据交易起步于 2010 年左右。2015 年 9 月，我国发布的《促进大数据发展行动纲要》中明确提出要引导培育大数据交易市场，开展面向应用的数据交易市场试点，探索开展大数据衍生产品交易，建立健全数据资源交易机制和定价机制。另一方面，对开放数据的开发利用使得企业收获巨大收益。数据分析公司的调查显示，开放数据极大地促进了全球经济的发展，在医疗、教育、交通等方面，效果尤为显著，此外，开放数据还对产品开发、商业模式创新、生产效率提升、产品质量提升等作用突出。

在企业内部，开放数据被看作原材料，对开放数据进行加工处理，产生新的信息，开发新的产品或服务，如对手机移动端的应用开发，通过市场需求分析，对应用功能进行确定，并设计开发出新的软件，满足消费者需求，这便是开放数据的直接价值所在。此外，将开放数据应用于生产管理也是其价值释放的一方面，能够提高企业的生产和管理效率，更新产品和服务。在企业外部，通过信息收集分析，能够帮助企业获取有利的竞争优势，寻找目标客户群，为其提供精准化服务，创造新的商业机会和商业模式。

四、数据的社会价值

在社会价值方面，数据要素所起的巨大作用是推动医疗、教育、交通等公共服务领域数字化、智能化发展，改善人们的生活水平，提升人们生活中的幸福感。

在医疗领域中，各类医疗卫生机构通过健康医疗大数据采集、存储建立居民电子健康档案、电子病历等核心基础数据库，并建立统一接口的健康医疗数据共享机制，各部门密切配合，利用大数据分析和人工智能等技术，探索建立健康医疗信息平台，辅助医生进行病变检测，提高诊断准确率，提升医疗服务水平，缓解医疗资源紧张，居民也可以体验到智慧医疗服务，减少医疗就诊的时间和距离，许多出行不便或者距离较远的患者可以通过网络与医师在线就医，此外，医疗数据的分析及应用对于医学影像、医疗护理机器人、药物研发、预防保健等方面将发挥巨大支撑驱动作用。

在教育领域，数字教育是未来教育的必然趋势，也是数字中国的重要组成部分，而教育数字化离不开数据的采集、共享、应用，在教育资源体系构建方面，根据各市、区、县各学校学习资源的数据统计及共享建立多级教育资源库，纵向统筹推进教育系统化、体系化，同时根据各部门协同，融合各类特色主题资源，构建具有特色的教育资源体系；在教育资源配置方面，根据课堂、作业、考试数据等对学生的多元化发展、个性化需求进行分析，通过数据共享打造多主题教育新场景，精准化配给学生教育资源，灵活有弹性地培养人才。

在交通领域，智慧交通将成为改善城市交通的关键，而数据的及时、准确获取，构建基于交通数据处理模型的智慧交通系统是前提。在构建智慧交通系统，大数据的虚拟性将利用数据跨区域管理及数据共享有效解决跨越行政区域的限制，不同区域数据仓库对数据的集合管理将带来新的数据价值，能更加快捷、精准地测算城市交通分布情况，助力交通领域的防灾减灾，高效配置地面公路交通网络，实现交通信号自适应控制，并在提升交通预测水平、减轻道路交通堵塞、降低汽车运输对环境的影响等方面发挥重要作用。

五、数据的价值释放

数据价值释放大致分为原始状态阶段、衍生状态阶段和驱动状态阶段三个阶段。原始状态阶段是指数据自身状态没有发生改变，可以直接被利用；衍生状态阶段是指对原始数据进行了加工处理，数据自身发生改变，产生了新价值；驱动状态阶段是指利用新数据进行分析预测，创造商业价值，是数据价值释放的最高级形态。

原始数据是收集得到的数据，未经过加工处理，一般是非结构化数据，具有巨大的潜在价值，可以是个人数据，也可以是企业数据、政府数据，这些信息往往涉及个人、企业、政府的敏感内容，需要对其进行有效的隐私保护。在数字时代，原始数据更多是经济活动的副产品。

对原始数据进行清洗、加工、存储之后的信息便是衍生数据。衍生数据一般是结构化数据，主要储存在数据库中，为企业的数据分析提供支持。在数据处理过程中，企业需要投入一定的劳动和资本，所以衍生数据的价值要高于原始数据，企业可以将其作为数据资产，以一定价格交易。衍生数据的所有者可以是企业、个人、政府，对于企业的衍生数据，其价值保护需要制定一定的机制，企业需要利用财产权对其进行保护。数字企业通过对数字基础设施、组织和人力资本的投资，对数据进行收集、汇总、处理分析，从而获得数据价值。

驱动数据是企业得到衍生数据之后，对衍生数据进行资产化管理，并实施商业智能和商业创新，将驱动数据的价值最大化释放，这一过程包括数字技术更新、数字产品更新、商业模式创新、生产管理优化等。数据驱动是最高级别的数据价值状态，大数据驱动下商业模式的创新体现了人类创造性的发挥，驱动数据也因此成为企业最核心的竞争力之一。企业的数据竞争力在于提高数据存储量和加工处理量，提升数据分析能力，为商业智能提供依据。对驱动数据的应用还包括数据间的互补操作，利用互补性，将多主体、多维度的数据整合在一起，创建商业应用服务生态。

从价值创造的角度分析，原始数据的价值较低，一般无法被直接使用，无法创造较高价值，但具有潜在价值。衍生数据具有直接价值，可以对其进行资产化管理。数据的价值创造受到数据处理能力的影响，相同的数据被不同的公司处理，得到的衍生数据不同，价值也就存在差异。在价值创造的过程中，数据被处理加工为数据产品或服务，但是数据的价值不会一直被放大，随着数据挖掘的不断深入，数据分析的规模收益会逐渐递减。虽然存在数据互补，将数据量增大，但是数据的边际价值仍增长缓慢，追不上填充量，并且在到达一定边界值后会逐渐下降。所以衍生数据的直接价值和潜在价值都是有限的，达到价值上限以后，数据价值并不会随着数据量的增大而增大，而是相反，此时就需要进行数据驱动创新，以打破数据边界价值的束缚，进一步释放数据价值（唐要家和唐春晖，2022）。

数据创新驱动不仅改变了商业模式，还改变了产品，出现了大量的数字中心平台，这些数字中心平台的主要功能是提供数据商品或服务，这些商品具有边际成本低、符合消费者需求的特点。数据创新驱动催生了一大批新兴产业，如现在流行的直播带货，这些新兴产业对传统行业具有较大的冲击力，同时也提升了社会经济增长速度，促进了经济的高质量增长。由此可见，数据的价值其实来源于人类活动及人类创造，并非数据本身，对原始数据的挖掘和衍生数据的创新，都是将数据价值进一步释放的过程，而最有效的数据价值释放，便是数据创新驱动。在数据创新驱动的过程中，数据开放是前提，创新驱动是根本，多元激励是保障，因此，国家需要重点发展数据创新驱动，将其作为重要战略，并且建立完善的数据治理体系。

第五节 数据思维

一、数据思维的内涵

数据思维就是使用数据提出问题和解决问题的能力，是根据数据思考事物的一种思维模式，是一种量化的思维模式，重视数据事实。数据思维还是一种综合性思维。一方面，要求能理性地对数据进行处理和分析，通过数据能够知道发生了什么、为什么会发生、有什么样的规律。另一方面，还要有充分的想象力，能够将数据关联到业务和管理流程，并能创造性地提出不同的见解。

数据思维有两个核心，一个是数据敏感度，一个是数据方法经验。数据敏感度是指对数据的敏感程度，当看到一个数字时，是否能够感知这个数字合理或异常，当数据异常时，能够判断数据异常的原因，找到问题所在。对数据的敏感度越高，对数据价值的利用就会越充分，可以发现数据背后更多的有用信息。数据方法经验，是指数据分析方法，看到问题以后，需要利用数据分析方法对数据进行分析处理，找到解决方法。数据分析方法有很多种，如相关性分析、对比分析、分群分析等。

在运用数据思维解决问题的过程中，数据处理一般分5个步骤，包括数据收集、数据存储、数据处理、数据分析和可视化处理，还需要进行数据安全管理。

二、数据收集

数据收集常用的方法有系统日志采集法、传感器采集法、网络爬虫采集法等。通过这些方法将数据收集并储存，为数据分析提供依据。

许多企业的业务平台每天都会产生大量的日志数据，日志收集系统要做的事情就是收集业务日志数据供离线和在线的分析系统使用。高可用性、高可靠性、可扩展性是日志收集系统所具有的基本特征。目前常用的开源日志收集系统有 Flume、Scribe 等。日志采集分析是由需求驱动，根据场景需要来采集，并进行针对性分析。不同系统的运行环境、功能应用场景及采集分析日志的需求也各不相同。

　　日志内容、采集方式存在多样性，日志数据量大，所以需要设计一套日志采集系统，满足日志采集需求，支持将分析结果反哺于应用功能。

　　传感器采集法是指用传感器采集数据的方法，传感器是一种检测装置，能感受到被测量的信息，并将其按一定规律转化为电信号或其他所需形式，以满足信息的传输、处理、存储、显示、记录和控制等要求。

　　在生产车间中一般存在许多的传感节点，24 小时监控整个生产过程，当发现异常时可迅速反馈至上位机，是数据采集的感官接受系统。

　　网络爬虫采集法是指利用电脑网页抓取程序，对网页上的数据进行采集，通常从网站某一个页面开始，读取网页的内容，找到网页中的其他链接地址，然后通过这些链接地址寻找下一个网页，这样不断循环，不断读取网上的信息，直到把这个网站所有的网页都抓取完为止。

　　网络爬虫跟我们日常浏览网页的思维过程如出一辙，我们浏览某个网站寻找我们需要的东西时，从网站的首页开始，逐层深入，通过网络链接，最终找到我们想要的信息。打开网页的过程，其实就是浏览器作为一个浏览的"客户端"，向服务器端发送了一次请求，把服务器端的文件"抓"到本地，再进行解释、展现。

三、数据存储

　　数据收集完成之后需要对数据进行存储，在早期计算机使用过程中人们就发现数据的输入是个大难题，非常耗时耗力，于是提出了一种短期解决方案——计算机内存，也称存取存储器（RAM），但是其存储容量和时间都非常有限，于是人们不断改进计算机存储技术，提出新的存储方法，比如动态 RAM 和同步 DRAM，但这些方法仍然受到成本、容量和保留时间的限制。当计算机关机时，RAM 保留数据的能力也随之消失。现在，人们找到了数据存储这个解决方案，通过数据存储空间，用户可以将数据保存到设备上。运用这个方案，当计算机关机时，数据仍得以保留。用户可以指示计算机从存储设备中提取数据，而无须手动将数据输入计算机。计算机可根据需要从各种来源读取输入数据，然后再创建输出，并将其保存到相同的源位置或其他存储位置。用户还可以与他人共享数据存储。如今，组织机构和用户需要数据存储来满足高级计算需求，如大数据项目、人工智能（AI）、机器学习和物联网（IoT）。需要庞大数据存储量的另一个原因是防止由于灾难、故障或欺诈导致数据丢失。因此，为避免数据丢失，用户还可以使用数据存储作为备份解决方案。

四、数据预处理

数据收集并存储之后，需要对数据进行预处理，数据预处理是数据分析及数据挖掘过程中非常重要的一环。从现实世界采集到的大量的、各种各样的数据比较散乱，它们是不符合挖掘算法进行知识获取的规范和标准的，这时就必须对数据进行处理。数据预处理是在对数据进行数据挖掘的主要处理以前，先对原始数据进行必要的清洗、集成、转换、离散、归约、特征选择和提取等一系列处理工作，达到挖掘算法进行知识获取要求的最低规范和标准。

从对不同的源数据进行预处理的功能来分，数据预处理主要包括数据清洗（data cleaning）、数据集成（data integration）、数据变换（data transformation）、数据归约（data reduction）等四个功能。数据清洗，顾名思义就是将脏数据清洗干净。脏数据表现在形式上和内容上的脏。形式上的脏如缺失值、带有特殊符号等；内容上的脏如异常值。清洗数据之后进行数据集成，数据集成就是将多个数据源合并放到一个一致的数据存储中。数据变换是将数据转换成适当形式，供分析软件和分析理论使用。数据归约是指在对挖掘任务和数据本身内容达成理解的基础上，找到数据目标的专有特征，将数据规模缩小，尽可能地保证数据原貌，并最大限度地缩减数据容量。在实际的数据预处理过程中，这四种功能不一定都用得到，在实际运用中也没有先后顺序，并且某种数据预处理可能还会先后多次进行。

五、数据分析及可视化

数据预处理之后便可对数据进行分析。使用适当的统计分析方法，找到有用信息，并对有用数据进行研究和总结。在实际工作中，数据分析能够帮助管理者进行判断和决策，以采取适当策略和行动。

常见的数据分析方法有分类算法、聚类算法、关联分析、回归分析等。分类算法与聚类算法比较相似，顾名思义，分类就是将数据库中的信息按照一定的标准进行划分，分成不同的类别，通过分类模型将数据分配到每个类别里，分出类别的信息可以提供预测的功能。聚类是根据数据的相似性和差异性进行聚合，将具有相似特性的数据聚合到一起，同一类别的数据相似度极高，不同类别的数据差异较大，不同类别之间的数据关联性较低。关联分析是指在大量数据中找出数据间隐藏的关系和规律，发现其关联规则。回归分析是指利用特定的函数表达式，对不同属性值的数据进行分离，找出属性值之间的存在关系，该方法在数据序列中被广泛应用，主要是预测研究。

数据可视化是指通过图形可视化技术，清晰有效地传达和沟通信息。它将数据库中的每个数据项作为单个图像实体元素表示，大量的实体元素构成图像，同时从多维度对数据的各个属性值进行呈现，观察者可以从多维度观察数据，对数据的分析更加深入，数据可视化主要包含三个方面，分别是科学可视化、信息可视化和可视分析，科学可视化主要对工程领域数据进行分析，如地理坐标信息、多维几何信息、计算机模拟数据等，着重研究数据背后的几何、拓扑网络结构，找出其中的规律。

信息可视化是对图像信息进行处理，多是非结构化数据，如网络评语、文本数据等，其重点在于减少复杂数据对信息的干扰和影响。可视分析以视觉交互技术为基础，以数据分析技术为工具，将人类智慧与机器智能联结在一起，完成有效的分析推理和决策。数据可视化与数据挖掘存在着相同点与不同点，相同点是两者都是对数据进行分析，找出有用信息；不同点是方法不同，可视分析是将数据以更容易理解的图像呈现出来，数据挖掘则是找出数据背后隐藏的规律。

第六节 数据危机

一、数据危机的由来

数据危机是指基于当时的知识、技术和工具，还无法处理的数据。每个时代都存在数据危机，历史上常见的数据危机是天文数据、地理数据、人口数据等。

现代意义上的数据危机发生在 19 世纪中后期，当时全球工业革命蓬勃发展，全球性贸易大繁荣，而记录和管理这些商品、财富和人口信息的技术，却远远赶不上工业社会进步的步伐。最典型的是人口普查难题：美国在 1880 年开展的人口普查，耗时 8 年才完成数据汇总。随着时间的推移，不仅人口数据处理越来越复杂，军事、科学和商业等更多领域的数据量也持续增长，通用电子计算机由此诞生，海量数据的"简单"统计处理不再是难题。然而，计算机硬件能力以摩尔定律呈指数级增长，而软件的生产方式还很原始，生产效率相对低下，导致 20 世纪 60 年代"软件危机"爆发，业界开始将主要注意力从硬件转移到软件。这时，复杂的数据库管理软件只是软件危机的一部分。

解决软件危机最初的目的是提高软件的生产效率，但后来演变成强调如何提升软件质量。软件危机主要表现在以下几个方面：超预算项目、超时开发项目、软件运行效率低下、软件质量无法保证、软件不符合客户要求、项目管理指南缺失、代码维护困难和软件从未交付等。

二、数据危机的发展

软件危机导致了"软件工程"的诞生，让程序员的编程从手工作业走向工程化。从 20 世纪 70 年代到 90 年代的二十多年里，软件的每一项新技术和新实践，都会被吹捧为是解决软件危机的"灵丹妙药"，但事实上，所有已知的技术和实践，都只是渐进式地提升了软件的生产效率或质量。

进入 21 世纪，"软件危机"的说法逐渐"淡出"。这不是因为导致危机的问题得到了解决，而是因为人们对软件危机产生了心理疲劳，并且新的危机出现了。在过去的二十余年中，硬件技术、软件技术和网络技术等都在飞速发展，全球数据每年以 50% 的速度飞速增长，新一轮"数据危机"开始出现。

在新一轮"数据危机"下，非结构化的数据量过大，无法用现有技术尤其是关系型数据库技术工具加工处理，于是催生了"大数据"技术，旨在从技术层面解决海量数据的问题。目前，我们大致处于从"数据手工艺"到"数据工程"的演进中，支持全生命周期"数据运营"的技术（如 DataOps、隐私计算）等尚待成熟和融合。但是，数据产业在通过各种技术手段解决了"大"的危机后，却催生出"隐私保护"的新危机，这是个人数据的用途问题，可以称为"数据危机 2.0"。然而，没有之前大数据的成功，就不会引发今天的隐私危机。

我们需要看到，任何一个时代都有"数据危机"。多年后，数据产业在解决了隐私危机后，可能还会引发新的危机，进入"数据危机 3.0"时代。彼时，危机的产生可能是因为数据的生产要素化取得了巨大成功，数据成为大宗商品，大量的数据衍生品在金融市场上"量化"交易，于是引发新一轮的金融危机。也就是说，20 年前，引发金融危机的是"互联网泡沫，"或许 20 年后，引发金融危机的是"数据泡沫"。

第二章 数字经济的发展基础：数据要素

第一节 数据要素的定义

一、数据要素的含义

生产要素指的是企业在进行生产活动时所需的各种社会资源。传统意义上的生产要素有以下四种。

（1）资本要素：通过直接或间接的形式，最终投入产品、劳务及生产过程中的中间产品和金融资产。

（2）土地要素：构成土地的成分，包括岩石、地貌、水文、气候、土壤、动植物、微生物和海洋矿藏等。

（3）劳动要素：人力资源中从事各类劳动并获取报酬的那部分人口在经济、社会中的投入形成的劳动投入量。

（4）技术要素：在每个生产过程和技术环节都共同拥有的一个最基本的独立成分要素，如知识、经验、技能、机器、工具等。

2020年4月9日，国家正式发布第一份关于要素市场化配置的文件《中共中央 国务院关于构建更加完善的要素市场化配置体制机制的意见》，数据首次作为一种新型生产要素，与土地、劳动力、资本、技术等传统要素并列写入中央文件。此后，数据作为新型的第五大生产要素受到学者的广泛研究和关注。

由大数据形成的数据要素，既来自个人衣食住行、社交、医疗等行为活动，也来自政府、商业机构、平台公司提供服务后的统计、收集等。结合中国信息通信研究院的定义，所谓数据要素，即参与到社会生产经营活动中，为使用者或所有者带来经济效益和社会效益的数据资源。

二、数据要素的认知过程

我国对数据要素的认知并非一蹴而就，而是基于对大数据的认识和理解不断深入，随着数据市场不断发展壮大、技术趋于成熟、问题不断解决、理论认识不断深入而最终形成了数据要素这一概念。2014 年 3 月，"大数据"首次写入政府工作报告，中国大数据元年开启；2015 年 8 月，国务院为全面推进我国大数据的发展和应用，加快建设数据强国，特制定印发《促进大数据发展行动纲领》；2016 年 12 月，工信部印发《大数据产业发展规划 2016—2020》，加快实施国家大数据战略，推动大数据产业健康快速发展；2017 年 10 月，党的十九大报告提出推动大数据与实体经济深度融合发展，既是推动经济发展质量变革、效率变革、动力变革的重要驱动力，也是实现经济高质量发展的重要着力点；2017 年 12 月，中央政治局就实施国家大数据战略进行了第二次集体学习，习近平总书记在主持学习时强调，要"审时度势精心谋划超前布局力争主动"，"实施国家大数据战略加快建设数字中国"[①]；2019 年 10 月，中央首次明确数据作为新型生产要素参与生产，强调要加快培育数据要素市场，培育数字经济新产业、新业态和新模式。

"十三五"期间我国各级政府不断发布与大数据相关的政策文件，为数据作为生产要素在市场中进行配置提供了健全的政策环境。2019 年 11 月

---

① 实施国家大数据战略加快建设数字中国 [EB/OL]. （2017 - 12 - 09）［2023 - 08 - 09］. http：//jhsjk. people. cn/article/29696290.

《中共中央关于坚持和完善中国特色社会主义制度推进国家治理体系和治理能力现代化若干重大问题的决定》首次将"数据"列为生产要素。2020年4月中共中央、国务院印发《关于构建更加完善的要素市场化配置体制机制的意见》，将数据列为与土地、劳动力、资本、技术等传统要素并列的第五大生产要素，明确指出了市场化改革的内容和方向。此后，2021年11月发布的《"十四五"大数据产业发展规划》及2022年1月发布的《"十四五"数字经济发展规划》均提出要明确数据要素的地位，加快发展数据要素市场化建设。2022年12月19日，《中共中央 国务院关于构建数据基础制度更好发挥数据要素作用的意见》发布，从数据产权、流通交易、收益分配、安全治理四方面初步搭建了我国的数据基础制度体系，提出了二十条政策举措，力求达到让高质量数据要素"活起来、动起来、用起来"的目的。

三、数据要素的特性及面临的挑战

数据要素作为一种新型的生产要素，有着传统生产要素所不具备的独有的特征，目前学术界和产业界普遍认为，数据要素具有虚拟赋能性、循环使用性、智能及时性、价值差异性等特点。

一是虚拟赋能性。数据要素的赋能主要是将物理空间的物质通过数字编码形式呈现在虚拟世界，跨越时空的限制，从而实现数据要素参与的虚拟化生产。通过引导数据要素驱动其他生产要素进行变更转型，可以实现生产要素的数字化，促进劳动力、资金、技术等要素在行业内、产业间的合理配置，提升所有生产要素的协同生产率，这是数据要素区别于其他生产要素的最大不同。

二是循环使用性。数据要素具有非稀缺性的特点，不同于其他生产要素，数据的体量是非常大的，并且可以循环使用，无限复制而不贬值，在使用过程中甚至还会促进数据的进一步开发利用，释放价值。同时数据的使用不会带来污染和排放等问题。

三是智能及时性。计算机技术和算法算力的迅猛发展是保证数据能够及时反映生产状况及生产特点的重要基础。低成本的算力和高智能的算法可以实现对数据所反映信息的及时处理、分析和反馈，以便及时匹配智能决策，实现敏捷生产。

四是价值差异性。同样体量大小的数据或者数据集包含的生产价值大有不同，无法根据企业数据量的多少来衡量企业价值。即便是同样的数据应用于不同的应用场景，所体现出来的生产价值也是有所差异的。

基于数据要素以上几个特性，使得其作为生产要素具备一定优越性的同时，也面临着一些挑战。

第一，数据要素是一种准公共品，具有非排他性而可以无成本地复制，因此一个使用者的使用并不会影响数据要素对其他使用者的供给。同一组数据可以同时被多个个人或企业使用，另外的使用者不会减少现有使用者的效用。但是，数据要素又存在副本无差异性，虽然使用效用可能不受影响，但是其交易价值大概率会下降。同时，形成数据要素需要投入较高成本，并且天然存在产权归属问题，所以难以实现数据要素的规模报酬递增。

第二，数据要素参与生产发挥作用需要达到一定的范围经济性和规模经济性。数据要素效率提升往往建立在宏观层面的大数据整体之上，从而能够实现资源合理配置以寻找全局最优的解决方案，这就需要企业和政府部门积累足够多的数据，充分把握供给端和需求端数据，甚至形成一种独占性和负外部性。

第三，数据要素有一定的隐私性，难以形成共享或信息对称交易。不同数据集的信息普遍存在相关性，一个企业的生产数据可能暴露其产业链上众多合作者的商业机密甚至核心技术，一个消费者的个人数据可能透露着与其联系紧密的其他消费者的信息。这种负外部性会使企业丧失竞争优势，并对个人隐私造成一定的泄漏危险，从而削弱数据作为生产要素所能带来的生产力。

四、数据要素的关键作用和巨大价值

随着科学技术的不断发展，特别是大数据、人工智能、互联网和物联网、云计算、区块链等数字技术的大量涌现，数据成为新的生产要素，同时，在数据和数字技术的作用下，原有的传统生产要素也有了新内涵。由这些新生产要素所构成的新生产力，推动人类社会进入数字经济新时代。

（一）数据是数字经济的核心关键要素

数据要素在经济社会发展中有着不可替代的作用。有了数据，就可以进行预测，提前布局、提前规划；有了数据，就可以更好地了解使用者，根据用户偏好进行推荐和定制；有了数据，就可以不断改进和更新工具、创新产品和服务；有了数据，就可以更加精准地分析、规避和防范风险，等等。

数据要素和数字技术的结合，带来了生产模式的变革、管理方式的变革、思维模式的变革，改变了旧业态，创造了新生态。在数据要素和数字技术的驱动下，数字化产业的飞速发展同时促进了传统生产要素的数字化变革，推动产业数字化转型发展。不可否认，数据是数字经济的核心关键要素，是数字经济的"血液"。

（二）数据应用将大大增强国家治理能力现代化

数字化管理是实现国家治理能力现代化的重要路径之一。随着产业革新和新技术革命的加速，数据作为新的生产要素，使用的广度及深度不断扩大，将有助于在全国构建数据采集、筛选、建模和可视化的大数据应用生态体系，形成具有"虹吸效应"、实时动态更新的"大数据池"，推动数字化政务内外网、政务云平台、政务一体化服务平台等互联互通的政府信息化基础设施建设，建立辅助政府科学决策、高效服务、精准治理的体制机制，加速实现"用数据说话、用数据决策、用数据管理"的数字化治理新模式，建设数字政府，推动"数字中国"建设。

（三）数据价值将重构国民收入分配方式

数据要素参与分配，对劳动、土地、资本、技术等原有生产要素产生一定的替代效果，从而将对国民收入分配产生重大而广泛的影响。作为IT技术高度发展的标志性成果，数据以可复制、可共享、无限供给的特性独立于技术，单独作为生产要素参与分配，是技术参与分配的逻辑延续。通过新一代信息技术对信息实现充分的采集、筛选、挖掘，数据作为新的生产要素，在企业得到多层次多维度的科学应用，将有效放大生产力，创造更多价值，增加收入来源，降低各类生产成本，成为经济增长的新动力。

数据和传统生产要素如劳动、资本、技术一样按贡献参与收益分配，将完善市场初次分配、政府转移支付二次分配的收入分配格局，关注公共利益和弱势群体，推动数据要素收益向数据价值的创造者合理倾斜，确保各环节的投入具有相应回报。

（四）数据高效使用将有助于企业转型升级多元化发展

数据具有高流动性、低成本性、长期无限性和外部经济性的特点，对国民经济的各部门都具有广泛的辐射带动效应，有助于提高全要素生产率。我国的企业正逐步构建现代化管理机制，数据在此过程中发挥着不可磨灭的作用。面对"万物智联"的新战略机遇，企业特别是传统企业通过数据挖掘等"互联网＋"的新型科技手段，获取和交易、分析与开发海量数据，在生产过程、节能降耗、提质增效等方面，有效地解决了企业的发展"瓶颈"，如体量臃肿庞大、管理链条较长、决策流程缓慢、流程欠缺灵活性等问题。

尤其是通过大数据技术，企业可以实施更精准、更精细的数据管理，从而摸清市场需求动向，探寻、认清、掌握产业效能、产销比、库存周转周期等内在发展规律，有效防控融资风险，提高企业数字化转型升级进程中的安全感，激发企业追求创新活力、发展潜力和转型动力，增强自身的市场竞争力。

第二节　数据要素市场

一、数据要素市场化与经济增长

（一）数据要素市场化的内涵

生产要素的市场配置是市场经济的最本质特征，数据作为生产要素，只有真正使其进入市场，流通起来，才能更好地发挥其价值，创造更大的经济效益。数据要素市场化配置是指数据要素的供给和需求要通过市场交易来实现，数据要素的价格要在价值决定基础上通过市场来形成。

从理论上看，根据国内学者陶卓等提出的数据要素市场化配置的理论框架，主要包含四个维度，分别为数据要素维度、数据主体维度、数据载体维度和制度机制维度；何玉长和王伟等认为数据要素市场化的要件至少包含数据要素市场定价、数据要素市场交易、数据要素市场竞争和数据要素市场制度等方面。从实践上看，广东从 2020 年在全国率先启动数据要素市场化配置改革，并基于两年来的探索实践，在 2022 年 11 月发布了《广东省数据要素市场化配置白皮书》（以下简称《白皮书》），从四个方面详细阐释了该省的实践做法，为全国深化要素市场化改革、建设高标准市场体系提供了广东样本。对于数据要素市场化配置改革面临的挑战，广东提出"1 + 2 + 3 + X"的数据要素市场化配置改革总体思路和实施框架。《白皮书》还指出，广东以数据安全合规为前提，从四个方面推进数据要素市场体系建设。其一，健全数据要素法规制度，营造良好的市场发展环境；其二，培育一级数据要素市场，加快数据资源向资产转变；其三，规范二级数据要素市场，促进数据要素高效流通；其四，打造一体化基础运营体系，支撑数据要素市场可持续运行。此外，《白皮书》还提出，广东将发挥海量数据资源与丰富应用场景的优势，激活数据要素潜能，有效赋能实体经济和制造业高质量发展。从全国范围看，目前我国数据要素市场化程度还比较低，滞后于传统生产要素市场，也滞后于市场经济和数字经济的发展。严格来说，我国数据要素市场尚未统一构建，数据权力界定、价值评估、交易流通共享等市场环境还尚未形成，严重限制了数据要素的价值作用发挥，只有加快数据要素市场培育，才能抓住数字经济发展的战略机遇期，在数字经济时代创造新的竞争优势。

（二）数据要素市场化的本质

数据要素的非排他性和非竞争性、范围经济性及规模经济性等经济特点，使数据要素会产生很强的外部性。这些外部性可能会使数据要素的拥有者缺乏生产和交易共享数据的动力，进而使数据要素无法发挥价值促进经济增长。为此，国家需要建立一系列基础设施及政策体系来促进数据要素供给方和需求方开展更多价值创造和交换，这一过程就是数据要素市场化。

具体来说，数据要素市场化的本质是数据要素商业化，即实现数据要素从产品到商品的转化，这一过程需要根据市场运行的基本要素特征，加大数据要素的生产力度，扩大数据要素的应用场景范围，提高数据交易所的交易数额和成功率，激活数据要素微观主体扩大和生产数据要素的积极性，将数据要素的经营和管理完全嵌入全流程的生产经营活动中，通过数据要素赋能优化供给、创造需求。

（三）数据要素促进经济增长的路径

非稀缺性、非均质性等技术特点，使数据要素在算法驱动下成为一种通用生产要素。一方面，形成数据要素的过程中需要其他生产要素的投入。例如，为实现数据的采集、处理、加工挖掘、分析和交易共享，经济主体需要投入大量的固定成本购买设备、开发软件、建立基础设施，这一资源投入的过程本身能促进经济增长；数据要素还可以直接参与生产、交换和分配过程，不断迭代，催生新的生产方式甚至创造新的需求促进经济增长。数据要素的价值既能通过数据积累作为生产资料而实现，又能转变为数据资产通过增值交换而产生价值，实现价值倍增和个性化定价等效应，从而进一步提升生产效率。

另一方面，数据要素可以赋能其他要素，优化供给，进一步促进经济增长。例如，数据要素可以与劳动力相结合提高劳动技能与综合素质、提高劳动生产率；数据要素可以与技术相结合推动科技发展，加速科技与产业融合；数据要素可以与资本要素相结合减少不确定性冲击，提高风险控制的精准度与效率，进一步拓展金融等服务的深度和广度。总而言之，数据要素可以通过赋能其他生产要素，提高资源配置效率，实现要素协同效应，进而提升生产效率。

二、数据要素市场的发展现状

（一）国内数据要素市场的发展现状

当前，在国家政策引领、地方试点推进、企业主体创新、关键技术创新等多方合力的作用下，我国数据要素市场不断探索和创新。2022 年 12 月 19 日，中共中央、国务院发布《关于构建数据基础制度更好发挥数据要素作用的意见》，从数据产权、流通交易、收益分配、安全治理四个方面提出二十条政策举措，初步搭建了我国的数据基础制度体系，对数据要素市场的发展是一个利好消息。据国家工业信息安全发展研究中心测算，2021 年我国数据要素市场规模达到 815 亿元，预计"十四五"期间，我国数据要素市场规模复合增速将超过 25%，市场规模将突破 1749 亿元。① 如此庞大的数据体量也反映出数据要素市场的建立和发展迫在眉睫，规范数据的流通交易将在一段时间内成为学者研究的重要议题。

在产业发展方面，全国数据交易机构逐步升级优化，服务模式和内容不断创新，各地都有着独特的培育数据要素市场的途径和模式，从而使得数据要素市场交易机构、运营体系和保障机制初具"雏形"。在技术应用方面，隐私计算技术从"产学研"向案例落地，并与区块链等技术进一步融合，在数据确权、计量、监管等方面实现了场景化应用。在流通实践层面，数据资源基础较好的领域及行业基于先期优势，正不断探索流通模式和技术手段的创新。

（二）国外数据要素市场的发展现状

随着技术创新和数字化新设备的开发，大量数据从各种各样的数字源头通过不同渠道快速产生，海量数据逐步衍生出大数据的概念。伴随着数字经济的深入发展，大数据蕴含的重大战略价值已经引起多数发达国家（地区）的重视，各国（地区）纷纷出台了鼓励大数据产业发展的政策及大数据发展战略规划和配套法规，以促进数据要素经济的应用发展。

美国的数据交易模式是多种多样的，数据开放机制以"非敏感"政府数据最为突出。近年来，美国草拟并通过《开放政府数据法案》，明确规定所有的政府职能机构都需要向民众开放"非敏感性"数据。同时该法案对联邦机构的要求是：以"机器可读"的确定形式，剔除涉及公众隐私以及危害国家安全的信息，将其他"非敏感性"信息公开发布。法案同时也

---

① 国家工业信息安全发展研究中心. 中国数据要素市场发展报告（2021—2022）［R］. 2022.

要求为了民众、企业可以轻松获取政府公开发布的数据信息，并对其有效利用，要确保数据可以通过智能手机等电子设备轻松访问。美国数据保护的主要手段是以市场导向为主，结合行业间的自律并适当增加政府监管，这就导致相较于其他的发达国家和地区，其个人数据保护的法律规定是比较宽松的。美国参议院和众议院在 2022 年 6 月联合发布的《美国数据隐私和保护法（草案）》（ADPPA）规定：相关方应当采取相关机制允许使用者自愿关闭定向的广告推送；相关方在处理相关信息的过程中，要基于特定场景遵守忠诚义务，同时确保使用者不会为个人隐私支付对价。在数据交易模式方面，美国主要有三种模式，分别是数据平台 C2B 分销模式（允许个体直接将自身拥有的信息售卖给数据平台）、B2B 集中销售模式（数据交易双方不能直接产生交易，需要数据平台作为交易中间人进行多方撮合、联系）和 B2B2C 分销集销混合模式（需要特定的数据经纪商，这里的数据经纪商不能是个体自然人，而是拥有相关资质的企业。数据平台利用经纪商的身份对数据进行多方收集，整理后进行出售）。值得注意的是，B2B2C 分销集销模式在美国已经极具市场规模，逐渐成为目前主要的交易模式。使数据安全与产业利益达到长效平衡是美国数据交易的主旨，这就需要在数据经纪业务方面建立长效规范机制，不仅支撑数据的共享与流通，也能够对数据安全起到有效的保护。

英国数据要素市场发展的特点是强化个人信息安全屏障，提倡"开放银行"模式共享金融数据。英国个人数据保护制度的开端 1998 年颁布的《数据保护法》，该法明确了个人数据保护的对象是可以被识别的、与个人相关的数据，既包含由人工记录及自动化获得的个人数据，还包括在公共领域获得的个人信息。为确保《数据保护法》能够得到有效执行与监管，该法明确提出设立数据保护登记官一职。1998 年该法案进行了修订，加大了对公民个人数据的保护力度。此后英国又陆续颁布了一系列保护个人数据的法律及规定，比如 2005 年发布的《信息自由法》和 2010 年发布的《消费者信用监管规定》。信托制度是在英国起源的。为促进数据流通，释放数据价值，英国尝试将数据纳入信托机制，在委托人、受托人、受益人三方之间建立相互信赖和责任的法律机制，试点通过第三方实现权力平衡的数据信托模式。英国强调金融行业优先发展，对金融数据进行开发和利用，2018 年，英国启动了"智慧数据计划"，将分散的企业与个人数据，通过安全的应用程序编程接口等技术手段，分享给被授权且被监管的第三方。这一计划的落地，推动金融领域发起"开放银行"倡议，实现了商业银行与第三方机构在数据及服务领域的有效共享。该计划使银行服务无处不在，给企业与个人的发展带来了便利，为金融服务业创新、新兴科技企业发展注入了动力。此外，英国为了促进数据市场的交易，规划了六种商业模式，即：前端提供商、生态系统、应用程序商店、特许经销商模型、流量巨头、产品及行业专家模式。

日本在数据要素市场的发展上倡导"政府指导，民间主导"的模式，不仅注重顶层制度设计，还建立数据银行推进数据流通交易。日本政府部门通过完善制度和法律法规的顶层设计，颁布了《第五期科学技术基本计划》和新《个人信息保护法》，新设一级政府部门数字厅，完善反数据垄断的相关法律，在政策层面上对创造优良的数据流通及交易市场环境提供支持和保障。日本数据要素交易市场的核心组成部分主要是民间的企业或者相关组织自主建立的数据交易平台、数据银行及推动数据流通的相关协会等。数据银行的业务模式主要是与私人签订独立契约，运用个人数据商店对相关数据进行管理，只有获取明确的个人授意，才能够将其作为数据资产，由数据交易市场进行有效利用和开发；推动数据流通的协会主要通过学术会议、数据利用大赛和示范应用推广扩展数据流通市场，其职责还包括制定与数据开放、数据流通交易相关各种标准以规范数据市场。

三、数据要素市场的发展模式

（一）数据交易所机构交易模式

（1）场内交易、灵活交付。这类数据交易机构的商业运营模式为：数据供需双方在数据交易机构达成数据交易的合同条约，依照合约约定，完成交付及清算结算过程，交易机构为双方提供交易凭证，对交易主体交付地点不作时空限制，对交付方式允许双方协商进行。数据交易机构的交易标的物主要包括数据服务、数据集、数据项、数据产品等类别，交易方式的不同主要取决于数据的敏感级别和产品的类型。

（2）场内备案、灵活交付。这类数据交易机构的商业运营模式为：数据交易机构开展多种形式的数据及数据产品上架、登记、备案和交易，既支持 API 各类数据接口的交易，也支持数据产品的交易，同时还支持特定业务场景下数据使用权的交易。这类机构模式相比前一种更为灵活，既支持场内交易支付，也支持场外交付后的登记备案。

（二）产业数据上下游交易模式

（1）搭建"数据空间"，促进产业数据流通。"数据空间"概念最早由德国提出，这种模式在数据流通过程中的优点体现在：一是独立于参与双方，保证数据生态环境的可信度；二是把连接器作为完成数据空间分布式数据安全交换的一项重要网关设施；三是机制标准统一，通过智能合约方式自动执行。

（2）借助"数据链主"，牵引上下游数据流通。从数据链、价值链角度，选取巨头产业中具有生态主导力、数据体量大、运营安全能力强的龙头企业作为流通试点，发挥其产业链场景丰富、生态伙伴关系信任度高的独特优势，构建数据流通所需的信任关系，拉动上下游数据共享流通。

四、数据要素市场体系设计面临的挑战

数据要素价值化在我国现阶段仍然处于起步阶段，存在一系列问题，如对数据的主权界定不清晰、数据定价涵盖不全面、数据交易量较小、数据流通缺乏有效的渠道、数据保护的措施尚不健全等，极大地阻碍了数据要素市场体系健全的步伐。

（一）数据产权确定

数据产权的确定是数据要素流通的前提，能充分保障数据流通各参与方的权益。数据价值实现过程中会涉及多个利益相关者，参与主体多、权益结构复杂，从数据所有权来看，很难清楚界定数据到底属于谁。从数据使用视角来看，需要形成各方参与者良性互动、共建共治共享的数据流通模式才能最大化地发挥数据的价值，所以淡化所有权、规范使用

权才是未来数据产权确定的方向。2022 年中共中央、国务院正式发布《关于构建数据基础制度更好发挥数据要素作用的意见》，以解决市场主体遇到的实际问题为导向，创新数据产权观念，淡化所有权，强调使用权，聚焦数据使用权流通，创造性地提出建立数据资源持有权、数据加工使用权和数据产品经营权"三权分置"的数据产权制度框架，构建中国特色社会主义数据产权制度体系。需要注意的是，数据的非竞争性和无限低成本复制特点也使得其无法像其他生产要素一样，即便确定了产权归属，产权保护仍然较难。

（二）数据价值评估

对不同数据进行价值评估和定价一直是数据成为生产要素以来学者们讨论的重点难点。数据资产确权的下一步就是对其进行合理的估值和定价。数据定价是数据要素流通的基础，保障数据在市场的参与下逐步趋于公允价格。不会估值，数据要素的流通就会变得无序，数据资产的价值就难以得到充分挖掘，数据信息的安全更难以得到保障。由于数据资产的概念不清晰，且现行的会计评估与计量方法难以有效满足数据资产估值的实际需求，所以导致其未能被有效确认和计量。

（三）数据交易流通

当下我国数据要素市场的监管体系和权益保护机制尚存不足，二者是确保数据流通安全有效的坚实基础，这就造成各参与方进入数据交易流通市场时考量颇多。目前虽然关于数据安全的法律和管理办法陆续出台，但大多是从宏观层面强调对数据安全的保护和监管，并没有对具体的流通市场准入、市场监管制度作出详细的界定，所以流通过程中参与方顾虑重重。在这一背景下，参与各方难以建立信任机制，无法根据市场现有规则保障交易过程中自身利益不受损失，所以只能望而却步。另外，数据安全仍存在难题，稍有不慎就会泄露隐私数据，造成无法挽回的损失，进一步阻碍了流通参与主体的意愿。

（四）数据安全和隐私问题

尽管目前我国已构建全方位的数据安全和个人信息保障体系，但在数据的采集、存储和共享等环节隐私泄露问题仍然时有发生，数据黑产仍然猖獗。同时，过度收集用户信息、大数据"杀熟"等数据垄断现象也仍然需要警惕。面对这些不良态势，政府和企业需统筹数据的开发利用和安全，必要时需进行国家立法层面的研究。

单个数据集本身具有脱敏性和安全性，但是大量数据的集合就可能造成对个人隐私的侵害，增大企业机密和国家机密泄露的风险。在算法技术不断发展的今天，海量创新的应用使得各个平台面临着数据泄漏、数据被篡改、数据被随意使用等安全风险。此外，我国目前尚未形成与当今社会技术创新与市场发展相匹配的数据监管思路、管理机制及治理方式，平台企业对大数据的垄断造成更多的非传统安全风险，例如，大型互联网平台累积大量用户数据，会引发信息茧房、大数据"杀熟"甚至侵犯隐私权利等问题。基于此，国家要加快构建数据治理监管体系的进程，不断创新监管模式，运用更高技术的手段来保证监管的有效。

五、数据要素市场的发展趋势

（一）技术和管理双轮驱动，数据交易流通更有保障

一是从技术层面来看，随着数据体量的增大，数据要素与新技术的融合发展也逐渐深入，数据产品和促进数据要素流通交易的技术不断丰富。目前，国内外各类主体不断加大多种数据安全与隐私保护技术的研发和落地应用，为数据交易和流通提供了持续的安全保障。例如，部分主体正在研发异构互联互通容器技术，以解决不同隐私计算平台的数据提供方和应用方之间的协作问题。未来，各类主体还将不断加大数据流通技术的研发力度，突破对敏感数据的识别、对数据泄露的防护技术，为防范隐私敏感数据泄露提供更为安全可靠的流通技术支持。

二是从管理层面来看，更多的政策措施将不断出台，管理模式和手段不断更新完善，进一步保障数据要素市场安全发展。欧盟早在2018年就推出《通用数据保护条例》，注重"数据权利保护"与"数据自由流通"之间的平衡。我国已通过《中华人民共和国民法典》《中华人民共和国网络安全法》《中华人民共和国数据安全法》等构建了具有中国特色的数据领

域法律体系，为数据安全保驾护航；"数据二十条"为数据确权提供了重要思路。但在数据安全管理的实践进程中，仍有许多关键问题有待解决，还比较缺乏更细化、更具针对性的政策法规。未来，更多相关配套政策的出台及更加精准严密的数据分类监管成为大势所趋。

（二）多源多领域数据融合，数据要素应用范围将逐步拓展

一是多源数据的融合将更加紧密。大数据的价值在于其多样性，随着数据处理技术的快速进步和算力的不断提升，未来对海量数据的多维处理挖掘将越来越重要，对高质量多源融合数据的需求将不断上升，多行业、多领域的数据融合、跨部门及跨层级的数据流动，将促进更多高质量数据的形成，更好发挥数据要素的价值。

二是数据要素将为更多行业创造价值。随着国务院、国家相关部委以及省市级数据要素市场发展促进政策的出台和实施，数据要素市场的开发利用已经渗透到经济社会发展的方方面面。在新一代信息技术的飞速发展和市场需求快速增长的双重驱动下，基于数据要素的新产业、新业态和新模式也将不断涌现，应用场景也越来越广泛。

三是数据要素应用将更加多样。目前我国对数据要素的应用仍然以分析描述、预测为主，在人工智能分析、决策指导、方案优化等方面的应用仍处于起步阶段。未来随着数据相关制度的不断完善、数据理论和实践技术的不断成熟，以及新一代信息技术的加速助力，数据要素的应用将更加丰富多样，更具智能化。

（三）交易模式创新规范化，数据要素市场化配置进程加速

一是数据交易日渐规范，模式创新迭代爆发。传统的数据交易所主要提供对接平台，但在实际运行中尚不足以满足市场需求。各国提出了一些改进创新的举措，例如，德国通过打造"数据空间"构建安全可信的数据交换途径，排除企业对数据交换不安全的后顾之忧，引领行业数字化转型，形成相对完整的数据流通共享生态，已经得到包括中国、美国、日本等在内的20多个国家和118家企业和机构的支持。再如，日本创新了"数据银行"交易模式，银行与个人签约之后，通过个人数据商

店对个人数据进行管理，在获得个人授权后可将数据作为资产提供给数据交易市场进行后续的开发和利用，最大化地释放数据价值。我国在数据交易方面的探索也将不断加速，数据交易不畅最本质的原因是相关保护制度的不完善及对数据信息安全的担忧，只要从以上方面入手，就可推动交易流通高效发展。

二是在政策引导下，数据要素市场化配置进程加速。随着国家层面出台有关数据要素市场化配置的政策，地方层面也相继发布了改革方案。深圳、上海、重庆等地先后发布数据条例，将数据要素市场作为重点。广东、广西分别发布了数据要素市场改革的方案。北京在相关政策中提出"鼓励数据管理基础较好的企业，探索将数据资产纳入资产管理体系"。深圳开展数据要素统计核算试点，推动数据走向资源化、资产化。在政策加持和各方努力下，数据要素市场基础制度体系将更加完善，数据要素市场化改革将不断取得新的成果。

（四）各类主体协同发力，数据要素市场生态日趋完善

一是产业链层面，围绕数据要素市场化配置的产业生态逐步完善。在数据要素市场发展中，各类数据要素拥有方和数据要素技术提供方始终围绕着数据采集、加工处理、存储、挖掘这一价值链，不断释放数据价值，形成了数据生态系统这一社会技术网络。随着数据要素市场化配置体系的不断完善，在数据生态系统中各参与主体的分工将更加明确，在数据要素产业上下游生态中，多方主体共同发力，完成各环节对数据要素价值的开发增值，最终将促进数据要素市场整体的有序配置和健康发展。

二是在区域布局层面，各地将充分发挥自身优势优化数据要素产业布局。目前，数据流通交易仍然集中在北上广深及东部沿海等地，而一些人力密集型产业如数据采集、清洗和开发利用逐步向围绕中心经济带的其他地区转移。例如，国家层面提出的"东数西算"工程，即是将东部的算力需求有序引导到西部，优化数据中心的建设布局，促进数据要素市场整体运行，为数字中国建设作出贡献。

六、培育数据要素市场的对策建议

(一) 建立健全完善相关制度建设

建立健全的数据要素市场，首先要解决制度问题。通过完善数据流通制度，加强数据流通交易顶层设计，引导市场有序发展，建设一个符合中国特色社会主义要求的数据要素市场。通过制定相关法律，明确政府、企业及社会力量之间的权责关系，营造良好的数据要素交易市场氛围，推动数据要素价值的释放。同时，还要完善数据开放、共享、管理、定价等机制，确保数据的有序流通，使数据要素市场能够稳步运转。

(二) 建立完备的数据资源管理体系

要想培育高质量的数据要素市场，首先要保证数据要素的质量。目前我国数据要素资源体量非常庞大，所以管理起来也有些困难。政府要通过加快一体化大数据平台和数据共享平台的建设，将数据有序收集并制定相关的数据产品标准，将数据加工为可互换共享的高质量数据资源。同时，要尽快确立数据要素作为资产的地位，并对其进行管理，开展数据资产的申报、登记、普查，绘制完整的数据资产地图，摸清各部门的数据资源底数，提升数据资产的质量，做到真正心中有"数"，逐步建立一个完备的资源管理体系。

(三) 深入数据加工技术的开发研究

持续有效地探索数据加工的核心工具是促进数据要素市场健康良好发展，摆脱数据在加工环节受到限制、数据生产效率较低困境的关键所在。高效、精确的数据加工工具可以确保数据加工技术独立且强效，推动数字基础建设高效率发展。在数据全生命周期的各个阶段，包括采集、存储、管理、加工等方面，成熟的开发技术为数据要素市场的建立与健康发展提供坚实的基础。

(四) 加强数据安全保障，筑牢市场化底线

数据的安全是确保国家安全的重要一环，这就需要对数据安全风险防

范持续增强意识，坚守数据安全的底线，构建有效的数字生态保护体系及机制。此外要统筹规划并强化完善监督机制，规避非传统安全风险对数据共享及流通造成的危害。要善于利用新兴技术手段，如隐私计算、区块链、联邦计算等，对数据流通的平衡性、治理的安全性及个人信息可用性和有效保护间的良好关系维护，要重视对个人隐私的保护，要对大数据的安全监管投入更多资源，以保证整个数据市场运行的有效性与安全性。

 数据产品定价

一、数据产品定价原理

数据可以看作一种在市场上买卖的数字商品。经济学中对实物商品交易的早期研究表明，实物商品价格的差异主要取决于产品线的特征差异。该模型由穆萨和罗森（Mussa & Rosen）于 1978 年提出，命名为质量分割或垂直分割。在这个模型中，因为消费者对价格相同的商品显然更偏好于质量较高的商品。为了满足不同需求的消费者，生产商通常提供不同质量水平的产品。一般来说，生产者必须考虑增量成本和质量成本来决定产品的定价。例如，在高新技术产品公司中，通常对不同级别的科技产品提供不同的价格，所采用的价格涵盖从高到低的大部分价位。与实物商品交易的研究一样，人们通常更关注数据产品的质量差异。所以，对不同质量的数据采用不同价位衡量是确定数据产品价格的一种常见的方法。

此外，对于实物商品的生产，再生产成本是需要考虑的主要成本之一。然而，对于数据商品的生产，再生产成本几乎为零。因此，衡量数据商品商业价格的因素主要是开发成本、配置或分析成本及维护成本。同时，为了满足不同的消费者，数据商品的价格也需要差异化。例如，原始或预处理的气候记录数据集可以通过使用不同的精度、时间频率等重新打包成不同级别的产品。这些具有不同价格和功能的数据集可以满足不同的消费者需求。

二、数据产品定价策略

通常，成本是产品定价的唯一规则，尤其是数字产品。但是，即使是同样的数据，在不同的情况下也会呈现不同的结果，如果仅考虑成本是不够的，成本应该只是合理定价的一个要素而已。成熟的定价战略是在考虑成本的基础上实现利润最大化，因此选择适合数据商品定价策略非常重要。这里介绍马斯切利特（Muschalleetal）针对数据市场所提出的六类数据定价策略。

自由数据策略（free data strategy）是将数据发布在网上，并共享到公共存储中。交易不是免费数据的目的。例如，数据样本、低精度数据和公用数据库就是免费数据的例子。免费数据可以吸引对购买完整数据集犹豫不决的潜在客户，促进消费。同时，免费数据定价模型是灵活的。数据所有者可以根据需求将免费数据策略调整为其他定价策略，从而最大限度地提高自身的利润。

基于使用的定价策略（usage-based pricing strategy）是统计数据流使用量和服务时间的策略。这一策略涉及几种主要的市场行为。例如，手机运营商最初根据每个用户的使用量销售数据服务。这些公司每个月都会统计数据使用量并计算价格。同样，网络提供商也是计算服务时间和价格，为客户提供网络服务。近年来，服务提供商将数据使用量和服务时间合并起来，从而动态地更改了价格。它们将高峰时间和使用量结合起来考虑，因此可以更合理地确定数据和服务的价格。

套餐定价策略（package pricing strategy）是基于使用情况定价策略的升级版本。T-mobile、Verizon 等部分移动通信公司正在推行固定价格的数据包计划。套餐定价策略是根据大量基于使用的定价策略的研究成果和收集的数据制定的。为了进一步使供应商的利润最大化，需要进行用户使用分析、高峰时间监控、网络流量控制等额外工作。供应商可以根据研究结果为数字商品和服务建立合理的定价模型。套餐定价优化是当前一个热门的研究主题。

单位定价策略（flat pricing strategy）是最简单的定价策略。在该策略中，时间是唯一的参数，供应商只需考虑将每一个数字商品销售一次。该定价策略通常用于软件许可和托管。另外，采用统一定价策略，供应商可以很容易地预测利润，制订未来计划。但是统一定价对消费者来说缺乏多样性和灵活性。

二部定价策略（two - part tariff strategy）是套餐定价与统一定价策略的结合。在这种情况下，消费者需要支付的总价格由两部分组成。第一部分是软件许可的固定费用、固定服务和数据支持费用。这一策略被网络服务提供商、移动电话运营商、软件公司等广泛使用。这些企业首先以固定价格销售其数字产品。第二部分包括服务费、更新费或固定套餐以外的数据使用量。

免费策略（freemium strategy）是最近许多供应商采用的新策略。这种定价策略的主要思想是免费向消费者提供基本产品或有限服务。同时，供应商也向消费者提供增值服务。优质服务的定价策略可以是上述策略中的任何一种。这一策略经常被小公司使用，如苹果和谷歌 play store 的小型开发公司。它们将产品上传到商店并供用户免费下载。尽管如此，具备完整功能的版本需要追加费用才能解锁。

三、数据产品定价模型

目前有关数据产品的定价模型，大致可以分为两类：一类是基于经济的定价模型；另一类是基于博弈论的定价模型。

（一）基于经济的定价模型

成本模型：成本通常包括固定成本和可变成本。一般来说，数据商品的固定成本是指计算、存储数据所需的场地、设备、能源消耗等，可变成本包括数据生产、分析、维护等活动开展过程中的开发、人力等成本。成本模型只考虑生产数据产品的内部因素来决定售价而不考虑外部因素，如竞争和需求，所以有一定缺陷。

供需模型：根据数据商品在交易市场中的供需曲线来进行价格描述，通常用两个线性方程来分别进行供给和需求的刻画，通过对方程进行联合分析可得出数据产品供需的平衡点，由此可分析当前阶段数据产品的供需关系，从而进行价格调整。该模型考虑了供应商和消费者两方，且决策过程由市场决定，因此保证了市场的公平性。

差别定价：为了满足消费者的多种需求，供应者必须提供特性不同的多种商品。差别定价模型考虑到这些商品间的差异，提出了不同的价格。例如，高精度数据包的价格应高于低精度数据包，全功能数字应用程序的价格也应高于演示版应用程序。

消费者感知模型：基于成本的定价模式容易被竞争对手模仿和复制，因此供应商需要长期考虑消费者的反应。特别是对于数字商品由于其生产费用几乎是固定的，因此使用消费者感知定价模型更加值得信赖。消费者感知价格取决于所有消费者愿意支付的价格。哈蒙（Hamon）提出了影响数据定价的五个主要因素，以 $Pv = (Vp, Vc, Vm, Vs, Ve)$ 表示。这里，Vp 是指基于消费者反馈数据的性能。重要的因素是"效用"（utility），即对购买商品或服务的消费者的满意度的测量。因此，在数字市场领域，它是供应商满足消费者的价格准确性的最重要因素。此外，Vc 是可能影响消费者行为的市场环境因素；Vm 是消费者愿意购买数字商品的动机；Vs 是供应商的价值，代表供应商的信用和消费者的主要反馈；Ve 代表经济价值，这取决于消费者的需求，以及消费者对价格的感知。

（二）基于博弈论的定价模型

目前在数据商品的定价中，最广泛使用的方法是协议定价。在对数据产品价格没有统一意见时，在数据交易平台的撮合下，买方和卖方相互协商。在没有中介机构的情况下，双方也可以直接进行协商。这一方法可以确保更大的价格自主性和协商空间。协议定价过程通过非合作博弈的定价模型、基于斯塔克伯格（Stackelberg）博弈的定价模型及基于讨价还价博弈的定价模型进行说明。

非合作博弈：参与者之间没有合作关系，每个参与者都是自私的，并且独立定价以最大化自己的利益。在非合作博弈中，所有参与者都要发布透明的定价策略，但这在实际的数据市场中并不总是正确的，因为参与者无法计算纳什均衡，所以该模型的实用性不高。

斯塔克伯格博弈：哈达迪（Haddadi）和加塞米（Ghasemi）提出的博弈模型，以保护宣布定价策略的参与者。它定义了领导者和追随者两个位置，假设一个市场上有两个参与者，V1 和 V2 是参与者 1 和参与者 2 的定价策略集。如果参与者 2 先宣布 V2，那么参与者 2 就会成为领导者，参与者 1 就会成为追随者。使用斯塔克伯格博弈证明了领导者可以获得比使用其他模型更好的回报。需要注意的是，如果将斯塔克伯格博弈引入数字市场，所有参与者特别是领导者将得到最大的收益，但在实践中很难找到价格先导者。

讨价还价博弈：讨价还价博弈是解决复杂谈判的适当方案，经常用于数据拍卖。数据提供者和需求者分别提出自己的最佳定价策略，如果需方出价高于供方，交易就会发生；否则谈判将继续进行。

第四节　数据安全

一、数据安全的发展现状

根据《中华人民共和国数据安全法》第三条的规定，数据安全是指通过采取必要措施，确保数据处于有效保护和合法利用的状态，以及具备保障持续安全状态的能力。要保证数据处理的全过程安全，数据处理包括数据的收集、存储、使用、加工、传输、提供、公开等。

随着数字经济逐渐上升为国家重要发展战略，数据安全成为保障数字经济健康发展的重要基石。2021 年 9 月，《中华人民共和国数据安全法》正式实施，意味着数字经济监管趋严，也标志着数据安全新时代的到来。

数据安全市场发展现状包括以下几个方面。

（一）数据安全市场快速增长，经济发达地区建设先行

2021 年，我国数据安全市场的规模约为 53 亿元，同比增长 30.7%，随着上位法律和政策的出台，以及规范标准的加速落地，未来数据安全市场仍将保持较好的增长态势。同时，社会整体对数据安全的重视程度显著提升。2021 年采购数据安全产品的项目数量约 2.3 万个，同比增长 28%。

其中，2021 年数据安全专项采购项目约 3000 个，同比增长约 43%，明显高于行业平均增速①。数据安全能力的提升和信息化建设的进程紧密相关，因此采购数据安全项目的客户多集中在经济发展较快、数字化建设程度较高的京津冀地区、长三角地区、粤港澳大湾区和川渝地区。

（二）政府、电信、金融等行业数据安全建设领先

由于各行业对数据的采集保存量和使用频率不同，以及相关数据安全法律法规、政策要求出台时间的先后之分，数据安全项目的采购需求呈现出明显不同。政府、医疗卫生、教育和公检法司行业是数据安全项目的主要建设行业，占到整体采购量的 81%，但这些行业整体的数据安全治理建设进程相对较慢，或只有少量细分领域的客户开始进行数据安全建设。电信、金融和能源化工行业的项目数量虽然不多，但专项项目占比和 2021 年增速相对较高，说明这些行业的数据安全建设相对领先，其中电信和金融的进程明显领先。

（三）解决方案、隐私计算关注度提升

根据相关研究院统计，2018～2022 年，数据库安全、数据防泄漏、数据脱敏依然是市场的主流关注点，作为数据安全基础产品，在未来很长一段时间依然会处于数量热度的高位；数据分类分级、数据安全管控、数据安全治理类解决方案和隐私计算的热度增速明显提升，说明一些行业数据安全规范标准进展较快，数据共享业务需求已经展开，预计未来依然会保持较高增速。

（四）数据安全建设由产品向体系发展

以往的数据安全产品采购，主要以等保合规和预防重大安全事件为目标，围绕数据库审计、数据防泄漏、数据脱敏等产品展开，而随着数据安全法律体系和标准体系逐渐完善，以及数字时代下产业和经济发展带来的数据流域与流量的扩大，平台型产品、一体式解决方案、隐私计算类产品

---

① 数说安全研究院有限公司. 数据安全市场研究报告（2022 年）[R]. 2022.

的采购开始增多，数据分类分级、数据安全评估、数据安全运维、数据安全服务的项目数量也明显增长，数据安全建设开始由产品向体系发展。

二、数据安全痛点

（一）个人数据过度采集导致监管难度增加

如果将大数据对信息的分析能力渗透进入个人信息的收集过程中，那么初始状态的数据就会破除匿名化处理机制，造成数据脱敏状态下的"技术失灵"，使用户的隐私权遭到侵害。近些年全球数据安全事件频发，其中大部分都是过度收集用户的个人信息造成的。例如，Facebook 未经授权向数据分析公司提供了 5000 万用户的个人信息，最终 Facebook 被罚 50 亿美元，当时号称"全球数据隐私保护领域迄今为止最高罚款"。在国内 App 违规收集用户个人信息屡见不鲜，截至 2021 年 2 月，共有 657 款 App 由于收集与其提供服务无关的个人信息而被工信部公开通报，责令限期整改。面对不断加大的个人信息保护监管力度，如何确保个人信息的安全性的同时充分发挥这些数据对企业发展的作用，越来越成为各行业数字化转型发展面临的重要议题。

（二）数据安全体系不健全导致在数据增值链过程中风险加剧

我国虽然出台了《个人信息保护法》权益，但个人信息非法买卖问题依然严峻，从窃取、清洗到加工、贩卖分工明确，形成了一条上下游协同的完整的黑灰产业链，为取证、侦查工作提升了难度。另外，政府鼓励企业数字化转型，数字化转型依托于数据的共享交换，但是数据共享交换的机制体系却依旧欠缺，随着数据的持续流动，安全能力、控制能力逐步减弱，反过来导致数字化转型进程缓慢。只有不断完善制度，就数字化转型过程中涉及的问题逐一出台相应政策，才能加快企业数字化转型进程，保障数据安全共享流通交易。

（三）无法持续保障数据安全状态

随着数据处理技术的不断成熟、数据体量的不断庞大和数据应用的日渐广泛，海量、多元和非结构化成为数据发展的新常态，而这给企业的数据管理带来了许多安全隐患。大多数企业组织在早期并没有从数据治理的角度去考虑相关的安全特性，数据本身又存在关联关系复杂、分布散等特性，从而造成大量低质量、关系模糊的数据存储在分散的数据载体中，导致数据资产梳理困难，而建立在数据资产梳理基础之上的持续安全保障便难以实施。另外，数据快速流转也给数据安全持续保障带来了难度。数据在流转过程中安全属性面临多种变化，数据主体、载体、应用场景等都各不相同，这就导致在数据安全治理时只能以打补丁方式解决风险问题，全局化、体系化的安全联防沦为纸上谈兵。

三、数据安全关键技术

数据安全关键技术是实现保护数据安全目标的核心技术手段，同时也是实时监测并动态响应数据安全隐患事件的技术支撑。加强数据安全保护技术的开发应用，对于维护数据安全至关重要。

（一）数据密码技术

使用密码技术对数据进行加密保护，是保障数据安全与网络安全最有效和可靠的通用方法。使用密码技术不仅可以实现对数据的加密保护，而且能对数据使用者的身份和数据来源进行安全认证。密码技术通常应用于静态加密、数据集加密及传输过程加密等应用场景，可以满足数据全生命周期的存储、传输、使用等各个环节的安全需要。数据密码技术的主要形式有静态口令、生物特征识别、密文检索、密钥协商等。

（二）数据脱敏技术

数据脱敏即为数据漂白，即在不泄露原始敏感信息的前提下对数据进行传输，以精准到达使用者手中，是目前国家机密领域使用最多的数据安全技术。该技术的核心关键在于脱敏算法规则、敏感数据词条定义及应用场景。脱敏算法有两种规则，即可恢复类和不可恢复类。可恢复类就是脱敏后还可重新解密从而恢复数据原来的样貌；不可恢复类就是脱敏不可逆，通过随机干扰和乱序使得数据失真，脱敏后无法恢复。在选择脱敏算法技术时，既要满足对数据可用性的需求，又要兼顾对隐私敏感信息的保护，使成本降至最低。

（三）差分隐私技术

差分隐私，主要用来防范差分攻击，即攻击者通过对数据库进行多次略有差异的查询来推测出原始数据的信息。作为一种新的隐私保护机制，差分隐私逐渐应用于隐私保护领域。具体方法是：通过给传统方法训练的机器学习模型参数加入噪声使敏感数据失真，但同时能够保持数据的原始统计特性以便后续进行分析和发布。差分隐私技术设计的目标是在数据库中只修改原始数据集中的一条记录并不会影响整个数据集的输出。差分隐私技术刚刚起步，在理论和实践中尚存在一些需要解决的硬性问题。如何在保护数据隐私的基础上有效地保障数据安全，两者的平衡是需要考虑的重点。

（四）隐私计算技术

隐私计算技术是在提供隐私保护的前提下，实现数据价值挖掘的技术体系。隐私技术是目前最为流行的新兴技术之一，在 Gartner 公司 2021 年发布的前沿科技战略趋势中，隐私计算位列未来几年科技发展的重要风向标之一。隐私计算技术作为多学科领域的交叉融合技术，包括安全多方计算技术、联邦学习技术和可信执行环境技术等。

（1）安全多方计算技术。安全多方计算技术是指在无可信第三方的情况下，多个参与方共同计算一个目标函数，但是每个参与方都只能得到自己的计算结果，无法通过计算过程所需交互数据倒推出其他任意方的计算结果，因此计算完成时，各方均无法知晓其他方的私有数据，从而达到数据安全保护的目的。

（2）联邦学习技术。联邦学习技术是在保证自身数据不出边界的前提下，实现数据共享，共同建模。近年来，业内持续探究高效的联邦算法，有效降低了通信效率"瓶颈"的影响，在模型应用方面，更多 AI 技术被引入，解决了参与联邦学习的各方数据交互数据稀缺的短板。

（3）可信执行环境技术。在可信执行环境（TEE）领域，硬件侧和软件侧都取得了明显的进展。硬件侧，随着相关技术的研究不断深入，越来越多的国内外硬件供应商将 TEE 技术放到所生产的硬件产品中；软件侧，行业内推出了基于 TEE 的库操作系统和隐私计算平台等，提高了 TEE 技术的易用性。

四、解决数据安全痛点的关键举措

（一）保证数据流通的情况下隔离安全漏洞，将风险控制到最小

数据只有在流通中才能持续产生价值，为了提升数据安全性而阻断数据流动是不可取的，不利于盘活数据要素市场经济价值的良性发展。因此，数据安全治理需要在"未知流动"与"失控流动"中建立安全保护能力。同时，在建立数据安全防御体系时，需要树立与漏洞长期共存的视角，建立数据安全防御能力，树立隔离漏洞的观念，让漏洞与漏洞之间互不影响，当某一漏洞被入侵时，只把入侵者锁定在此应用软件本身，不会交叉感染，使风险控制在最小域中。

（二）完善制度，结合改进技术切实加强安全追踪防护

继续加强数据安全领域的研究，出台相关政策法律法规制度保障数据安全共享交易。同时，将运营人员的经验和智能工具技术有机地结合在一起，建立"以人为本、工具为辅"的数据安全运营理念，以"人"为中心建立基于行为场景的访问控制策略；以"数据"为中心建立全面的数据库安全审计、智能运维；以"业务"为中心建立基于数据的业务访问、业务接口、业务互联的安全管控策略，形成集监测、分析、响应、报告于一体的风险管理体系。不断深入改进数据安全关键技术，切实加强数据流通过程中的安全追踪保障。

（三）分五步走构建安全治理框架，安全释放数据要素价值

构建数据要素流通中的合规管理和安全治理框架需要分五步走：第一步，健全数据交易安全标准体系。参照各种数据安全标准及指南，建立健

全数据流通共享交易安全体系，覆盖参与数据交易的各行业。第二步，构建确保数据要素有序流通的基础能力。建立统一的数据分类目录、数据分级原则、数据安全知识库等。第三步，建立统一的交易数据中转平台。要求经过交易服务平台交易的数据，必须经过平台配套中转平台进行中转，以规范数据供需双方场外交易行为。第四步，从技术、管理、流程等层面建立健全交易数据安全技术保障能力。第五步，健全数据交易合规监督体系并落实责任。通过数据安全监督审核流程和常态化数据安全检查，掌握数据交易过程中存在的风险和造成事件的影响，推动数据交易安全保障体系的优化完善。

第五节　数据要素赋能经济高质量发展

一、数字经济赋能是经济高质量发展的需要

（一）数字经济是实现高质量发展的动力源泉

高质量发展，即以高效率、高效益的生产方式为全社会持续而公平地提供高质量的产品和服务的经济发展。高质量发展是能够满足人民日益增长的美好生活需要的发展，是体现新发展理念的发展。

第一，数字经济有助于提升供给体系的质量。数字化整合平台的广泛发展和应用，实现了对纷繁的碎片化资源的有效整合，数字化的信息和知识促进生产方与消费方的直接交易，加速了要素资源向优质企业和产品的集中，增加了有效和中高端供给，使市场需求和高质量供给实现有机结合。

第二，数字经济有助于提高全要素生产率。在数字经济的应用环境下，各生产要素能够在短时间内突破时空限制，可利用的资源范围迅速扩大，生产可能性边界向外移动，生产要素由低效率部门向高效率部门移动，资源要素和生产活动的运行效率得到了很大程度的提升，增加了生产要素对经济的贡献度。

第三，数字经济助推科技创新和体制创新。随着互联网、人工智能、大数据技术的蓬勃发展，数字技术的广泛应用改变了传统生产要素的作用机制和演进规律，突破了原有生产要素的"瓶颈"期，能够以更少的投入创造新的、多样化的高品质产品与服务，实现创新变革。利用数字化技术构建敏捷生产体系，能够迅速应对生产过程中的各类突发情况，有助于生产要素的合理流动分配，提高生产运营效率，降低实体经济成本。数字经济的蓬勃发展有力地推动了企业实现数字化转型。

（二）数字经济为经济高质量发展赋能

第一，以"产业链"为抓手，实现多元集聚发展。数字经济要与实体经济相融合，如果落不到实体产业，数字经济难以发挥巨大作用。因此在制定战略时要以大数据应用为前提，围绕数据的采集、储存、处理、应用、展示等相关产业，构建全新数字产业链条；要积极建立与培养新兴数字产业集群，以信息技术为依托构建平台技术联盟，扩展与提升新一代信息技术产业发展能效；同时要顺应时代发展，推动实体经济与互联网、大数据、人工智能等新兴产业的有效融合，推动"互联网＋"工业、"互联网＋"农业、"互联网＋"服务业向纵深发展，积极改造电子信息、汽车制造等传统优势行业，释放数字经济对传统经济的放大、叠加及倍增作用。

第二，降低资源共享成本，推动区域经济协调发展。首先，数字经济以其高渗透、强融合、多方参与等特点，提升产业链中产品设计、生产、营销等各个环节的效能。数字经济与产业深度融合加快了产业数字化转型进度，由此衍生出的新技术、新产品、新形态，可以进一步优化传统产业的空间布局及资源分配，利用数据资源实现全产业链互联互通、共享共建，促进产业均衡与协同发展，以及产业结构优化升级。其次，数字经济通过提高生产要素的配置效率，促进区域协调发展。其一，数字经济加速了要素自由流动，为欠发达地区的市场主体均等地获取生产要素创造了可能条件。其二，数字经济有助于实现数据驱动的多要素有机联动，数据能产生极大的规模经济效应且不存在边际报酬递减，正在成为关键生产要素。数据进入生产过程改变了生产函数中要素投入的有机配比，通过与传统要素的有机联动，带动传统要素的效率提升。其三，数据聚集会在短期内拉大区域间的发展差距，但从长远来看，数据要素的市场机制会使数据技术逐渐向欠发达地区辐射，从而引导欠发达地区传统产业与数字技术有机融合，最终推动区域协调发展。

二、数据要素如何赋能经济高质量发展

（一）数据要素驱动经济增长

第一，通过提升产品和服务质量推动质量变革。提高制造业产品和服务质量水平，是深化供给侧结构性改革，满足人民日益增长的美好生活需要的重要措施。通过对传统制造业的研发与生产、销售流程进行数字化转型，逐步打造数字化供应链，挖掘分析各个流程中产生的大量数据，可以进一步优化生产、销售流程参数，并对可能出现的问题进行风险预判，进而提高产品和服务质量，以促进我国产业迈向全球价值链中高端。

第二，通过降低经济运行成本推动效率变革。不同于以往的劳动和资本等要素，数据要素具有可复制性且复制成本极低，可大幅度降低要素成本。对数据要素的分析应用能够提高资源利用效率，推动传统行业全要素生产率整体提升，有助于降低交易成本。对于消费者而言，数据应用可以降低消费搜寻成本，因而能够快速购买到效用最大化的产品。对于生产者而言，数据应用可以缩短商品供需双方的距离，降低运营成本。此外，通过构建大数据驱动的政府服务平台提供高效服务，还可以进一步提升政府治理效能。总体而言，基于数字技术的运用，从宏观国民经济运行到微观企业经营，海量数据信息实时传输、处理、分析，大大降低了经济运行成本，提升了经济运行效率。

第三，通过加快培育增长新动能推动动力变革。当前世界进入数据驱动型经济阶段，数据要素的生产、加工和利用渗透到各个领域并与传统产业相融合，促进新模式、新业态的快速发展壮大与产业链、价值链的延伸，逐步发展成一个庞大产业。大数据、人工智能等数据革命下的创新技术成果，影响着中国经济及产业变革，是经济转型升级的重要推动力。通过实现传统要素驱动向数据、创新驱动转变，为经济高质量发展提供不竭

动力。特别是近一段时间以来，依托数字平台的独特优势，线上办公、网络教育、餐饮、互联网医疗等数字经济增长迅猛，无人超市等"无人与人接触"的新业态也得到了快速发展。

（二）保障数字经济高质量发展

加快新型基础设施建设，深化科技创新，实现数据科技与实体经济融合发展，是保障大数据时代经济高质量发展的重要措施。

第一，加快推进新型基础设施建设。新型基础设施是经济高质量发展和社会治理数字化水平提升的保障。新型基础设施建设既要着眼于应对短期经济运行面临的风险挑战，又要关注我国经济中长期发展形势及全球发展环境变化。一方面，加快新型基础设施建设，以高质量发展需要为导向，大力发展核心关键领域、弱势短缺环节。例如，加快推进"5G＋工业互联网"512工程，推动5G与人工智能深度融合，不同地区要把握好当地的发展态势。另一方面，需要出台相关政策引导有利于数字化转型的公共服务的建设，从宏观和微观等多个方面加大力度推进区域、行业、企业数字化促进中心建设，降低数字产业化与产业数字化的转型成本。

第二，深化科技创新。唯有关键技术的创新才是经济长期可持续增长的根本。首先，建立协同创新体系，包括基础研究、前沿创新等深度融合，进一步激发全社会的创新创造动能。其次，加快核心共性技术的研发，促进云计算、大数据、人工智能、区块链等技术的融合创新，重视深网数据挖掘的技术开发利用。最后，重视创新机制的建立健全，深化建设科技基金、科技成果交易市场，推动股权期权激励等机制建设，充分发挥科研人员在项目管理权、技术路线决策权等方面的自主性。

第三，促进数据科技与实体经济融合发展。应促进数据科技与传统实体经济深度融合发展，以政策引导为主，充分挖掘数据要素的无限潜力。在传统产业发展的基础上引进大数据、云计算等新技术，不断推进企业数字化转型，推动传统产业网络化、智能化发展，释放数据要素对实体经济发展的倍增作用，为推动经济高质量发展提供新动能。此外，深入利用大数据资源并开展大数据产业试验，推动数据要素的高效利用，力争使大数据产业成为国民经济高质量发展的技术支撑和重要动力源泉。

第三章 数据治理体系

第一节 核心概念

一、治理

在我国，治理一词最早可以追溯到春秋战国时期，最初的含义是指"治国理政"。在国外，"治理"的概念兴起于 20 世纪 90 年代，并从此在全球范围内得到发展。治理理论的主要创始人之一詹姆斯·N. 罗西瑙（James N. Rosenau）认为，治理是指在特定范围内对两个或多个规制发生重叠、冲突、竞争时通过控制、引导、操纵等手段进行调解的规范、规则、原则和程序。格里·斯托克（Gerry Stoker）认为，治理的结构和秩序不能单纯依靠政府的权威与制裁来创造，应该依靠发生影响和关系的统治与被统治的行为互动发挥作用。国内学者张莉认为治理是政府、企业、个人、社会组织等治理主体通过制度、规则、安排等方式对共同事务进行协调、互动的过程。王丽认为治理是政府、市场、社会处理公共事务的协调、合作及良性互动过程，并提出治理的理想状态和最终目的是善治，包含民主、法治、公正、透明、责任、平等、有效、和谐、稳定等价值要素。

国际组织对治理的内涵也进行了界定。全球治理委员会认为治理是"使互相冲突或者不同的利益能够得到调和并且持续采取联合行动的过程"。世界银行认为治理是为了实现国家发展而对经济、社会资源进行管理的权利。

综上所述，治理就是政府、公民、社会组织对社会事务的管理或合作过程。过去，以国家中心论、社会中心论和国家与社会互动论为研究取向的"国家—社会"分析范式对推动我国治理模式转型发挥了重要作用。现在，在我国新的治理理念中，更多强调的是政府在治理过程中积极调动多元主体参与，通过合作、协商的手段或方式进行公共事务和社会事务管理，呈现出政府为主导、公民和社会组织共同参与的政治行为逻辑。

二、治理体系

党的十八届三中全会首次提出"推进国家治理体系和治理能力现代化"这个重大命题，指出"全面深化改革的总目标是完善和发展中国特色社会主义制度，推进国家治理体系和治理能力现代化"。中国特色的治理体系主要包含四个方面的内容，第一方面是党、政府、企业、社会、公民为一体；第二方面是法治、民主、协作三大基本制度；第三方面是法律、行政、经济、道德、教育；第四方面是为了共同的目标上级和下级之间的合作互动。从一定程度上说，治理体系是为了实现公共事务管理的目的，政府和其他各主体间按职责合理合法分工合作的制度体系，政府职责的重点是动员、组织、管理等功能，并通过制度体系的统一合理安排保障制度结构的基本运作，包括国家政务管理和社会公共事务管理，政务管理涉及社会秩序的维护，是对政府权力的集中，公共事务管理则要求政府权力的分散，将权力部分转移给市场和社会。

学术界从不同层面和不同角度对治理体系的结构与内容进行了拓展、丰富。徐邦友提出治理体系结构应当由治理主体、治理功能、治理权利、治理规则、治理手段、治理方法、治理绩效评估等方面构成。张添翼认为治理主体应包括党、政府、企业、公共社会组织、公民。俞可平提出治理体系的内涵是按照一系列制度和程序，对市场行为、行政行为和社会行为进行规范和秩序维护。江必新认为治理体系不仅要包含政党、经济、政治、文化、生态、社会治理，治理范围还要涉及全国、地方、基层等多个层次。杨典认为中国的国家治理体系与西方国家的治理体系有着本质的区别，中国的国家治理体系是广义的治理体系，包括党的治理体系、政府治理体系、企业治理体系、市场治理体系和社会治理体系。

综上所述，治理体系是治理主体为实现公共管理目的建立的一个协调的、动态的、整体的制度运行系统。随着社会的发展，治理体系也在逐渐实现现代化，治理理念越来越科学化、治理主体越来越多元化、治理方式越来越科技化。借助于数字化、信息化等科技手段，过去传统、被动、定性、分散的治理体系转变为现代、主动、定量、系统的治理体系。

三、数据治理

随着数字经济时代的到来和以大数据、区块链、云计算为代表的新一代信息技术的快速发展，使得数据成为除了土地、资本、技术、劳动力以外的新的生产要素。《中共中央　国务院关于构建数据基础制度更好发挥数据要素作用的意见》更是明确了数据已经成为一种资产，在生产、生活和社会治理中发挥着重要作用。数据治理的概念最早产生于企业管理的过程中，然而其到底是指治理数据还是依靠数据进行治理一直众说纷纭。

国际数据管理协会（DMAM）对数据治理的定义侧重于依靠数据进行治理，认为所有的组织工作必须用数据说话，数据治理的职能是依靠数据对管理领域进行科学指导，只有依靠数据作出的决策才是科学的。数据治理的最终目的是让数据充分发挥出价值和作用，根据数据制订行之有效的计划、确定行为方式方法。国际数据治理研究所（DGI）偏向于认为数据治理是基于数据的生命周期对数据进行统筹治理，治理的过程和手段包括质量管理、资产管理、风险管理等，其本质就是行为组织采取措施对数据使用进行规范的过程。虽然数据治理目前还没有统一的定义，但不难发现，不管是依靠数据进行治理还是治理数据，二者的联系是密不可分的。首先，治理数据的最终目的是促进治理决策科学化和合理化，也就是说治理数据是为管理者的治理行为服务的；其次，依靠数据进行治理的前提和基础必须是对数据进行科学、准确的治理，离开了准确治理数据的过程和方法，依靠数据进行科学治理也就无从谈起。要提高数据治理水平，充分体现数据价值，数据治理需建立在一定的运行体系之上。数据治理的范围如图 3-1 所示。

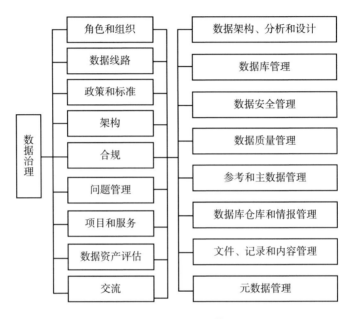

图 3-1　数据治理范围

在数据治理的对象方面，有学者提出数据治理是组织对数据的完整性、安全性和可用性的全面管理。最开始的数据治理对象仅有企业数据，目前增加了政府数据、图书馆数据、档案数据等。政府数据治理是指将数据治理技术应用到政府信息系统中，改革其传统的治理思维，运用数据管理法律制度、人员组织、技术方法及流程标准等手段对政府数据的可用性、安全性、完整性等进行全面管理，确保政府数据资产的保值增值，充分释放社会经济价值；图书馆数据治理是指在原有图书馆数据管理系统的基础上，制定战略方针，实时监控反馈，构建数据治理框架，提供新的数据服务，创造数据价值；档案数据治理是指利用数据技术，对档案数据持续进行全生命周期管理，最终实现档案数据善治的过程。

在数据治理权责分配方面，早在 2017 年国际数据管理协会就指出，数据治理是对数据资产管理行使分配、控制和共享决策的系列活动。随后，在 2021 年，国际数据治理研究所指出不仅要分配好管理权，还要将决策权进行合理分配，保证责权一致，决策通过决策模型产生，决策模型定义了决策者、决策时间、决策地点、行动方案。

数据不仅仅是企业的资产，数据治理的应用对象更不仅仅局限于企业，政府更是数据治理的重要主体。统计显示，政府拥有全社会 80% 的数据资源，运用新一代信息技术收集数据、分析数据、使用数据，提升政府公共管理能力和治理能力也是数据治理的主要目的之一。随着数据开放的兴起，政府数据环境更加复杂多变，在数据的开发与应用过程中面临着各种风险与挑战，数据治理变得极其重要。政府大数据治理体系已经逐步深入社会发展的各个方面，为实现经济社会的高质量发展发挥着关键的作用。

学术界对政府以数据治理促进政府治理也进行了全面的研究，并取得了丰硕的成果。任勇认为数据治理可以构建新型政府—市场关系，通过驱动政府和市场关系优化促使政府职能的转换，推进有为政府和有效市场的形成。刘银喜从内部和外部两方面分析了政府数据治理的影响因素，内部因素有数据资源、组织机构和投入、专业人才等，外部因素有社会治理需求、数据技术、经济发展水平等。有学者对数据治理驱动政府治理效能提升的影响机制进行了分析，认为数据治理通过驱动思维决策方式转型、价值创造方式转型、市场主体行为方式转型和政府自我调适转型等途径提升了政府治理效能。政府数据治理也面临很多风险，包括决策和领导风险、数据风险、技术风险和数据平台的运维风险等。虽然数据治理的主体包括政府、企业、公民、社会组织等，但是在数据治理的过程中政府仍然起着主导作用。

综上所述，从微观层面来看，数据治理是不同的治理主体对数据资源进行收集、处理、分析的过程；从宏观层面来看，数据治理是政府、企业、个人、社会组织等治理主体为了充分挖掘和释放数据价值、实现数据资产价值最大化与推动数据安全、有序流动而作出一整套决策的过程。

四、数字治理

治理是治理主体为实现治理目的在一定范围内采用一定的原则、规范对治理客体进行有效规约的过程，治理的领域涉及政治、经济、社会、文化、生活等各个方面。随着数字技术的快速发展和广泛应用，数字治理议题逐渐受到各界的关注。数字治理理论最早由英国学者帕特里克·邓利维（Patrick Dunleavy）等提出，帕特里克·邓利维等人在新公共管理理论的基础上着重阐释了数字时代治理理论面对的数字化变革、重新整合、整体主义三大变化。国内众多学者对数字治理的内涵进行了丰富和完善。乔天宇阐释了数字治理的内涵是应用数字技术提高治理活动的效果，强调数字技术在治理活动中发挥的作用和价值。廖福崇在治理体系的基础上提出了数字治理体系，并详细阐释了数字治理体系的理论基础、要素结构、生成机制，指出数据是数字治理的关键要素，数字技术是治理工具，多主体协同是核心特征。当下，数字治理的发展顺应了数字化浪潮，迎合了数字时代的发展趋势，以大数据、区块链、人工智能为主的新一代信息技术逐渐被应用到政府的公共事务管理中，并形成了一种新型政府形态 - 数字政府。国内政府数字治理实践层出不穷，如浙江省政府简政放权实行"最多跑一次"的改革、广东省的"数字政府"建设、贵州省的"数字贵州"等。

有学者对数字治理的机理进行了研究。数字治理增强了治理主体间的互动，鼓励公民有效参与到公共事务的治理中，改善了信息和服务供给，增强了政府处理事务的透明度，提升了政府的治理能力；打破了部门间的"数字鸿沟"，降低了政府与公众间的交易成本。数字治理所带来的数字民主，其核心是数字赋权公民，其中，信息网络通信技术为民主的实现和运行提供了基本保障，更大程度地保证了公民在政治参与中的知情权、参与权、监督权等。同时数字化接受水平在一定程度上影响了数字民主的实施，数字化水平的差异和数字本身所具有的"数字鸿沟""信息不对称"及数字治理模式僵化套用等问题本身也在影响数字治理的推进，因此我们要推动数字治理的不断发展，推进治理体系和治理能力的现代化。

综上所述，数字治理是指利用数字化信息技术对传统的电子政务和电子商务进行治理，是数字化时代一种新的治理模式，其定义包含广义和狭义两个层面。在广义层面上，数字治理包括数字化信息技术在经济、社会资源和公共事务领域的综合治理，涉及政府、立法机关和公共管理过程等一系列活动；在狭义层面上，数字治理更强调数字化信息技术在政府与社会、企业互动及政府内部运行中的应用，通过政府职能的数字化简化政府行政及公共事务处理程序，提高民主化程度。

五、数据治理与数字治理的共性

数据治理与数字治理有一定的共性，主要体现在同构性关联、互镜式发展、螺旋式演进三个方面。

同构性关联。同构性关联是指数据治理与数字治理之间具有相同的系统结构，它们都源于治理理论，信息技术因素贯穿于其中，信息技术的发展使两种治理都出现了治理主体的多元化及治理权力的分散化，原来的单一政府主体逐渐转变为政府为主导的多元治理主体，同时权力也逐渐向公众、社会分散，主要体现在民众和企业在治理中被赋予相应的权力。

互镜式发展。互镜式发展是指数据治理和数字治理互为参考共同促进发展。信息技术是推动两种治理发展的直接和共同因素，数据治理中的框架、技术、模式可以为数字治理的构建提供参考，两者发展过程中出现的错误可以相互借鉴。此外，两者目标的一致性决定了可以彼此互为支撑，无论是数据治理还是数字治理，其目标都是确保公共利益的实现及公共秩序的维护。

螺旋式演进。螺旋式演进是指数据治理与数字治理是以阶段性和连续性为主要特征进行演进的。技术性的进步特征决定了数据治理与数字治理阶段性和连续性的统一，数字技术进步是一个动态、持续的过程，同时技术进步推动两者呈现互相演进的螺旋式上升发展，由低级到高级、由简单到复杂、从宏观到微观。

六、数据治理与数字治理的异性

数据治理和数字治理的异性主要体现在侧重点、实践依据、治理活动的内容的区别。

侧重点不同。数字治理侧重于抽象的治理行为。数字治理的逻辑是抽象的"0"与"1"符号序列，符号序列中存储着信息，通过对符号序列的解读来实现交流互动，因此，数字治理是具有数字特征的抽象形式治理。数据治理侧重于数据性，主要是利用先进的信息技术对数据进行治理，使数据在线化、应用化、规范化，数据不再是静止不动的，而是流动的资源。数据的流动将对个人隐私、数据责任、数据安全造成威胁，此时需要相应的治理行动来消除威胁。

实践依据不同。数字治理是由传统的电子政务演变而来的，它对电子政务的服务进行了优化，使电子政务的信息和服务的提供从原来的单一无序转变为全面系统化；公民意识的提高促进了电子政务监督功能的增强，从原来的提供信息和服务转变为增强公民监督和积极参与；而公共服务思想的崛起使电子政府由原来的以政府为中心转变为以公民为中心。数据治理是由原来的数据管理演变而来，随着信息技术的迅速发展，数据的规模和复杂性不断增加，传统的数据管理方法已经无法满足治理需求，数据治理的紧迫性和重要性进一步凸显。

治理活动的内容不同。数字治理主要是在信息技术运用和信息技术扩展两个方面发挥作用。在信息技术运用方面，数字治理运用信息技术解决管理中的分权问题和效率低下问题，提升管理活动的效率；在信息技术扩展方面，数字治理能够赋能治理主体高效互动，促进社会治理的民主化。数据治理的内容主要围绕数据及数据引发的一系列管理问题，涉及数据资源管理和数据行为。数据对象包括政府数据、企业数据、个人数据，政府数据治理的目标主要是确保数据的可用性、完整性、有效性等，企业数据治理和个人数据治理的重点主要是隐私保护、安全管理、数据伦理等。

第二节　理论基础

一、协同治理理论

（一）协同理论基本要义

协同理论也叫作协同学，20 世纪 70 年代由德国物理学家赫尔曼·哈肯（Herman Haken）创立。协同论研究的是处于开放状态的系统如何通过自身内部的协同合作，自发形成时间、空间都有序的功能结构。协同论是在系统论、整体论、控制论等理论的基础上发展而来的，在一个整体系统内，如果各个子系统、要素不能很好地协同合作，系统必然呈现无序状态，导致系统的整体功能得不到发挥，最终瓦解。相反，如果系统中各个子系统、要素能够围绕系统目标达成良好的配合、协调，多种力量就会聚合成一个总的力量，发挥"1 + 1≥2"的功能。协同论中有以下两个基本原理。

1. 支配原理

协同论中有一个核心概念，叫序参数，是描述系统有序度的参数。序参数可以描述系统是如何从无序状态逐渐转变成有序状态的，旨在描述系统在时间进程中会处于什么样的有序状态、具有什么样的有序结构和性能、运行于什么样的模式之中、以什么样的模式存在和变化等。协同论认为由于构成整体系统的子系统之间是相互联系和作用的，子系统总是存在自发的无规则的独立运动，同时又受到其他子系统对它的影响，也就是子系统之间也在不断地形成协同运动，在临界点前，子系统之间的关联弱到不能束缚子系统独立运动的程度，因此，子系统本身无规则的独立运动起着主导作用，系统呈现无序状态。随着控制参量的不断变化，当系统靠近临界点时，子系统之间所形成的关联便逐渐增强，当控制参量达到"阈值"时，子系统之间的关联和子系统的独立运动，从均势转变到关联起主导地位的作用，因此在系统中便出现了由关联所决定的子系统之间的协同运动，出现了宏观的结构或类型。协同论支配原理作用过程如图 3 - 2所示。

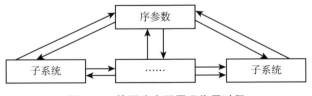

图 3 - 2 协同论支配原理作用过程

然而在系统中除了存在协同，也存在竞争，如果处于临界点的几个序参数处于均势状态，彼此之间就会自动形成妥协，处于合作中的几个序参数的均势状态如果被打破，序参数之间的竞争就会日益尖锐，最终形成只有一个序参数单独主宰系统的格局，这就是竞争。

2. 自组织原理

自组织原理是指系统的有序结构和功能是各个子系统之间通过合作与竞争相互作用建立的，这种作用和行动是子系统自发形成的，没有外部的命令和支配。开放系统一开始处于非平衡状态，为达到平衡状态子系统自组织主要经历了一个过程。对自组织过程进行描述和分析的自组织原理的主要观点包括以下几点。

系统的广泛性和开放性。协同理论的应用场景非常广泛，所以"系统"的来源也具有相当的普遍性，包括自然科学和社会科学、微观和宏观方面，只要系统由两个或两个以上相关联的子系统或要素成员构成，就可以应用协同论。系统同时具有开放性，需要从外界进行物质、能量和信息的交换。

系统相变的自发性。系统从无序到有序并形成新的结构和功能，主要是系统内部的因素为了达到平衡状态自发组织建立起来的。这种形成过程是所有子系统共同作用的结果。

自组织能力是系统自身内部的力量。协同理论中的"自组织"就是系统自身具有能使系统从不平衡状态恢复到平衡状态的能力，这种自组织能力赋予一个系统从无序到有序的转变机制和驱动力。

序参数是自组织发生的关键。各种自组织系统的形成都是由于子系统间的合作形成序参数，在序参数的作用与支配下形成一定的自组织结构和功能。

自组织是子系统协同作用的结果。协同是一切相变的基础，平衡相变和非平衡相变都是协同现象，在临界点附近，系统中的子系统相互作用，都被卷入控制参数所主导的行动之中。

（二）治理理论

治理一词原意指的与国家公共事务相关的管理活动或者政治活动，多带有控制、操纵、引导等含义。随着社会的发展，治理概念不仅在政治领域，在经济社会领域也得到了广泛的应用，因此其内涵也得到了丰富和发展。国内外治理理论典型论述如表 3 – 1 所示。

表 3 - 1　　　　　　　　　国内外治理理论典型论述

代表人物	主要观点
罗西瑙 （James. N. Rosenau）	治理主体：除了政府机制，也包括非正式、非政府机制； 治理过程：各个治理主体通过竞争与合作，制定出为大多数人所接受的规则
罗伯特·罗茨（R. Rhodes） 范·弗利埃特 （M. Van. Vliet）	治理主体：不能被简化为一个行为者或者一个特殊的行为者团体，治理有六种不同的因素； 自组织性：新的结构或秩序的形成不是来自外力，而是系统内部多种行为者互动所致
俞可平	治理内容：公共权威、管理规则、治理机制和治理方式； 治理目的：在各种不同的制度关系中运用权力去引导、控制和规范公民的各种活动
陈振明	治理途径：政府管理、公民社会、合作网络； 治理过程：众多公共行动主体彼此合作，在相互依存的环境中分享公共权力，共同管理公共事务

治理理论的特征：（1）治理理论的前提是存在一个开放的复杂的社会系统，治理的主体由开放系统的子系统或要素成员构成，既包括政府组织，也包括企业、公民个人等非政府组织；（2）各个治理主体之间存在着交流和互动，这种交流和互动可以是协作或竞争，协作或竞争的目的是实现系统效益的最大化；（3）各个子系统之间的协作或竞争行为具有自发性，形成独立自主的自组织网络，自组织也是治理的协调模式之一；（4）治理的过程离不开规则、规范、秩序，可以说治理的目的就是通过子系统的适应性形成某种稳定的秩序和规则，这种秩序和规则可以保障系统是平衡的，形成秩序和规则的目的也是为了实现公共利益的最大化。

（三）协同治理理论基本要义

协同理论和治理理论的交叉产生了协同治理理论，协同治理理论的主要原理是获取整个有机系统中子系统共同协作产生溢出收益累积，产生的累计收益简单累加形成高额的整体利益，参与各方在协同治理理论的引导下，基于互利互惠的共同目标，在整个治理与协作的过程中，不仅可以逐渐提升自我的效能，还可以多方互惠协助其他个体实现其自身利益追求。所以，在整个协同治理过程中，各方主体并不是单独存在，而是整体承担共同风险，履行共同责任，最后实现治理效果的共享。协同治理理论给出了如何在系统中形成有效治理结构的研究范式。

复杂性、动态性及多样性是社会系统的突出特点。首先是社会系统的复杂性。各个子系统之间的相互协作与竞争是造成社会系统复杂性的主要原因。各个子系统彼此合作又相互牵制，在整个关系发展过程中，协作与牵制是彼此交替和作为主导关系存在的，另外这种关系的结合方式并不是单一的，而是多种多样的，因为子系统自身内部的构造是独特的，这样就产生了更多的组合集合。促进子系统间的协作、发挥系统的最大功效是协同治理理论的目标所在。其次是社会系统的动态性。这种动态性不仅表现在各个子系统之间相互牵制与协作，系统内部秩序的建立及结构的不断转换也是动态性的重要体现。在一个系统中，总是存在部分力量要维护现有的状态，另外一些力量则不断试图改变现有状态，就是这种向心力和离心力的此消彼长构成了系统发展变化的动力。协同治理理论强调的就是在相互斗争的力量之间寻找分化与整合的路径实现治理效果的最优化。最后是社会系统的多样性。多样性主要体现在目标、计划及权利的多样性上，这种多样性是系统内部逐渐分化、专门化及多样化的结果。由于系统内部各个行为体自身需求的不同、获得资源的不同，使得各个子系统之间的目标也是差异化且多元的，由此实现目标的手段也是多元的。协同治理理论包容且尊重系统多样性的存在，并基于此寻找子系统间目标和实现目标手段的协同，构建多方认同的规则，并在遵守这种规则的前提下实现各方的共赢。

二、赋权理论

赋权的概念最早由美国学者所罗门（Solomon）于1976年引入社会工作领域。赋权，也可以译为赋能、充权、授能等，指的是个人、组织与社区借由一种学习、参与、合作等过程或机制，获得掌控自己本身相关事务的力量，以提升个人生活、组织功能与社区生活的品质。赋权是一个较概括的过程，含有公民参与、协同合作、社群意识等概念。赋权是具有多层次（个人、团体、组织及社区）与多面向（人际、社会、行为、组织及社区）的构念，涉入由下而上的改变，发生在一个集体脉络之中，是一段进程而非处于一个稳定状态，赋权的过程和结果如表3-2所示。

表3-2　　　　　　　　　　　　赋权的过程和结果

层次	过程	结果
个人	学习决策技巧 运用与管理资源 与他人合作共同完成目标	控制感 批判意识（对社会政治环境） 参与行为
组织	参与决策的机会 分担责任 共享领导	有效地争取资源 与其他组织形成网络连接 政策影响
社区	取得资源 开放政府的架构 对多元性的宽容	组织结盟 多元领导 居民的参与技巧

基于赋权理论的框架，可以得出以下观点：社会治理的主要参与方不应是单一部门或组织，应当包含政府、社会及公民个人，多元主体共同参与治理才是社会治理的最优选择。构建以政府为主导、多方参与的治理模式，将企业、社会及市场等相关力量进行整合，能够解决单一治理主体所难以解决的问题，提高治理效率和治理质量。赋权理论框架下乡村治理过程如图3-3所示。在乡村治理过程中有效地利用赋权理论，能够为乡村数字治理提供有力的依据。乡村治理的传统格局已逐渐不再适应当下的乡村现状，其发展方向应当由基层政府担任主体主导逐渐向基层政府与农民自治协作治理转变，要建立相关机制使农村基层政府管理与村民自治有效衔接，解决农村治理主体单一化所造成的问题，不断提高乡村治理水平，增加治理绩效。

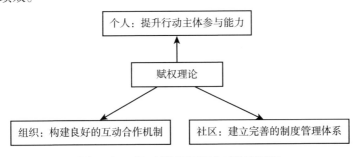

图3-3　赋权理论框架下乡村治理过程

三、信息生命周期理论

信息生命周期理论最早出现于信息资源管理领域。1981 年，列维坦（K. B. Levitan）提出信息（或信息资源）具有生命周期的特征，涉及生产、组织、维护、增长和分配等过程，该过程一般伴随信息价值的形成与不断增值，且不同阶段的信息具有的价值有所不同。依托生命周期理论，信息生命周期治理得以产生，指的是通过对全生命周期的与治理相关的信息进行收集、整理、转换、分析并运用到全方位治理当中。信息生命周期模型如图 3-4 所示。数据广泛存在于各种社会活动中，有用的数据才能被称为信息，信息经过系统化、思维化的处理成为知识和规律，知识和规律被人们应用到生产实践活动中，辅助人们作出科学决策。

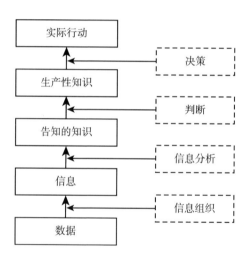

图 3-4　信息生命周期模型

随着信息生命周期理论内涵和应用范围的不断拓展与丰富，信息生命周期理论被运用到乡村治理中，针对乡村治理数据治理的不同阶段开展不同的治理活动，实现对乡村治理数据的管理与价值实现。信息生命周期规律有助于促进政府数据资源的科学配置，最大程度挖掘数据价值，将信息生命周期理论引入乡村治理框架中，也是乡村治理理论与实践的需要。

综上所述，为系统分析乡村数据治理理论框架，本书采取多学科交叉融合的方法论，以协同治理理论、赋权理论、信息生命周期理论为理论基础，共同建构了乡村数据治理理论分析框架，如图 3 – 5 所示。以协同治理理论为指导，旨在解决治理主体角色转型问题，实现多主体协同共治，在协同合作过程建立新的、稳定的、可靠的公共秩序和规则，提升乡村治理效率。以赋权理论为指导，旨在构建乡村基层政府管理与村民自治有效衔接的合作共治机制和实现政府、村民治理过程良性互动的体制。以信息生命周期理论为指导，旨在构建包括数据采集、数据标准化、数据存储、数据处理、数据共享与利用在内的乡村数据治理框架。

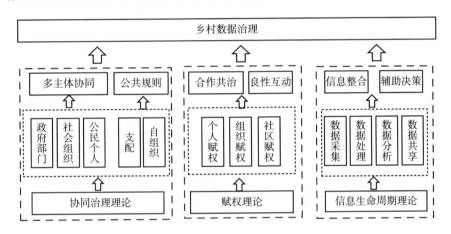

图 3 – 5　乡村数据治理理论框架

第三节　数据治理原则

　　数据治理是一个不断发展的过程，治理的手段与流程也随着组织需求的变化而不断更新优化，因此数据治理的原则也要及时调整，配合组织的业务需求，或增减，或修改，以保障组织的数据需求得到满足。数据治理不能随意进行，海量的数据需要得到系统化、科学化、制度化的管理与治理，否则将导致数据的可用性、安全性及维护等出现重大问题。因此企业组织在进行数据治理时要遵循一定的原则，这些治理原则能够保证企业组织在数据治理过程中实现数据的高质量、可用性、安全性、一致性及共享性，充分释放数据价值。数据治理应遵循如下五条最基本的原则。

一、业务核心原则

数据治理的对象是数据，数据的产生来源于企业组织的业务，因此数据治理需要以业务为核心，主导数据治理流程，在现实中，许多企业对数据治理的效果不满，认为远远低于预期效果，原因即在于忽视了业务核心，将数据治理工作视为 IT 技术工作的一部分交给 IT 部门，脱离了实际的业务活动，把数据治理束之高阁。在企业组织中，最了解数据的人员是业务人员，他们清楚数据的用途和需求，因此在数据治理过程中必须将业务人员纳入进来，不能仅依靠技术部门，IT 部门的任务是辅助业务人员进行治理，但其不居于核心地位。

二、责任与合作原则

数据治理贯穿于企业组织活动的始终，数据的产生、采集、处理及应用需要多个部门协作完成，而每个部门的任务各不相同，因此需要明确各部门的责任，确保各个部门紧密协作按时、有序完成治理。此外，数据治理全程要建立严格的责任机制。通常在进行数据治理初期，组织内部十分重视，希望数据治理能取得较好效果。但随着业务的持续迭代，数据应用的需求及系统本身不断变化，数据治理也需要随之进行不断的更新与调整，此时，组织对数据治理的重视程度已经大大下降，组织架构及人员变更、流程不稳定、不全面等因素，使数据治理的结果很难保持在一个较高的基准线上，反而会越来越差，直至无法满足最终的数据应用需求。如在线推荐系统，当用于给机器学习训练的项目数据流、曝光和点击事件数据导入出现延迟、故障，将会直接影响在线服务，出现无法刷新条目推荐系统的情况。

三、源头控制原则

就像人生病了去医院一样，一般都是因为已经"生病了"才会选择去医院，这个时候无论采取何种治疗方案，都会对身体造成一定的伤害，即便痊愈了也会留下后遗症，同时，治疗的成本也远超预防疾病的花费。因此，数据治理需要从源头控制，一旦数据源头被污染了，发现、清洗、编码均是一个漫长的过程，最终数据质量往往达不到组织的预期。

例如，数据治理需要伴随软件版本的更新发布，如果新版本软件发布了，用户没有选择升级版本，那么将导致部分数据持续被污染，此时就需要借助数据治理产品，在数据接入或者数据校验阶段，在产品系统内通过对上报数据的字段设置一定的校验规则，当有数据导入并且校验未通过时，将进行报警和提示，研发师与分析师便可以集中定位、查看、反馈数据问题。

四、数字化原则

数据治理需要对采集到的数据进行标准化处理，需要完成用户 ID 生成、基础属性采集、数据打包压缩加密、本地缓存、网络传输、时间校准、远程控制等步骤，对数据进行产品化与标准化处理，这些治理步骤如果依赖软件系统解决将可以节省大量人力成本，并且大大提高数据质量与治理效率。具体来说，利用标准化接口采集数据，省去了烦琐的 ETL 工作；通过数据质量看板监控数据，能实时反映各个端口接入数据的质量情况，做到主动发现异常；使用数据校验规则录入，维护系统化，提供自动报警、拦截入库及质量报告等功能，能全方位监控数据采集、处理及应用流程。此外，还可以将数据治理过程中通用需求和通用治理方案以产品化的方式进行沉淀，优化治理流程。

五、高层重视原则

数据治理成本是高昂的，需要得到上层领导的大力支持才可以得到有效实施。对于中央数据管理办公室（DMO）来说，首先要了解高层领导对数据治理的需求，要与管理层进行沟通交流，说明组织当前面临的数据挑战和限制，解释数据治理的重要意义，并向领导建议在高级管理层中组成一个数据治理委员会，该委员会将根据业务需求对数据治理进行引导、监督与改进。

DMO 和治理委员会负责定义数据域规则，并选择合适的业务执行人员管理这些数据，领导者通过定义数据元素和建立质量标准来推动日常的数据治理工作。组织需要向这些领导说明他们在数据治理中角色的权力和职责，让他们理解将在这些角色中产生的价值，以及需要具备的技能，如理解相关规则和数据体系结构的核心元素等。从理论上讲，组织中由上至下的领导参与治理可以有效避免围绕角色清晰和授权面临的挑战，业务方面的管理人员将理解工作作为组织的优先事项，并按照顺序依次解决，此时自上向下的命令也使立即解决数据所有权冲突成为可能。

第四节 数据治理目标

做正确的事比正确地做事更重要，世界效率大师博恩·崔西（Brian Tracy）曾说："成功最重要的是知道自己究竟想要什么。"只有清楚了自己想要什么，才能够保证做正确的事，起到事半功倍的效果。数据治理亦是如此，数据治理的目标定得好不好，能不能按时保证完成，基本决定了组织数据治理能够达到的高度。治理目标需要兼顾高度与实际。

数据治理目标的制定是由上而下进行的，首先是组织最高层制定战略目标，之后是各部门根据自己的业务特点制定本部门的治理目标。各部门主管需要考虑本部门在整个组织中所扮演的角色、在数据治理流程中所处的生态位置。如果是市场部门，那么其数据治理的目标就要定位于市场领域，技术支撑部门则要着力于在数据治理技术领域提供技术支持，如果是数据处理部门，则需要将各部门的数据进行汇总然后统一管理。

根据组织的发展过程，数据治理的目标大致可以分为数据资源的盘点、数据汇聚攻坚、专题应用建设、常态运营机制四个阶段。

一、数据资源的盘点

企业数据治理的第一个目标，就是完成企业级数据资源的盘点，让企业的数据找得到、看得清、读得懂，在这个过程中会同步获得在组织、流程、方法、工具建设等方面的数据治理经验。

对刚刚实施数据治理的组织来说，首要工作是对数据资源进行盘点，根据当前组织的业务需求建立一个大数据平台，为组织的发展提供数据支持。在进行数据资源盘点时，不仅要获取数据的类型、标准等，还要在这个过程中建立组织数据盘点的闭环管理体系。大数据平台的建立是一个从0到1的过程，需要一个完整的体系作为支撑，并以此为基础不断更新迭代，接续从1到N的发展。

此前，数据盘点仅仅是IT部门的工作，但是随着数据量的快速发展，IT部门已经不能胜任盘点整个数据资源的任务，现在大多数企业级组织都让各个业务部门参与到盘点中来。事实上，很多数据资源目录并不是技术部门梳理出来的，而是业务部门梳理得到的。

IT部门相较于业务部门，数据能力和技术能力更强，但视野的广度则相对弱了一些，比如许多业务平台、第三方数据的引入其实严重依赖业务部门的牵线搭桥，另外很多数据问题，只有业务部门才提得出来，而这往往是数据治理的起点和关键点。

以前数据资源盘点与大数据平台的建设大多是同步进行的，项目具有较浓的技术色彩，项目的最高优先级一定是大数据平台的建设及相关技术问题的解决，至于业务部门的诉求，找熟悉报表取数的人了解一下，然后确定数据采集的范围就解决了，至于能否打破部门壁垒，解决一些关键的数据问题，能否基于数据治理创造新的业务价值，很少有人关注，这是导致大数据平台建立初期价值感不足的重要原因。现在，随着数据需求的不断扩大，数据字典等工具的功能不断丰富，元数据的应用越来越多，业务部门的重要性不断凸显，最终超过技术部门。

二、数据汇聚攻坚

企业的数据资源盘点是自上而下的，是系统性的工作，着眼于解决一些长期性问题，但当前业务部门存在的一些痛点、堵点问题也必须马上解决。因此，企业数据治理的第二个目标，就是自下向上解决一批紧急且重要的存量数据问题，让业务部门有获得感。

首先是解决跨领域的数据汇聚问题，很多企业部门和一线工作人员对跨领域数据有强烈诉求，但这类数据的采集存在部门壁垒，这些壁垒并非无法打破，而是缺乏一个专业的团队去研究如何打破这些壁垒。很多数据采集的壁垒问题其实是可被解决的技术性问题，如果让不懂技术的人员负责将会产生更多麻烦，让需求部门去打破这些壁垒成本又比较高，所以小问题积累多了就成了大问题，此外，领域数据消费存在严重的路径依赖问题，大多数领域只消费自己领域的数据，这抑制了企业的数据创新能力。

其次是解决长期数据积压问题。就像之前大数据平台的数据采集一样，多年积压的很多数据采集难题靠普通的流程无法解决，需要企业级数据治理组织专项攻坚，比如敏感数据的使用，以前可能"一刀切"，不开放一线使用，但现在可以依赖一些"可用不可见"的技术手段去解决。

最后是解决技术红利普及的问题。公司建立了大数据平台不代表各个领域都享受到了平台的数据红利，仍然有很多业务部门还在靠线下、人工的方式从外部获取数据，这些数据采集没有 ETL 工具支持，没有自动运维保障，没有数据质量监控，出现了问题大多靠人工解决，如何整合散在各处的数据接口，如何为各领域提供更好的统一数据采集服务，对企业数据治理组织都提出了全新的管理挑战。

三、专题应用建设

数据治理要为企业的业务战略服务，但传统意义上的数据治理与数据消费距离比较远，并且是间接的关系，要一个做数据治理的人说清楚本次数据治理到底给业务带来了多少直接价值，这是很难的事。企业数据治理的第三个目标，就是通过信息架构升级、数据采集、质量提升、数据贯通及数据开放等治理手段，构建或升级全新的业务专题应用并创造出新价值。

著名科学家冯·诺依曼曾（Von Neumann）指出："每一门学科中都有许多朴实的问题，当通过研究那些朴实的问题，发展出一些知识领域及方法，并不断加以推广时，这门学科就获得了巨大的发展。"在发展大数据技术和产业中，组织不应对数据治理设定过高的预期，而应扎实地多做朴实的工作，培育企业数据文化，打造大数据应用环境，提高决策合理性，开拓新的数据应用。

曾有观点称，从对 GDP 的直接贡献来看，数据治理的效益并不明显，但对数据治理的理解不能只看直接效益，要采用"蜜蜂模型"，即蜜蜂的效益主要不是自己酿制的蜂蜜多少，而是其传粉工作对农业的贡献。数据治理的潜在收益是促进国家治理体系和治理能力的现代化，国家经济类似于血液系统，国家治理相当于神经系统，两者是左手与右手的关系，因此不必用左手来证明右手的重要性。

这种说法没法让人完全信服，反驳这种观点的最有力武器就是用行动证明，公司的大数据能直接创造价值。当前数据要素作为生产资料已经渗透了企业运营的各个环节，任何一个经营领域都需要数据治理的保驾护航，当然，并不是每个业务领域的问题都需要优先去解决数据问题，但在某些专题领域，数据的问题就是最核心的业务问题，需要挑选出这些业务专题领域，然后用数据治理手段去解决，用行动证明数据治理能直接创造业务价值。

四、常态运营机制

企业级数据治理委员会成立后有许多工作要开展，委员会成员对数据治理的理解水平参差不齐，推进的力度也不同，必须通过建立常态化机制，才能逐步达成共识，推进工作的深入。所以企业数据治理的第四个目标就是通过数据治理委员会、常态化沟通协作等机制的建立和完善，为数据治理工作向前推进提供持续的组织保障。

首先，进一步完善数据治理委员会制度，企业数据责任人和领域责任人需定期向委员会汇报工作进展，数据治理委员会需协调处理相关问题并布置下一阶段工作，如此循环往复形成闭环，将数据治理不断向前推进。

其次，建立常态化沟通协作机制，针对数据治理委员会部署的工作，领域责任人需统筹推进，通过问题答疑、现场辅导、专题会议等形式，辅助各领域完成数据治理的相关工作，同时建立跟踪通报机制，及时发现并解决工作推进过程中出现的问题，确保数据治理的有序进行。

第五节 数据治理平台

在当今数字化时代，数据已成为组织的最重要资产之一。然而，海量的数据无序、分散、不完整和低质量，给组织带来了诸多挑战。数据治理平台应运而生。数据治理平台是一个通过一系列数据技术实现对海量数据的采集、存储、管理、分析及应用功能的服务平台，其目标是为组织提供一种完整的解决方案，可以有效地管理和利用数据，为决策者提供高质量、可信赖的数据基础，具有全链式、一站式、智能化的特点。

数据治理平台指具有全域级、可复用的数据资产中心与数据能力中心，对海量数据进行采集、计算、存储、加工处理，同时确定了统一标准和口径，保证系统提供干净、透明、智慧的数据，具备高效、易用的数据处理能力，能够同时满足对接事务处理数据（OLTP）和报表分析数据（OLAP）的需求。

一、基本功能

数据治理平台一般具有系统对接、数据处理、数据集成等功能。

其一，开箱即用的连接器，它可与常见的企业系统、SaaS 平台、数据库、API 和云数据服务快速集成。其二，处理相关数据结构和文件类型以外的多种数据结构与格式的能力。数据治理平台通常支持 JSON、XML、Parquet、ORC 等格式数据，或特定行业的格式数据，如金融服务中的NACHA、医疗保健中的 HIPAA EDI、保险中的 ACORD XML 等。其三，专门用于开发和增强集成的工具。通常低代码可视化工具支持拖放处理元素、配置元素并将它们连接到数据管道中。其四，Devops 功能，如支持数据版本控制、数据管道部署自动化、拆除和关闭测试环境、在暂存环境中处理数据、扩大和缩小生产管道基础设施及启用多线程执行等，在运行时，平台可利用多种方式触发数据管道，如调度作业、事件驱动触发器或实时流处理模式。

二、发展历程

数据治理平台的产生和发展主要是伴随着数据处理的改进需求而不断发展的，数据治理平台就是从数据平台的演化中得到的，大致可以分为数据库阶段、数据仓库阶段、数据治理平台阶段、数据中台阶段四个阶段。

数据库阶段是数据治理平台的最初阶段，是由电子商务的迅速发展引发的。电商创业早期公司启动非常容易，市场门槛相对较低，试错成本不高。三五个小伙伴组成一个小团队，设计一个具备下单功能的前端页面，在云端服务器上搭建一个 MySQL 数据库，形成一个简单的 OLTP 系统，就可以供用户使用。这个系统的主要作用在于保证数据持久化存储和简单商品交易查询。现在许多小型电商与小程序创业者在初期都是按照这个路径去发展的，甚至还可以找个外包团队，做完就开始投入市场试错。

原因很简单，从 ROI 角度分析，项目前期业务数据量并不大，属于简单的 GB 级别，简单的数据库就能满足初期做数据统计分析的需求。因此，数据库平台对数据的处理主要是针对事务性（OLTP）数据，属于具有代表性的传统型关系型数据库，只需要对单条数据简单地进行提取和展示（增删改查），如银行交易数据、电商交易数据、电力系统数据等。

在数据仓库阶段，随着客户量、订单量和外部流量的逐步上升，系统数据量从 GB 发展成 TB 级别，分析需求的比重越来越大，系统数据处理能力明显不足，需要进行升级改造，于是就进入了数据仓库阶段。此时，随着业务数据指数级增长，公司的组织架构慢慢变得庞大、复杂，数据治理平台面临的问题越来越多、越来越深入，公司上层的关注点从最初简单地想知道"昨天、今天的 GMV""上周的 PV、UV 是多少""某品类商品的环比、同比的增长比例是多少"，逐渐演化到希望通过数据进行精细化运营和用户的价值模型分析，找出用户在某些特定使用场景中的潜在消费关系，如"18~25 岁女性用户在过去三个月对服装类商品的购买行为与节假日促销活动之间的关系"。

当公司高层提出此类非常具体的要求，如希望通过数据公司运营决策起关键性作用的问题，其实是很难从业务数据库直接调取出来的，因为数据库是面向事务的设计，数据库一般存储在线交易数据，为捕获数据而设计，在设计上数据库是尽量避免冗余，一般采用符合范式的规则来设计，而数据仓库是面向主题设计的。它存储的一般是历史数据，为分析数据而设计，在设计上是有意引入冗余，采用反范式的方式来设计。数据仓库的出现，并不是要取代数据库，而是为了更好地做数据分析和报表需求分析，主要用于联机分析处理（OLAP）需求。总的来说，数据仓库支持复杂的数据分析操作，侧重决策支持，能够为使用者提供直观易懂的查询结果，如复杂动态报表、用户价值分析、客户需求分析等。

但是，当客户量、订单量和外部流量仍旧逐步上升，数据量从 TB 发展成 PB 级别时，原来的技术架构越来越不能支持海量数据处理，此时数据平台便诞生了。其契机在于三点：首先，企业业务系统过多，彼此数据没有打通。涉及分析数据的过程当中，需要先从各个系统寻找到相应的数据，再提取出数据进行整合打通，最后才能进行数据分析。在这个过程中，人为进行整合出错率高，分析效果不及时，导致整体效率低下，会出现数据迁移、数据同步滞后与错误等问题。其次，由于业务系统压力大，架构相对笨重，进行数据分析计算时消耗资源很多，需要将数据抽取出来后使用独立服务器处理数据查询、分析任务，才能释放业务系统的压力。最后，是性能问题。公司业务越来越复杂，数据量越来越大，历史数据积累过多，数据没有得到使用。原始数据系统无法承受更大数据量的处理时，数据处理效率严重下降。

于是数据治理平台诞生了。通过整合 Hadoop、Spark、Storm、Flink 等分布式的离线与实时计算框架，建立计算集群，并在其上运行各种计算任务，搭建大数据平台，使平台具有数据互联互通、支持多数据集实时同步、支持数据资源管理、实现多源异构数据的整合管控能力；可以提供完善的大数据分析基础运行环境，提供统一、二次开发接口等能力，用这些能力解决大数据存储与计算问题，提升数据分析效率。目前，已有的数据治理平台大多是针对大数据而言，没有统一的数据治理平台定义标准，共性的认识是在一般情况下，对使用 Hadoop、Spark、Storm、Flink 等这些分布式计算的实时或者离线计算框架，建立了计算集群，在计算集群上运行各种计算任务的平台系统，都可以被定义为数据治理平台。

最后是数据中台阶段。在这一阶段，数据量呈指数级增长，从 PB 级别发展成 EB 级别，为了更好地赋能业务，企业启动中台战略，打通各个业务线的数据，整合汇集数据，在底层通过技术手段解决数据统一存储和统一计算问题。在服务层通过数据服务化的 Data API 的方式，打通数据治理平台和前台的业务层对接，结合算法，将前台业务的分析需求和交易需求直接对接到中台来，通过数据中台处理和逻辑运算，反向赋能业务，真正做到"一切业务数据化，一切数据业务化"。

三、数据湖

数据湖的概念最初是由大数据厂商提出的，是一种数据存储的理念。打个比方，数据湖类似于湖，湖水来自各种来源并保持原始形式，而瓶装水类似于经过多次过滤和净化过程的数据集市。具体来说，数据湖就是把原始数据按照类别存储到不同的数据池，在各数据池中将数据整合转化为统一的可直接提取的格式，这种方式极大地方便了用户对数据进行分析和利用，具有极大的商业价值，为大数据分析作出了极大贡献。传统的数据架构要满足整合优化、面向主题、固定分层等特点，但数据湖却不同，数据湖具有极大的灵活性与创造性，企业全员可以独立参与数据运营和应用，最大限度地创新与提效，并且可优先确保数据的低时延、高质量、高可用。

数据湖推崇存储原生数据，对不同结构的数据统一存储，使不同数据有一致的存储方式，在使用时方便连接，真正解决数据集成问题。因此其本质仍是一种数据管理的思路，利用低成本技术捕捉、提炼和探索大规模、长期的原始数据存储的方法与技术。数据湖可存储任何种类的数据，高质量、高效率地存储数据，更快速、更廉价地处理数据，将建模应用问题丢给最终开发者。企业应用数据湖方案能带来以下几个显著的好处。

首先，数据"原汁原味"。数据湖以原始形式保存数据，并在整个数据生命周期捕获对数据和上下文语义的修改。尤其便于进行合规性和内部审计。如果数据发生了转换、聚合和更新，当需求出现时，数据将难以及时拼凑在一起，而且几乎没有希望确定准确的出处。

其次，数据方便易用。对于结构化、非结构化、半结构化的数据，数据湖均是原样加载和存储，之后再进行转换，开发及保存成本低，产生和使用之间时延小。客户、供应商和数据运营商不需要数据拥有者提供太多帮助即可整合数据，消除了数据共享的内部技术等障碍。

最后，应用按需建模。数据湖将数据提供给灵活的、面向任务的结构化应用，给予最终用户最大的灵活度来处理数据，对于同一份原始数据，不同的用户可能有不同的理解。目前，大部分运营商采用传统的以数据为中心的处理架构，这一架构的好处是计算效率高、技术成熟，但缺点也很明显，如灵活性不足、实用性低，制约了原生数据提供者向平台提供的积极性，进而导致数据的质量和全面性都得不到保障。引入数据湖可以实现存储和计算松耦合，在以计算为中心的处理模式的基础上，企业可以更加专注于数据的存储和管理，存储和计算不用相互制约，从而优先确保数据的高质量、低时延、高可用，并为数据应用的快速构建提供了极大的灵活性。

数据湖按照成熟度可划分为四个阶段：

第一阶段，应用程序独立建设，部分应用将数据提供给数据仓库，基于数据仓库构建分析应用。

第二阶段，数据湖和数据仓库并存，应用程序向数据湖提供副本数据，基于数据湖开发分析型应用，数据仓库和应用也可以从数据湖提取数据。

第三阶段，新系统以数据湖为中心构建，应用通过数据湖交互彼此数据，数据湖成为数据架构的核心，数据仓库基于数据湖提供特定的应用需求，数据治理变得重要。

第四阶段，所有新的应用均基于数据湖构建，数据湖成为弹性的分布式平台，数据的治理和安全需持续加强，支撑企业的数据运营和分析能力。

四、面临挑战

数据治理平台建设面临的主要挑战有两个：一个是数据治理平台处理

数据所需的相关技术，另一个是数据的全生命周期价值性。

数据治理平台要处理的数据是海量并且快速产生的，数据的类型是多种多样的，有图表、文字、视频等，涉及的领域也各不相同，包括工业数据、电信数据、卫生健康数据、金融数据等，因此建立数据治理平台需要着重考虑几项关键技术，包括平台架构体系建设、数据采集、数据处理、数据分析等。在数据治理平台架构体系建设方面，数据技术包括软硬件技术、数据传输、数据遥感接收、数据存储等；在数据采集方面，包括系统日志采集、网络数据采集、特定系统接口采集等技术；在数据处理方面，涉及数据的分类、抽取、清洗技术；在数据分析方面，机器学习、统计学、神经网络、数据挖掘等是主要技术。

数据是有生命周期的，因此建立数据治理平台时需要对数据的采集、存储、管理、分析及应用等整个生命周期进行考虑。在数据采集方面，需要考虑数据的丢失、数据清洗、数据标准化等问题；在数据存储方面，对结构化数据与非结构化数据要采取不同的存储方式，以便有效地录入、更新、检索；在数据管理方面，数据的多态、异构问题阻碍着数据的有效传输；在数据分析方面，如何进行分布式计算与并行计算十分重要；在数据应用方面，如何打通"数据孤岛"，实现数据共享迫在眉睫。

第四章 数据治理相关理论基础

第一节 数据治理的框架

数据治理是指建立完善的数据管理机制，利用数据技术对数据资产的可用性、完整性、全面性进行指导、实施、监控的过程，既具有科学性又具有艺术性。创建数据治理框架是数据治理的最核心任务，可以确保数据质量的完整性和保密性，实现彻底完善的数据治理，更好地达到数据治理的预期效果。

由于数据治理的侧重点和视角不同，国内外对数据治理框架的研究不尽相同，其中有业界认可的经典数据治理框架，也有许多根据先前研究成果并结合不同研究对象创新设计而得出的数据治理框架。比较经典的数据治理框架有 DAMA 数据治理框架、DGI 数据治理框架、IBM 数据治理框架等。基于 DGI 框架和 DAMA 框架创新的数据治理框架有图书馆 CALib 数据治理框架、中国电子技术标准化研究院提出的数据治理框架及政府数据治理框架等。

一、DAMA 数据治理框架

DAMA 数据治理框架是由国际数据管理协会（DAMA）提出的。DAMA 成立于 1988 年，基于自身丰富的数据管理经验，该协会从数据生命周期视角提出了完整的数据治理框架，即飞轮模型（DAMA 数据治理框架）。该模型提出数据治理的核心是数据管理，以数据管理为主导，概括了十个功能模块，涵盖了数据治理工作的核心领域，同时将七大环境要素融入数据治理活动中，进行相应的匹配，从而确保数据治理目标的实现和环境要素的配合贡献。DAMA 数据治理框架的十个主要功能内容包括数据架构管理、数据开发、数据操作管理、数据安全管理、主数据参考数据、文档内容管理、数据质量管理、元数据管理、数据仓库、商务智能，其中数据治理居于核心地位（见图 4 - 1）。

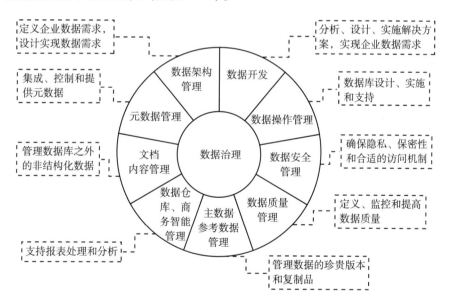

图 4 - 1　DAMA 数据治理框架的十个功能

由图 4 - 1 可知，数据治理在十大功能模块中居于核心地位，通过建立一个能够满足企业数据需求的决策体系，为数据管理提供指导和监督；数据架构管理定义了与组织战略相协调的数据资产管理蓝图，以建立战略性数据需求及满足需求的总体设计；数据操作管理主要负责数据库设计、实施和支持；数据安全管理需要保护用户数据隐私，建立合适的访问机制，避免数据泄露；数据质量管理需要规划和实施相关数据技术，对数据质量进行测量、评估；主数据和参考数据管理主要是对数据版本进行备份；数据仓库和商务智能管理是指通过计划、实施和控制流程来管理决策数据，并为决策者提供分析报告；文档、内容管理负责对数据库之外的非结构化数据进行管理；元数据管理则是集成、控制元数据，以便能够访问高质量的集成元数据。

七大环境因素分别是目标和原则、活动、主要交付物、角色和职责、技术、实践和方法、组织和文化（见图4-2）。

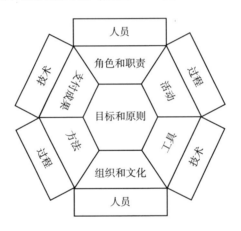

图4-2 DAMA数据治理七大环境要素

在DAMA数据治理七大环境要素中，各个要素是按照逻辑进行划分的，以便对数据治理结果的贡献度进行衡量。目标与原则是指另外六个要素要在数据治理过程中确定好自己的目标与原则；活动是指数据治理过程中的各个活动，包括多组主要活动和分支子活动；角色和职责是指参与治理人员各自的任务及责任；过程是指数据治理的流程；组织和文化是指数据治理的度量指标、商业价值指标等；方法是指常见的实践方法、产品交付过程和步骤；支付成果是指数据治理的支付成本与成果价值。

DAMA数据治理框架充分考虑了功能和环境要素对数据本身的影响，

并建立了匹配关系。但此框架也存在缺点，即十个功能子框架并不能完全概括数据管理的全部功能。随着信息技术的快速发展，大数据发展迅速，其数据治理的功能也将越来越多样化，而 DAMA 治理框架显然不能满足数据管理和治理的未来需求。

二、DGI 数据治理框架

数据治理研究所（DGI）是国内最早、最知名的研究数据治理的专业机构之一，早在 2004 年其就推出了 DGI 数据治理框架，帮助企业建立完善的数据治理体系。DGI 框架在数据治理架构、数据治理目标、数据治理流程等方面，都给出了指南级的说明，帮助企业释放数据价值，降低数据治理成本，简化数据治理流程，保证数据安全。

DGI 框架是一个具有实践指导意义的数据治理模型，主要在于其设计是从组织数据治理的目标或者需求出发的，说明了谁应该何时采取什么行动处理信息，以及在不同情况下，应该使用什么不同的方法。

具体来说，DGI 框架采用 5W1H 法则进行设计，分别是：why、what、how、when、who、where。第 1、第 2 个组件是数据治理的愿景使命和数据治理目标。这两个组件定义了企业为什么（why）需要数据治理。相比数据治理的其他几个组件，为什么做更加重要，它为企业的数据治理指明了方向，是其他数据治理活动的总体策略。第 3、第 4、第 5、第 6 个组件，分别对应数据规则与定义、数据的决策权、数据问责制、数据管控，这 4个组件定义了数据治理到底治什么（what），其中，数据规则与定义侧重业务规则的定义，如相关的策略、数据标准、合规性要求等；数据的决策权侧重数据的确权，明确数据归口和产权问题，对数据标准、管理制度、管理流程进行规范化；数据问责侧重数据治理职责和分工的定义，明确谁应该在什么时候做什么；数据管控侧重采用什么样的措施保障数据的质量和安全，以及数据的合规使用。第 7、第 8、第 9 个组件，定义数据治理的利益干系人（who），主要包括数据利益相关者、数据治理办公室和数据管理员。DGI 框架对数据治理的主导者、参与者的职责分工给出了相关参考。第 10 个组件定义了数据治理的实施路径、行动计划及数据治理流程

（how、when），描述了数据管理的重要活动和方法。where 组件虽然没有含在十大组件之列但却十分重要，强调要明确当前企业数据治理的成熟度级别，找到企业与先进标杆的差距，是定义数据治理内容和策略的基础（见图 4-3）。

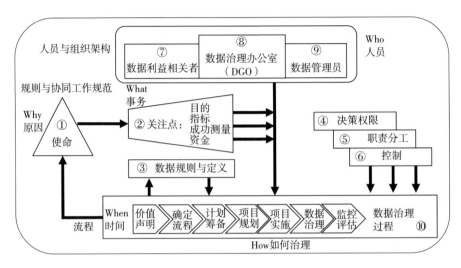

图 4-3 DGI 框架

根据 DGI 对数据治理的定义，数据治理应包括组织整体、规则、决策权、职责、监控等，可以看出 DGI 将数据治理和数据管理作为两个独立概念来看待，其数据治理框架是十分清晰的、严谨的，为企业提供了一个直观、逻辑明了的数据治理框架。需要注意的是，DGI 与 DAMA 数据治理框架虽然可以通用，但是各个组织机构都有着自己的特殊性和唯一性，因此在借鉴两个框架的时候需要结合组织自身特点，避免生硬套用，产生治理困境。

三、IBM 数据治理框架

IBM 也是最早提出数据治理概念的公司之一，其凭借多年出色的 IT 咨询经验，以及大数据平台开发经历，提出了数据治理统一流程理论。IBM 数据治理委员会在构建数据治理统一框架方面，提出了数据治理的要素模型，包含成果、支持条件、核心规程和支持规程四个层次（见图 4-4）。

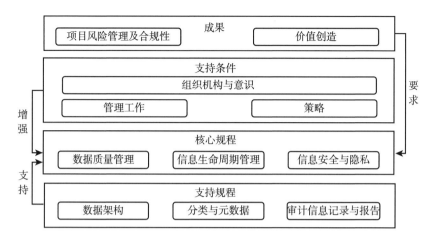

图 4 – 4　IBM 数据治理四个层次

从图 4 – 4 中可以发现：影响项目成果的主要因素为项目风险管理及合规性和价值创造两个因素，如何平衡和考量这两者将成为影响企业数据治理成果的关键；项目成功的支持条件是建立完备的组织机构、统一成员意识、制定恰当的策略、实施周全的管理工作；项目的核心规程是提高数据质量，做好生命周期管理，确保数据安全；项目的支持规程是完善系统体系结构设计，梳理元数据并形成统一资源目录，设计数据的合规、内控、审计流程。

在此框架下，IBM 公司提出了数据治理流程，共由十四个步骤组成，包括制定业务、获取支持、成熟度评估、创建技术路线图、建立组织蓝图、创建数据字典、理解数据、管理元数据、定义度量指标、主数据治理、分析数据治理、数据安全和隐私、治理信息全生命周期管理和度量结果。不难看出，IBM 的数据治理流程是一个操作流程和项目导向的流程，最终形成了一次数据治理的闭环。IBM 数据治理框架借鉴了 DGI 和 DAMA 的思想。

四、CALib 数据治理框架

CALib 数据治理框架简称 CALib 框架，是我国学者包冬梅等在对现有的 DAMA 数据治理框架、DGI 数据治理框架进行研究分析并结合高校图书馆领域的数据治理特点的基础上创新构建的，旨在帮助我国高校图书馆有效解决数据价值和数据资源管理问题（见图4-5）。

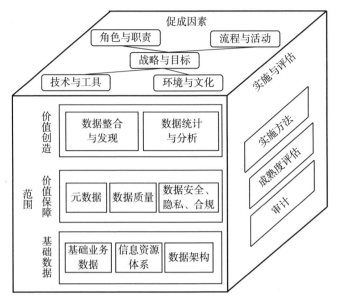

图4-5 CALib 数据治理框架

此框架从三个方面描述了高校图书馆数据治理的框架及框架内部各组件之间的关系。在范围方面，提出了价值创造、价值保障、基础数据三个范围；在实施与评估方面，提出了实施方法、成熟度评估及审计三个方法；在促成因素方面，提出了角色、职责、战略、目标、流程、活动、环境、文化、技术、工具这10个因素。其中，促成因素在高校图书馆数据治理中起关键作用，范围因素则指出了数据治理涉及的领域，实施与评估因素介绍了具体的数据治理方法及评价指标。

促成因素中10个因素的促进作用将使高校图书馆的数据治理效率得到大幅提升，如果这些因素中的某些因素出现问题，那么整体的数据治理水平将会下降，甚至出现致命威胁。在这些因素中，战略与目标起着统筹规划的作用，其他8个因素以其为指向开展工作；角色和职责是指数据治理中治理人员的工作内容与责权，整体需要团结协作，保证治理目标的实现；环境与文化是需要高校创建的，目的是保证数据安全和标准统一；流程与活动是指具体的治理步骤，是数据产生价值的环节；技术与工具是指数据治理所需的技术及工具，以保证治理计划的实施。

范围子框架展示了高校数据治理的 8 个关键领域，可以分别纳入基础数据层、价值保障层、价值创造层之中。基础业务数据是指通过制定相关业务标准、规范、联合编码等基础业务实现数据共建共享过程中产生的数据；信息资源体系是指建立一个开放的信息资源网络，对网络内的数据资源进行匹配，扩大数据范围；元数据是基础，它描述了图书馆的资源、位置、内容，所以制定元数据指标尤为重要；数据质量是实现数据开放共享的基础，是有效治理的保障；数据整合与发现是指将原有的单一图书馆管理系统集成为综合性图书馆服务平台；数据统计与分析关系到高校图书馆的建设水平和服务质量；数据安全、隐私及合规管理需要建立和完善相关法律、政策和机制。

实施与评估子框架涉及数据治理实施所需要的环境、步骤和效果评价等，实施人员根据实施蓝图和实施方法进行全面准确治理，将抽象问题具体化，然后解决问题。成熟度评估可以测量出高校图书馆的数据治理水平并找出存在的问题，从而对数据治理路径进行优化。数据治理审计是指第三方机构对数据治理成果进行评估，检查数据治理活动，最后对数据治理提出建议，帮助图书馆实现数据治理目标。

五、中国电子技术标准化研究院数据治理框架

在研究上述数据治理框架的基础上，并借鉴能源、电信、制造领域的数据治理经验，中国电子技术标准化研究院提出了包括原则、范围、实施与评估三个维度的数据治理框架，并对框架内的组件进行了细化（见图 4 - 6）。此框架与 CALib 框架比较相似，但也存在较多差异。

在中国电子技术标准化研究院数据治理框架中，原则维度主要包含数据治理的各项原则；范围维度确定了数据治理的主要工作内容，分别是数据运营、数据安全、数据仓库等 9 个关键部分，并将大数据作为主要环境因素放置在应用层，凸显其对基础层和保障层的影响作用；实施与评估维度则列出了数据治理的相关方法，特别是在数据治理水平的测度方面，该测度通过成熟度来衡量，最后再进行审计，保证治理目标的实现。

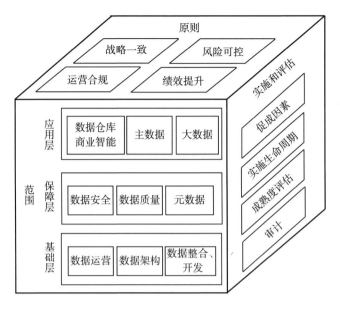

图4-6　中国电子技术标准化研究院数据治理框架

六、政府数据治理框架

政府数据治理框架是我国学者黄静等基于政府数据组织融合的视角，结合政府数据治理过程中面临的主要问题与需求，根据信息生命周期理论对政府数据治理各阶段的任务和流程进行分析后构建的（见图4-7）。

在政府数据治理框架中，治理首先从数据获取开始，然后是数据处理、数据存储，最后是数据共享。数据采集是指数据治理集成化，利用数据采集装置从系统外部获取数据并输入到系统中，获取的数据主要是网络文本数据、实时监控数据、业务数据等；数据组织是指数据治理标准化，对政府数据的多源异构特性进行标准化处理，包括制定标准，如格式标准、元数据标准、组织标准等，同时制订数据管理计划，如制定元数据组织存储计划相关数据政策，最后进行数据整合，如规范数据格式，清洗基础数据，制定元数据；数据存储是指数据治理媒介化，在完成数据采集、数据组织后，将标准化的数据根据数据类型的不同分别存储到基础数据库、关联库、专题库中；数据处理是指数据治理流程化，通过对数据进行

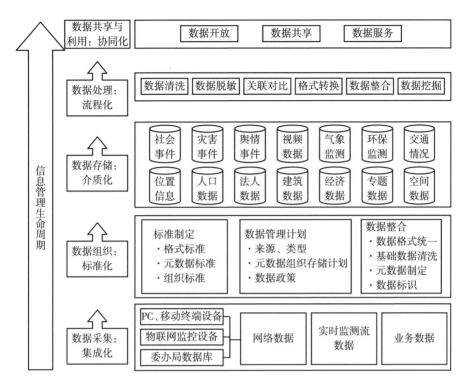

图 4 - 7　政府数据治理框架

清洗、脱敏、关联对比、格式转化、整合、挖掘等流程化操作，在海量杂乱的数据中提取出符合特定需求的有价值的数据；数据共享和利用是指数据治理协同化，是释放数据价值的过程。政府数据共享能够提升政府决策的透明度，促进政府治理能力的提升，降低数据二次收集的成本，促进公民、企业积极参与公共事务。

第二节　数据治理技术

在企业数据治理过程中，数据治理技术受到越来越多的重视。从企业的数据资产管理和数据质量提升，到自助服务及智能化的数据应用，都需要依靠数据治理技术来实现，其中的关键技术包括元数据自动化采集和存储、数据质量探查和提升技术、自助化数据服务构建技术等。

一、数据采集、存储技术

数据治理的首要关键技术便是数据资产的自动化采集、存储技术。要实现数据资产管理，企业首先需要各种数据采集工具，把各类型的元数据收集起来；其次，采用相应的存储策略对元数据进行分类存储，并在不改变存储架构的情况下逐步扩展元数据的存储类型；最后，对已经存储的元数据进行管理和应用。常用的数据采集工具有分布式日志收集系统、统一日志收集系统及集群日志收集系统。

Flume 作为 Hadoop 的组件是较具代表性的分布式日志数据收集系统，其提供了从 Console（控制台）、RPC（Thrift – RPC）、Text（文件）、Tail（UNIX Tail）、Syslog、Exec（命令执行）等数据源上收集数据的能力。Flume 采用了多 Master 的方式。为了保证配置数据的一致性，Flume 引入了 ZooKeeper，用于保存配置数据。ZooKeeper 本身可保证配置数据的一致性和高可用性。另外，在配置数据发生变化时，ZooKeeper 可以通知 Flume Master 节点。Flume Master 节点之间使用 Gossip 协议同步数据。Flume 针对特殊场景也具备良好的自定义扩展能力，可以适用于大部分的日常数据采集场景。由于 Flume 使用 JRuby 来构建，所以依赖 Java 运行环境。Flume 设计成一个分布式的管道架构，可以看成在数据源和目的地之间有一个 A-gent 的网络，支持数据路由。

Fluentd 是一款开源的数据收集架构，采用 JSON 文件来统一日志数据收集。通过丰富的插件，Fluentd 可以收集来自各种系统或应用的日志，然后根据用户定义将日志做分类处理。通过 Fluentd，企业可以非常轻易地实现像追踪日志文件并将其过滤后转存到 MongoDB 这样的操作。Fluentd 具有多个功能特点：安装方便、占用空间小、半结构化数据日志记录、灵活的插件机制、可靠的缓冲、日志转发。另外，其扩展性非常好，客户可以自己定制（Ruby）Input/Buffer/Output。Fluentd 具有跨平台的问题，并不支持 Windows 平台。

Chukwa 是一款开源的集群日志数据收集平台，基于 Hadoop 的 HDFS 和 MapReduce 构建（用 Java 来实现），提供扩展性和可靠性。它提供了很多模块以支持 Hadoop 集群日志分析，同时提供对数据的展示、分析和监视，适应以下需求：灵活的、动态可控的数据源；高性能、高扩展性的存储系统；大规模数据处理分析。

与人工收集数据相比，数据技术的最突出特点是速度快和精确。因此，如何通过技术手段精确地获取数据资产是关键，特别是元数据关系，一般都存在于模型设计工具、ETL 工具，甚至开发的 SQL 脚本中，因此需要通过工具组件解析（接口、数据库）、SQL 语法解析等手段完成关系的获取和建立。准确解析后的关系，还需要通过直观的关系图展现出来。

针对数据资产的存储，模型体系规范为元数据管理提供了基础，通过模型管理可以实现统一稳定的元数据存储，统一的标准和规范能很好地解决通用性与扩展性问题。传统数据资产管理采用 CWM 规范进行数据资产存储设计，该规范提供了一个描述相关数据信息元数据的基础框架，并为各种元数据之间的通信和共享提供了一套切实可行的标准。但是，随着元数据管理范围的不断扩大，CWM 规范已经不能满足通用的元数据管理需求，针对微服务、业务等也需要一套规范支撑。MOF 规范位于模型体系最底层，可以为元数据存储提供统一的管理理论基础。

二、数据管理技术

在数据存储完成后企业将开展对数据的管理。海量数据和复杂的应用场景给数据管理带来了很大的挑战，人工智能具有强大的学习、预测、规划功能，能够有效地解决数据管理的困难，通过对数据库管理系统的数据分布、查询修改、使用习惯等特征进行模型构建和机器学习，实现对数据的自动化管理，包括查询预测、配置优化、数据分区、系统维护等。

在数据库运行维护方面，人工智能技术能够根据数据库查询负载特征对数据库调度系统进行优化，将一些查询任务推荐为离线状态，减少系统运载，并利用分类算法对负载类型进行分类，对每种类型的负载进行建模和训练预测，最终实现查询预测功能；在数据存储方面，人工智能利用机器学习和数据挖掘技术对数据进行科学分区，合理地选择索引建立所在列，以机器学习模型代替传统人工索引，在确保数据存取后的查询和调用操作的前提下，使数据存取的动态性得到提升，并且提高存取操作的速度；在查询优化方面，人工智能根据以往每次查询记录和实际效果不断调整查询命令，合理安排查询规模，依靠强化学习对查询操作排序优化，最大程度降低查询成本，提高查询效率。

三、数据应用技术

数据治理的最终目标是为最终用户提供数据，这就要求快速找到数据，并快速建立数据交换的通道。知识图谱是一种非常好用、直观的数据应用方式。知识图谱的构建可以从三个方面考虑：一是基于企业元数据信息，通过自然语言处理、机器学习、模式识别等算法，以及业务规则过滤等方式，实现知识的提取；二是以本体形式表示和存储知识，自动构建成资产知识图谱；三是通过知识图谱关系，利用智能搜索、关联查询等手段，为最终用户提供更加精确的数据。

知识图谱技术主要包括知识获取、知识表示、知识存储、知识建模、知识融合、知识理解、知识运维七个方面，通过面向结构化、半结构化、非结构化数据构建不同类型的知识图谱，在不同领域提供数据支持。

知识图谱中的知识源自结构化、半结构化、非结构化信息。通过数据抽取技术从不同结构和类型的数据中提取出能够被计算机识别并计算的结构化数据，以供进一步分析和利用。知识获取即是从不同来源、不同结构的数据中进行知识提取，形成结构化的知识并存入知识图谱中。当前，知识获取主要是针对文本数据进行，需要解决的抽取问题包括实体抽取、关系抽取、属性抽取和事件抽取。

知识表示是将现实世界中存在的知识转换成计算机可识别和处理的内容，是一种描述知识的数据结构，用于对知识的一种描述或约定。知识表示在人工智能的构建中具有关键作用，通过适当的方式表示知识，形成尽可能全面的知识表达，使机器通过学习这些知识，表现出类似于人类的行为。同时，知识表示是知识工程中一个重要的研究课题，也是知识图谱研究中知识获取、融合、建模、计算与应用的基础。

知识存储是针对知识图谱的知识表示形式设计底层存储方式，完成各类知识的存储，以支持对大规模图数据的有效管理和计算。知识存储的对象包括基本属性知识、关联知识、事件知识、时序知识和资源类知识等。知识存储方式的质量直接影响到知识图谱中知识查询、知识计算及知识更新的效率。

知识融合是一个不断发展变化的概念，尽管以往研究人员的具体表述不同、所站角度不同、强调的侧重点不同，但这些研究成果中还是存在很多共性，这些共性反映了知识融合的固有特征，可以将知识融合与其他类似或相近的概念区分开来。知识融合是面向知识服务和决策问题，以多源异构数据为基础，在本体库和规则库的支持下，通过知识抽取和转换获得隐藏在数据资源中的知识因子及其关联关系，进而在语义层次上组合、推理、创造出新知识的过程，并且这个过程需要根据数据源的变化和用户反馈进行实时动态调整。

知识建模是指建立知识图谱的数据模型，即采用什么样的方式来表达知识，构建一个本体模型对知识进行描述。在本体模型中需要构建本体的概念、属性及概念之间的关系。知识建模的过程是知识图谱构建的基础，高质量的数据模型能避免许多不必要、重复性的知识获取工作，有效提高知识图谱构建的效率，降低领域数据融合的成本。不同领域的知识具有不同的数据特点，可分别构建不同的本体模型。

知识计算是基于已构建的知识图谱进行能力输出的过程，是知识图谱能力输出的主要方式。知识计算主要包括知识统计与图挖掘、知识推理两大部分内容，知识统计与图挖掘重点研究的是知识查询、指标统计和图挖掘；知识推理重点研究的是基于图谱的逻辑推理算法，主要包括基于符号的推理和基于统计的推理。

知识运维是指在知识图谱初次构建完成之后，根据用户的使用反馈、不断出现的同类型知识及增加的新的知识来源进行全量行业知识图谱的演化和完善的过程，运维过程中需要保证知识图谱的质量可控及逐步地丰富衍化。知识图谱的运维过程是个工程化的体系，覆盖了知识图谱从知识获取至知识计算等整个生命周期。

第三节 数据治理成熟度评估模型

一、模型的由来

数据治理成熟度评估模型来源于 CMM 模型，CMM 模型是由美国软件工程研究所（SEI）在 1989 年提出的，主要用于评价软件承包商的能力并帮助改善软件质量。随着软件行业的不断发展，其有效持续的改进方法使 CMM 模型在项目管理、知识管理、人力资源管理和产品开发等领域得到广泛认可与应用。

CMM 模型描述了 5 个等级的成熟度级别，分别是初始化、已管理、已定义、量化管理、持续改进。在初始化级别，组织的工作是不稳定的，常常面临环境改变和任务改变，需要管理人员根据个人经验进行指挥调度，此阶段产生的产品与服务在预算和时间上经常超支。已管理级别是指组织开始采用标准化程序和流程进行软件开发，实现时间管理和成本管理，可以根据经验反复开展生产，但组织仍缺乏整体性管理，仍存在成本超预算和时间超预期问题。已定义级别阶段管理覆盖整个组织，已经完全采用标准化流程和程序进行管理，预算和时间超出问题得到有效解决。量化管理级别是指企业通过量化标准，对产品质量进行分析、度量。持续改进级别的企业对量化指标已经十分明确，且对流程进行了多次持续改进，业务目标也发生了相应变化（见图 4 - 8）。

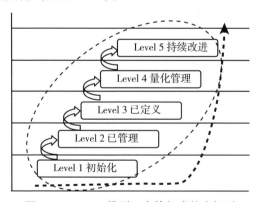

图 4 - 8　CMM 模型 5 个等级成熟度级别

二、模型的发展

数据治理的本质是消除组织各个部门之间的数据壁垒，对海量、多元、异构的数据进行整合，对数据进行有效管理，最后实现数据共享，提供数据服务，释放数据价值。通常，数据治理被认为是获得高质量数据的核心控制规程，用于管理、使用、改进和保护企业数据加工过程中的数据质量。有效的数据治理可以促进跨组织间的协调与决策，增强企业数据的可用、可信、可管、可控。

企业关心增加收入、降低成本、规避风险、数据可信四个因素，因此许多企业通过学习、培训和借鉴经验，开展自身的数据管理实践，通过寻找行业基准和通用框架建立实施方法论。例如，IBM 数据治理成熟度模型是由 55 名专家组成的专家委员会，通过计划、设计、实施、验证，寻找技术、方法和最佳实践，结合 CMM 模型提出通过数据治理获得一致性和高质量数据的成熟度模型，帮助组织有效改善数据管理环境，进而有效利用数据（见图 4 - 9）。

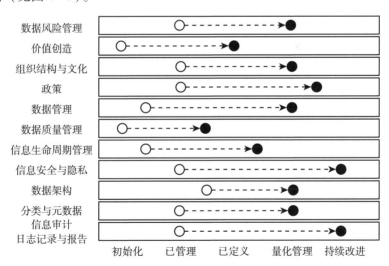

图 4 - 9　IBM 成熟度模型

如图 4 - 9 所示，空心圆表示当前状态，即我们目前处于什么位置；实心圆表示未来状态，即我们希望在未来处于什么位置；虚线箭头表示演进路径，即我们需要哪些人员、流程、技术和策略来填补当前状态和未来状态的差距。

三、初始化阶段

在第一级初始化阶段，企业尚未意识到应将数据作为资产进行管理，对数据的应用仅限于基本报表，且基于试算表。数据的获取极大程度上依赖于手工作业和特殊查询，自动化程度较低。在此阶段，企业面临手工统计、计算的极大压力，无法将人力投放在更具价值的决策支持和业务拓展上。信息超载现象比较突出，无法很好地理解和使用获取的信息。容易发生信息未反映真实情况的问题，且与数据相关的问题都只能在事后被动地发现，无法做到问题的预先防范。这一阶段，企业在数据的应用和管理方面主要有以下特点：数据呈现结构化的、静态的内容；在集成方面表现为无连接的、孤立的、非集成的解决方案；应用系统中多为孤立的模块，依赖于特定的应用系统；系统基础架构复杂、关系混乱，且基于特定的平台。

四、已管理阶段

在第二级已管理阶段，企业初步认识到数据的价值，开始对数据的管理进行初步探索。数据的应用体现在查询、报表和分析三大方面，已能够通过数据处理获取部分基础的信息。数据的获取不完全依赖于手工，实现了部分自动化，可以将一部分人力从手工统计的压力下解脱出来，投入到数据分析的工作中。数据已能够反映企业的真实情况，形成有限制的企业可视度。但由于数据标准不统一、口径不一致等原因，不同部门统计出来的信息不一致的现象比较突出，信息存在多版本的情况，造成数据可信度较低。在这一阶段，企业数据的应用和管理具有以下特点：数据开始呈现有组织、结构化的内容；数据集成已经实现部分集成，但孤立情况依然存在；应用系统实现了基于组件的应用系统；系统架构呈现层级式架构，仍基于特定的平台。

五、已定义阶段

在第三级已定义阶段，随着业务的拓展，企业越来越意识到数据的价值，对数据治理的认知逐步增强，也有意愿主动地开展数据治理工作，愿意在数据治理方面进行投资。初步建立了数据治理的组织架构，形成有脉络的、基于职责的人员配合意识。对数据的应用已基本实现了全面自动化，更多的人力投入到业务流程改造和应用系统增强上。数据实现了可获取、可信赖，跨部门和业务条线的数据得到共享，全企业形成唯一版本的信息，从而反映企业经营的真实情况。基于数据的业务绩效管理得到整合，经由数据的分析、挖掘，形成实时性的业务洞察力，为业务的拓展带来良好的推动力。这一阶段的主要矛盾体现在决策层逐步增长的数据治理意识与数据治理工作开展缓慢、效果滞后的现实之间。此阶段与前两个阶段有着本质的差别，处在这一阶段的企业才真正开始数据治理工作的实施，在数据的应用和管理方面主要有以下特点：数据开始出现基于标准的结构化的内容，以及部分非结构化的内容；在数据集成方面表现为孤立系统的集成，以及信息的虚拟化；应用系统基于服务；系统架构出现 SOA 的理念，基于特定的平台建设组件式架构。

六、量化管理阶段

在第四级量化管理阶段，经历了一个阶段的主动管理，企业已具备相当成熟的数据治理能力，不论是组织认知、流程规范还是技术实现都达到了一定的高度，开始步入量化管理阶段。数据治理已融入基于角色的日常工作之中，人员具备将数据质量相关工作全然融入工作流、流程和系统的能力。通过数据的挖掘，获取有价值的信息，从而激发业务流程改造和创新。同时，全面的、自动化的数据应用，为增强业务流程和运营管理提供了必要条件。从企业战略规划来看，丰富、可信的数据也能够全面地支撑前瞻性视野和具有预测性的分析，大幅提高企业的核心竞争力。处于量化管理阶段的企业，已经通过数据治理取得了极大的业务价值，在数据的应用和管理方面主要有以下特点：数据能够无缝连接且支持共享，信息和流程相分离，结构化和非结构化的信息完全整合；数据集成可以提供随时可用的信息服务；应用系统方面，流程透过各式服务而集成；系统架构方面构建了有随时恢复能力的 SOA 架构，不限定于特定技术的平台。

七、持续优化阶段

第五级持续优化阶段，在量化管理的基础之上，企业的数据治理水平已达到最高的程度，开始步入持续优化的科学发展阶段。在此阶段，企业的数据问题都已迎刃而解，能力和业务创新也达到了相当的高度。贯通了企业内外有弹性且兼具适应力的业务环境。数据的价值创造被发挥到最高水平，具备由下而上的战略业务创新的促进能力。企业绩效和运营管理不断优化，建立在高水平信息展现基础之上的战略洞察力也得到体现。进入持续优化阶段的企业在数据应用和管理方面具有以下特点：数据实现了所有相关的内部及外部信息无缝连接且共享，新增的信息可以轻松录入；数据集成实现了虚拟化的信息服务；应用系统呈现为动态的应用系统组合；系统架构具有动态的、可重新组装的、可侦测和可回应的特点。

下篇

数据治理乡村实践篇

第五章 我国乡村数据治理现状、困境及破解措施

一、乡村数字基础设施建设加快推进

首先，乡村网络基础设施建设成效显著。农村网络基础设施实现全覆盖，农村通信难问题得到历史性解决，互联网普及率持续提升，截至2022年6月，我国现有行政村已全面实现"县县通5G、村村通宽带"，基本实现与城市同网同速，为农村互联网普及和数字化发展奠定了坚实的基础。从目前农村地区的互联网实际应用情况来看，互联网普及率在持续提升，中国互联网络信息中心（CNNIC）于2022年2月25日发布的第49次《中国互联网络发展状况统计报告》显示，截至2021年12月，我国网民规模达10.32亿，较2020年12月增长4296万，互联网普及率达73.0%。其中，农村网民规模达2.84亿，农村地区互联网普及率为57.6%，较2020年12月提升1.7个百分点，城乡地区互联网普及率差异较2020年12月缩小0.2个百分点。移动互联网方面，截至2022年11月，我国农村地区移动互联网普及率为56.9%。截至2022年8月，全国已累计建成并开通5G

基站 196.8 万个，5G 网络覆盖所有地级市城区、县城城区和 96% 的乡镇镇区，实现了"县县通 5G"。全国行政村通光纤比例从不到 70% 提升至 100%。

其次，乡村融合基础设施建设全面展开。农村公路数字化管理不断完善，2021 年已完成 446.6 万公里农村公路电子地图数据更新工作，并同步制作专项地图，全景、直观展示全国农村公路路网分布情况。数字孪生流域建设在重点水利工程先行先试，智慧水利建设进入全面实施阶段，截至2021 年底，全国县级以上水利部门应用智能监控的各类信息采集点达24.53 万处，其中 66.4% 已纳入集控平台；截至 2022 年 6 月，已有 2766个县共 53.04 万处农村集中供水工程建立了电子台账。农村电网巩固提升工程深入推进，2021 年全国农村地区供电可靠率达到 99.8%。支撑农产品上行的基础设施明显改善，截至 2022 年底，3 年共支持约 3.6 万个家庭农场、农民合作社、农村集体经济组织，建设 6.9 万个产地冷藏保鲜设施，新增库容 1800 万吨以上。

二、乡村数字经济新业态新模式不断涌现

现代信息技术推动农村经济提质增效，激发乡村旅游、休闲农业、民宿经济等乡村新业态蓬勃兴起，农村电商继续保持乡村数字经济"领头羊"地位，农村数字普惠金融服务可得性、便利性不断提升。

首先，农村电商保持良好发展势头，工业品下乡、农产品进城的农村电商双向流通格局得到巩固提升，直播电商、社区电商等新型电商模式不断创新发展，农村电商继续保持乡村数字经济"领头羊"地位，"互联网＋"农产品出村进城工程、"数商兴农"工程深入实施，有力促进了产销对接和农村电商发展。2022 年全国农村网络零售额达 2.17 万亿元，比上年增长 3.6%。农村电商公共服务基础设施建设不断加强，截至 2022 年 7 月，电子商务进农村综合示范项目累计支持 1489 个县，支持建设县级电子商务公共服务中心和物流配送中心超 2600 个。快递服务不断向乡村基层延伸，"快递进村"比例超过 80%，2021 年农村地区收投快递包裹总量达 370 亿件。截至 2021 年底，36.3% 的市级以上重点农业龙头企业通过电商开展销

售，利用电商销售的农产品加工企业营业收入比上年增长 10.8%。电子商务助力脱贫地区农产品销售，为防止规模性返贫发挥着重要作用。截至 2022 年底，"832 平台"入驻脱贫地区供应商超 2 万家，2022 年交易额超过 136.5 亿元，同比增长 20%。

其次，乡村新业态蓬勃兴起。随着光纤和 4G 网络在行政村的全覆盖，互联网技术和信息化手段助力乡村旅游、休闲农业、民宿经济加快发展。截至 2022 年 9 月，农业农村部通过官方网站发布推介乡村休闲旅游精品景点线路 70 余次，覆盖全国 31 个省（区、市）148 个县（市、区）的 211 条乡村休闲旅游线路。乡村地名信息服务提升行动深入推进，截至 2022 年 8 月，互联网地图新增乡村地名达 414.2 万个，超 200 万个乡村、超 2 亿人受益。返乡入乡创业就业快速增长，2021 年我国返乡入乡创业人员达 1120 万人，较上年增长 10.9%，其中一半以上采用了互联网技术。市场主体数字乡村业务快速拓展，电信运营商、互联网企业、金融机构、农业服务企业等市场主体积极投身乡村数字经济，研发相应的平台、系统、产品，推动智慧种养、信息服务、电子商务等业务在农业农村领域不断拓展。

最后，数字普惠金融服务快速发展。通过现代信息技术的广泛应用，农村普惠金融服务的可得性、便利性不断提升。移动支付业务较快增长，截至 2022 年 6 月，我国农村地区网络支付用户规模达到 2.27 亿。2021 年银行业金融机构、非银行支付机构处理的农村地区移动支付业务分别达 173.7 亿笔、5765.6 亿笔，同比分别增长 22.2%、23.5%。银行保险机构优化传统金融业务运作模式，提供适合互联网场景使用的多元化高效金融服务，增加对广大农户、新型农业经营主体的金融服务供给。"农业经营主体信贷直通车"打造了"主体直报需求、农担公司提供担保、银行信贷支持"的高效农村金融服务新模式，截至 2022 年 4 月，已完成授信 27496 笔，授信金额突破 200 亿元。

三、乡村数字治理效能持续提升

乡村数字化治理模式不断涌现，乡村智慧应急能力明显增强，信息化成为提高乡村治理水平的重要支撑。

近年来，乡村数据治理工作持续推进，"互联网＋政务服务""互联网＋党建"建设进一步深化，农业行政审批制度改革进一步推进，农业农村信息化建设和数字化管理加速发展，乡村治理效能不断提升，乡村治理能力建设取得长足进展。数字化平台让"三资"管理更透明，多地规范化建设集体资产登记、保管、使用、处置等管理电子台账，完善农村集体资产监督管理平台功能，建设数字化"三资"智慧监管系统。农村宅基地信息化管理服务高效便捷，搭建宅基地信息化管理平台，建立"一个窗口对外受理、多部门内部联动运行办理"的工作机制，推广信息化管理平台应用，为群众提供"一站式"便捷高效服务。土地承包经营权信息应用平台基本建成，截至2019年底，各地农村土地承包信息数据库已经基本建成，信息应用平台主要功能已经初步具备并开始发挥作用。"互联网＋基层党建"全面铺开，建设平台，加快推进农村基层党建信息化覆盖，注重应用，提升农村基层党建信息化水平。"雪亮工程"建设不断深化，将城乡接合部和所辖农村地区的视频系统建设纳入公共安全视频建设联网应用体系，积极推进农村视频系统建设。"互联网＋村务"促进村务公开与监督，以"互联网＋村务"为载体，拓宽群众知情渠道，使村民与村务"面对面""零距离"。农业农村部地理信息公共服务、政务数据共享、农业农村大数据等平台基本建成，农业农村数据资源不断丰富。全国自然资源三维立体"一张图"持续完善，耕地和永久基本农田、生态保护红线、城镇开发边界划定成果已上图入库。全国数字农田建设"一张图"、全国第三次土壤普查平台、全国农田建设综合监测监管平台等基本建成，为相关工作高效开展提供了支撑。农产品市场监测预警体系初步建立，农产品市场分析研判能力明显提升。数字化监管模式不断创新，探索利用数字技术支撑耕地用途管制、制种基地监管、宅基地改革试点等工作。

各地为切实保障农民群众的知情权、决策权、参与权和监督权，持续推进农村党务、村务、财务网上公开。评价显示，2021年全国"三务"网上公开行政村覆盖率达78.4%，较上年提升6.3个百分点，党务、村务、财务分别为79.9%、79.0%、76.1%。全国党员干部现代远程教育网络完成升级改造，党员教育平台基本实现全媒体覆盖，"互联网＋党建"成为农村基层党员干部和群众指尖上的"充电站"。全国基层政权建设和社区治理信息系统已覆盖48.9万个村委会、11.7万个居委会，实现行政村（社区）的基础信息和统计数据"一口报"。全国农村集体资产监督管理平台上线试运行，已汇聚全国农村承包地、集体土地、集体账面资产、集体经济组织等各类数据。农村宅基地管理信息平台建设稳步推进，已有105个农村宅基地制度改革试点县（市、区）建设了宅基地数据库。全国农村房屋综合信息管理平台和农村房屋基础信息数据库启动建设。

"互联网＋基层社会治理"行动深入实施，各地积极推进基层社会治理数据资源建设和开放共享，实行行政村（社区）和网格数据综合采集、一次采集、多方利用，不断探索将网格中的"人网"与大数据编成的"云网"相结合，以数据驱动公共服务和社会治理水平不断提高，农民群众的安全感明显增强。评价显示，2021年公共安全视频图像应用系统行政村覆盖率达到80.4%，比上年提高3.4个百分点。特别是在农村水域安装水位临界报警监控和全景监控，在关爱农村留守儿童、防范溺水意外事故等方面成效明显。依托儿童福利管理信息系统，摸清农村地区关爱服务对象底数，2021年7月至2022年6月共采集75.5万个留守儿童信息，农村地区儿童福利和未成年人保护工作精准化程度进一步提升。

农业重大自然灾害和动植物疫病防控能力建设不断加强，监测预警水平持续提升。气象信息预警和农情信息调度系统在应对2021年秋冬种期间洪涝灾害、2022年长江流域气象干旱中发挥了重要作用。全国农作物重大病虫害数字化监测预警系统不断完善，已对接省级平台22个、物联网设备4000多台，为有效发现和防治小麦条锈病、稻飞虱、草地贪夜蛾等重大病虫害提供了有力支撑。国家动物疫病防治信息系统新增非洲猪瘟等重大疾病监测和报告功能。偏远地区水利设施通信应急能力不断提升，截至2021年底，全国县级以上水利部门共配套各类卫星设备3018台（套）、卫星电话7574部、无人机1718架，同时通过自建通信网络，弥补了公用通信网不能覆盖水利应用场景的短板。林草防火预警系统优化升级，陆续接入河北、内蒙古、黑龙江等重点地区的防火监控系统，森林草原火灾监测范围持续扩大，预警能力持续增强。老少边及欠发达地区县级应急广播体系建设工程深入实施，重大自然灾害突发事件应急响应效率明显提升。评价显示，2021 年全国应急广播主动发布终端行政村覆盖率达到 79.7%。

四、乡村多元共治格局初步形成

新中国成立后，"政社合一"的人民公社制度实现了由传统乡绅社会向政党组织的政治社会的转变。党的十一届三中全会以后，人民公社制度开始瓦解，国家行政权力和乡村自治权力相分离的"乡政村治"体制随之产生。1998 年《村民委员会组织法》的正式通过标志着以村党支部和村委会为治理主体的乡村二元主体治理格局形成。然而在此过程中，"乡村关系""'两委'关系"的冲突和矛盾使得乡村治理体系陷入碎片化、行政化和无序化的状态。要"探索不同情况下村民自治的有效实现形式"，推动建立强化乡镇权力、吸引社会力量参与乡村治理、大力发展经济合作组织等为主的以合作共治为核心的基层治理机制，形成以政府为主导，充分发挥社会组织、群众力量的多中心治理模式。随着数字信息技术的发展，要用好现代信息技术，创新乡村治理方式，提高乡村善治水平。由此，以云计算、大数据、区块链等为代表的新一代信息技术催生了乡村数字治理的快速发展，为乡村社会治理注入了新的活力和动力，极大提升了乡村治理现代化水平。

首先，政府和村级组织加大对数字基础设施、"互联网 + 政务"服务平台等的搭建，使乡村治理突破了原有的时空局限，推动了公共信息的有效流动和多维获取，为不同治理主体参与乡村公共事务提供了途径，便于村民及时准确地了解和掌握更多有效信息，保障了各治理主体的知情权和参与权。其次，通过开办村民学校对村民进行数字技术培训，提高了村民的数字治理能力和数字素养，从而提升了数字乡村建设的内生动力；通过鼓励村民积极运用乡村数字治理平台参与村庄治理，提升了村民的参与意识。最后，发挥社会组织和市场主体等的独特作用，推动乡村数字治理。由此，以数字治理为手段，以权力平等为前提，以协商互信为基础的乡村多元共治格局初步形成。

我国乡村数据治理困境

新一代信息技术的实施与推广使得数据成为新的生产要素，运用数据思维进行乡村治理是必然趋势，数据治理已成为乡村治理现代化的重要手段。乡村数据治理是一个综合性、系统性、全面性的复杂工程，由于目前乡村数据治理模式仍处于初步探索阶段，并且与传统乡村治理模式存在较大差异，导致当前乡村数据治理仍存在多元主体参与缺失导致的协同治理进程受阻、乡村数据治理体系不健全、数据治理人才资源短缺、存在数据安全风险等现实困境。

一、多元主体参与缺失，阻碍协同治理进程

（一）村民治理参与度不高

在传统的乡村治理体系中，乡村治理主要依靠的是政府，而数据治理需要政府、企业、村民等多主体都参与到数据的搜集和使用中来。当下我国乡村治理中村民参与度并不高。由于受到经济、文化、利益、制度等方面因素的影响，文化水平、接受教育程度等限制，致使村民治理主体意识缺失，且无能力对乡村进行治理。村民是乡村数据的生产者，是治理数据的第一经手人，但村民对治理数据的判断、收集、简单处理的能力较差，还需要经历较长的技术学习过程。

（二）基层政府人员数据治理能力不足

基层政府人员在数据治理中承担的角色包括：首先，负责乡村数据统计分析。技术人员通过对数据进行统计分析，得到各类别数据的分析图表，该图表能够展示乡村发展进程、财政分配情况等信息。其次，进行乡村数据质量评估。通过与国家数据库及实际情况比对，考核数据的真实性、全面性；通过审核数据属性、数据关联等，考核数据的准确性。最后，对乡村数据进行初步挖掘。根据政府需求，在统计分析的基础上对数

据进行深度挖掘，寻找各类数据间的关系，并从服务乡村入手，挖掘数据关联规则，完成乡村数据向知识的转变。乡村治理数据庞大而繁杂，需要快速准确地对搜集的数据进行整理、分类，并理清数据背后隐藏的问题，挖掘海量数据背后的规律，对政府尤其是基层政府人员的数据处理能力提出了挑战，是目前我国乡村数据治理过程中的一个困境。同时，由于我国城乡二元结构的存在，教育、技术、资本等资源随着大量流向城市的乡村人口而流出，也间接导致了基层治理效能不足。

二、乡村数据治理体系不健全，加大数字鸿沟

大数据要完全嵌入乡村治理的过程中，需要健全的数据治理体系做支撑。然而当前我国乡村数据治理体系并不健全，需从数据的生命周期分析这一现实困境。

（一）数据采集阶段

首先，由于数据采集标准未完全统一，采集的目录和标准都是各部门按照自身的业务需求制定的，这就导致涉农数据及相关信息难以在不同部门收集整合过程后得到有效的分享。其次，在采集能力方面，由于农村地区地域偏远，信息化水平普遍较低，设备落后，人才短缺，使得原始数据在采集时就可能出现不完整，受主观因素、真实性低等影响，导致后续的数据分析及应用也受到很大程度的影响。

（二）数据管理阶段

数据及时性和有效性是进行数据决策的重要影响因素，没有及时更新的数据就无法保证数据决策准确及有效。数据更新是乡村治理主体在进行数据治理过程中最容易忽略的一个环节，大数据的预测依据也是数据的及时更新，数据更新的缓慢及延误都会使乡村治理错失良机。同时，数据治理过程中也存在着数据安全问题，当前现状表明关于数据安全的相关保障措施，无论是在技术方面，还是制度法规的制定方面，都存在一定的缺乏，如数据的存储及传输或者公开、共享都会造成数据泄露或盗用从而导

致质量风险。这种风险一部分是由于外部网络环境，也有一部分是来自管理内部数据的相关人员。对于数据安全风险防范不到位所造成的后果不仅表现在乡村经济秩序及社会秩序错乱方面，也表现在对于乡村治理主体利益的损伤方面，动摇大数据应用落地乡村治理在农民群众间的威望，使其丧失信心以及对乡村治理的信任。

（三）数据共享阶段

目前，乡村治理的数据管理主要模式机制是"各自为政、条块分割"的科层行政管理，这种机制使数据共享存在巨大阻碍。政府部门作为传统乡村数据治理的核心主体，如果共享意识表现有所缺位，就容易发生"数据壁垒"和"数据鸿沟"现象，导致数据资源仅仅存在于各个部门子系统内部，流通存在严重的闭环现象，最后使得乡村治理各方主体之间建立完善的数据共享机制变得不切实际。

（四）数据应用阶段

由于农村地区经济发展水平相对落后，地方政府的财政支持也有限，从而导致农村地区在数据技术研发方面的投入是非常匮乏的。没有技术的支撑就会影响乡村治理的发展，也会对提升涉农数据处理能力及涉农数据产品和服务的应用产生阻碍。同时，农村信息化水平相对薄弱、农民群体对网络技术的使用相对有限，是农村地区数据治理过程中数据采集及数据应用存在困难的直接原因。

三、数据治理人才资源短缺，制约治理效能提升

人才是第一资源要素和第一生产力，为实施国家大数据战略，应加强大数据人才队伍的培养工作。当前，我国数据治理人才缺口较大，供需矛盾十分突出，且大数据人才主要集中在北京、上海、深圳、杭州、广州等大型城市。农村地区在招才引智上处于绝对劣势地位，对具备数据素养的专业技术人才没有吸引力，更难以吸引兼具掌握数据技术和农业生产技术、熟悉"三农"政策和乡村治理事务的复合型人才。数据人才资源短缺

已成为制约数据嵌入乡村治理的"瓶颈",乡村数据治理发展及应用困难重重。

为适应乡村数据治理的需要,乡村数据治理人员需要具备以下能力:其一,数据收集能力。由于乡村治理数据来源广泛,既包括政府部门生产的数据,也包括村民在生产、生活中产生的数据,乡村数据治理人员需要具备较强的数据收集能力。其二,数据分析能力。数据分析是发挥数据价值的重要基础。乡村数据治理人员应该具备一定的数据分析能力,通过数据分析,从海量的数据资源中获得经济、文化、教育、民生等信息,助力政府科学决策,使数据资源真正成为乡村治理的重要工具。其三,数据甄别能力。乡村治理数据数量极大,但质量良莠不齐,数据治理人员需要依靠自己的专业知识对这些数据的真伪主次进行判断,从海量数据中发现真正有价值的数据资源。其四,数据安全能力。在乡村数据治理的过程中要能够保护数据相关方的隐私安全,防止敏感数据外泄,避免出现数据伦理失范事件。其五,数据知识能力。开展大数据实践活动,需要有大数据理论知识的指导,数据治理人才需要熟练掌握国家出台的大数据相关文件、法规和政策,深入领会国家的大政方针,为政府数据治理提供基本方向。此外,治理人才还应熟练掌握大数据基本理论知识,具备较高的理论知识涵养。

为提高我国乡村数据治理效能,需要培养大量的数据治理人才。考虑到对这类人才综合素质的要求,可以通过设立跨学科的数据治理研究院或政府数据治理人才项目来专门培养。目前,大部分高校的大数据人才培养主要还是立足于学生就业和学科建设发展的需要,离满足我国目前数据治理的实际需求仍然有不小的差距。同时,当前我国政府数据治理人才的培训制度还不够健全,还没有专门针对乡村数据治理人才建立起一套完整的培训体系,也没有对培训内容、培训方式、培训目标制定统一的标准和规范。虽然大部分政府数据治理单位都注重也支持对职员开展业务培训,但培训很少基于内部各个部门和成员的需要而展开,缺乏针对性,且没有形成制度性安排。诸如此类的原因导致乡村数据治理人才资源短缺,制约着乡村治理效能的提升。

四、存在数据安全风险，损害数据主体权益

（一）隐私泄露风险

在大数据时代我们无法清晰地判定私人领域与公共领域之间确切的界限，个人信息可以随时随地地被记录和储存，技术方面也达不到对隐私保护的有力效果，法律法规对于数据的保护监管也存在缺失，同时村民对自身数据隐私的安全意识非常薄弱，这些都使得数据泄露成为一大难题。所以要重视对乡村村民数据隐私的保护，解决大数据嵌入乡村治理的困境。

（二）数字鸿沟问题

数字鸿沟是指社会中不同个体或者群体在使用数据和相关信息方面存在不同的认知。城乡间的数字鸿沟、乡村内部不同群体个体间的数字鸿沟，主要是由于我国乡村网络建设尚不完善，基础设施缺乏，互联网在乡村的普及率仍然处于一个较低的水平，造成村民难以获取数据信息及相关数据资源。这些都是导致社会不平等的重要因素。同时从另一个层面来讲，乡村数字技术教育不足，以及文化差异等，导致对数据的掌握程度、驾驭能力相对落后，从而造成更多的数字鸿沟问题。

（三）数据信息安全问题

数据平台和移动智能终端是传输核心，是数据要素的核心部门。在主观因素与客观因素的相互作用下，有极大的可能造成数据在传输过程中的泄漏，从而引发普遍的数据安全问题。从数据本身特性分析，原始数据兼有多样性、无序性、随时性和巨量性等特点，数据大多没有规矩可循，是非结构化数据，数据来源途径多、数据格式种类杂、数据存储总量大，这就为数据的信息安全提出了新的挑战，特别是农村地区，各个村级组织主体都有差异，经济发展程度不一，突出性问题也各有特点，数据种类也有所不同，因此在数据的安全处理和分析方式上也会有不同，处理起来相对比较困难。这可能由以下两个方面的原因导致，第一是对于数据的权责划分没有明确的规定，相关保护机制也尚未健全，数据随意使用时有发生；

第二是数据使用时所采用的技术自身可能存在的安全性问题，在利益的驱动下，大量的非法数据可能进入市场从而对数据安全造成更大的威胁。

第三节 破解我国乡村数据治理困境的措施

一、强化数据治理意识，推动主体共治

（一）提升村民数据治理参与度

要想破除数据治理主体在认知层面的固有认知，将数据要素融入乡村治理体系，就必须放弃原有以主观经验为依托的传统思维模式，创新大数据思维理念，建立"依靠数据发言、根据数据决策、运用数据管理以及依托数据创新"的新思维模式，才能确保数据在乡村治理中发挥作用。目前的主要任务是收集海量的涉农数据，深入分析探索数据的相关性，通过数据挖掘发现规则和规律。同时在理念层面要不断深化普及数据开放共享以及合作意识，扫除各个部门之间数据流通的阻碍以及多主体间数据流通固有的落后理念，最大限度地确保数据在流通过程中的顺畅以及多方位贡献。要基于数据共享这一理念，促进各个治理主体在众多领域以及多个层次的协作，挖掘不同地域数据资源、技术以及创新方面的优势，将各方优势不断整合以实现乡村治理的联合及协作。在此基础上，要增强宣传力度，落实与推广"数据知识下乡"相关工作，将数据治理的核心理念与相关知识、政策传播到乡村地区，让乡村主体切实了解数据治理的核心要义，并增强其对大数据嵌入乡村治理的信任，使其认同数据治理的实践方式，引导其积极参与进来。变村民被动地接受治理为主动治理，使其真正成为数据的传播方、使用方以及创新方。村民可以通过数据平台表达自身需求，对乡村治理谏言献策，监督乡村治理的进程，共享乡村治理的成果。

（二）提升基层政府人员数据治理效能

积极引导基层政府各部门树立数据治理观念，充分利用大数据技术，

对乡村社会形成更加全面的认识。不断提高公共决策、政策执行、社会管理及公共服务等方面的能力，使得乡村公共服务更加的精准、更加的治理有效，加快基层政府治理能力的现代化进程。

二、健全数据治理体系，优化治理生态

让大数据赋能乡村治理，提升乡村治理的绩效，需要建立规范高效健全的乡村数据治理体系。统一的数据采集标准、有效的数据管理机制、充分的数据开放共享平台是高效的数据治理生态系统必不可少的部分。要从数据的生命周期过程构建乡村数据治理体系。

（一）数据采集阶段

（1）乡村数据治理需求及标准流程。

① 乡村数据治理需求提炼。运用文献计量、数据挖掘思想，对乡村数据治理面临的困境及需求进行提炼；通过对部分试点乡村的实地走访，不断扩充完善数据治理的需求。

② 信息标准化乡村数据治理流程构建。根据乡村数据治理需求，建立乡村数据治理信息化标准流程。一是乡村数据管理流程，包括乡村数据治理信息标准新建、修改、注销、发布等流程；二是依据乡村数据治理需求而构建的应用流程，主要包括实现需求的应用流程、存在冲突时协调解决的流程。

（2）乡村基础数据来源。传统的乡村数据采集以实地走访、纸质填报为主。乡村数据治理将以现代化手段对基础数据进行采集，做到全域观测、全时监控、全业采集、全程记录。

① 数据库对接乡村基础数据。通过与有关单位协商，可释放数据库端口，技术人员从数据库中抓取本村数据，例如，耕地资源、水资源等农业自然资源数据、农业种质资源数据、农村集体资产数据、农村宅基地数据、农业经营主体数据、农业地理数据等。

② 平台填报数据。不能对接的数据，技术人员可设计简易平台或小程序，由村民进行数据填报，如村民的学历、医保缴纳、种植肥料、土地流

转意愿、家庭矛盾等数据。

（二）数据管理阶段

（1）数据集成。数据集成是把不同来源、格式、特点、性质的数据在逻辑上或物理上有机地集中，从而为乡村治理提供全面的数据共享。由于乡村数据是由各数据库数据对接或平台填报而来，这些数据源彼此独立，使得乡村数据之间难以交流、共享和融合，从而形成了"信息孤岛"。乡村数据治理需要对数据进行整合、交互，因此，要进行乡村数据集成管理，解决数据的分布性、异构性问题，明确数据的基本内容、结构、分布。关注表概况统计、主外键关联、敏感数据、函数依赖、字典规则等，进行基本分析、结构分析、频率分析、分布分析等，形成乡村数据标准文件性材料。

乡村数据标准制定拟包含三个部分：第一部分，乡村数据现状分析。即将乡村数据治理需求转换为概况统计、主外键关联、敏感数据、函数依赖、字典规则等，进行基本分析、结构分析、频率分析、分布分析，形成乡村数据治理标准初稿。第二部分，初稿意见征询。专家、乡村政府、乡贤、村民代表等对上述标准进行评估及询问。第三部分，确定最终乡村数据治理标准。即形成乡村数据治理所需数据、形式、功能等的文件性材料。

（2）乡村数据稽查管理及数据清洗融合。乡村数据稽查管理是依照数据标准，对数据进行定期稽查，掌握数据情况，督促数据整改的过程。工作内容包括：其一，整体认知。数据稽查人员对数据标准文件进行深入学习和梳理，明确数据需求、数据概况和数据规则标准等。其二，基本稽查。基本稽查主要包括对已有数据、表格情况进行统计，对数据分布和填报频率进行复核等工作。其三，关联稽查。关联稽查主要包括对数据的字典规则、表格的函数依赖等进行稽查，查看并判断关联的准确性与一致性。乡村数据清洗融合是指对稽查的错误数据进行修正的过程。例如，因数据来源不同导致的数据不一致、因不同数据库的数据合并导致数据冗余、因填报信息不完整导致部分数据项缺失等。

（3）乡村数据治理质量管理。通过上述乡村数据治理环节可以发现，只有保证数据的真实性、完整性、安全性，才能够推动乡村干群进行数据填报，才能保障村民合理自治。使用区块链技术对乡村数据进行质量管理可以实现这一点。区块链技术的应用在于能够满足数据质量的同时，还可以在区块链平台中获取乡村治理参与者的访问数据，同时带来一系列的社会效应，如现代化治理技术保障了干群平等性、乡镇事务公开透明、主体权利划分明确以及群众反馈匿名性等，从而激发村民的自治意识，逐渐引导乡村共建共治共享，最终提升治理能力。

通过"区块链"技术搭建乡村数据质量管理体系意义重大。其一，建立乡村基层各户节点的分布式账本，保证基层节点信息的完整性，增加群众对乡村事务监督的参与度等；其二，乡村数据治理的区块链中加入非对称加密技术，确保群众信息匿名，保证基层数据安全及个人隐私，同时提高村民自治意识；其三，运用共识机制，确保乡村各节点达成共识，保证村民及乡村干部提供数据的有效性，防止个别节点故意篡改等。从而在满足乡村基层所需的信息、资源的同时，更加保障了乡村数据的质量管理。

（三）数据共享阶段

（1）建立完善的数据分类储存归档体系。在统一数据采集标准的基础上，对所采数据进行分类储存归档和有序衔接关联，打造涵盖农村人口流动、土地管理、社会保障、合作医疗、扶贫养老等多模块的涉农基础数据资源库，为数据共享奠定基础。

（2）构建统一的数据资源共享平台。构建统一的数据资源共享平台和信息共享长效机制，推动乡村多元治理主体之间的技术融合、业务融合、数据融合。在政府内部，依托政府电子政务网络，构建政府数据交换共享平台；以乡镇政府为主导，协同其他治理主体共同搭建涉农数据交换共享平台，并将该平台与政府的政务信息平台、企业的商业信息平台和社会组织的公益信息平台等实现有效对接。另外，政府相关部门牵头制订数据开放计划，编制标准统一的数据共享目录清单，明确数据开放共享的范围、边界、尺度和进度，分阶段分梯次推进数据开放共享进程。最后，合理规避数据共享带来的政策风险和法律风险。

（3）政府出台相关法律文件，规范数据使用。推动政府层面出台数据治理相关制度法规，从立法上保护数据隐私，也从制度上规范数据使用。厘清数据开放共享过程中各主体的权利、义务和责任，建立绩效问责机制，防范数据共享中可能出现的责任主体纠纷和数据安全风险。

（四）数据应用阶段

首先，构建"政产学研"相结合的协作模式和创新体系，强化政府与企业、高校、科研院所等机构在数据技术产品研发、数据安全保障等多领域的合作，借助各治理主体的技术、智力、经验优势，将乡村数据资源转化为可视化、可利用的数据产品，深化数据技术在乡村治理中的创新应用。其次，加快推进农村地区的信息化基础设施建设，提高农村地区的互联网普及率和移动网络覆盖率，为数据在乡村治理中的应用提供硬件支撑。同时，加强农村地区的互联网知识普及教育，提高农民群体的信息素养和网络使用能力，使农民尽快熟悉数据这一新生产要素，建设好数据嵌入乡村治理的软环境。

三、加强数据治理人才培养引进，破解人才"瓶颈"

（一）高校要改善数据治理人才的培养模式

数据人才的缺失是推进乡村数据治理的"瓶颈"难题，培养数据治理人才是彻底打破数据治理人才"瓶颈"的根本方法。高校应加强学科布局，整合管理学、行政学、信息管理学、伦理学、大数据理论与技术等多学科资源，培养符合大数据时代政府数据治理需求的优秀人才。可以联合科研单位或者高校为数据治理人才培养提供切实可行的培训与支持。虽然目前国内部分高校已开设了人工智能与大数据专业，但是在人才培养上普遍存在重技术、轻管理问题。大数据理论与技能专业和管理学专业联系不多，导致出现大数据知识与技能掌握得好的人不懂乡村治理流程与公共事务管理，而深知管理学与公共事务管理知识的人却对大数据知识与技能知之甚少。因此高校在数据治理人才培养方面应将数据技术与管理融为一体，培养具有乡村数据治理能力的创新型人才。

（二）政府要完善数据治理人才引进及培训制度

政府要利用政策优势吸引具有数据分析才能的大学生返乡创业，在引进人才的同时为乡村数据治理注入新鲜血液。加大数据产业的资金投入力度，通过政策倾斜支持和促进乡村数据产业发展，通过产业涵养乡村数据人才队伍，吸引更多优秀的青年人才投入到乡村振兴中，解决人才流失问题，实现"引进来，留得住"，打破乡村数据治理的人才"瓶颈"。同时，加强对政府数据治理人才的培训，建立长效的培训机制，可根据乡村治理实际制定培训规章制度，明确数据人才培训的基本要求与流程。乡村治理多元主体要共同实施培训，政府数据治理人才的培训任务大多由所在单位承担，此外，高等院校、科研院所、企业培训机构、行业协会等也可利用自身独特优势为政府数据治理人才提供丰富的培训活动。乡村数据治理人才所在单位也应加强与跨政府部门及其他非政府组织的合作，以推动多样化培训的开展。

四、完善数据安全监管体系，补齐配套短板

（1）强化政府正向引导。加大宣传，提升农民的隐私保护和数据维权意识，让他们意识到个人信息安全的重要性，尽量从源头避免个人信息泄露的可能；规范数据企业的盲目逐利行为，加强对从业人员数据伦理准则的培训，建立行业自律，企业在收集和使用个人信息时，应明确告知对方信息使用的范围及可能承担的风险，遵守个人数据使用边界，坚守伦理底线，减少数据的滥用。

（2）弥合数据"鸿沟"。大力提升乡村信息基础设施水平，进一步推进光纤进村入户，加快农村宽带、物联网、移动终端等数据应用建设，降低互联网接入费用，加快不同网络系统的整合，完善信息服务供给，为村民提供负担得起、方便快捷的信息服务。同时，通过数据扫盲、手机应用技能培训等针对性措施，提升农民个体的数据驾驭能力和网络利益表达素养与技巧，激发他们应用大数据参与乡村治理的意识和能力。

（3）加强数据信息安全的立法保护。通过立法，明确数据信息开发应用过程中应遵循的伦理秩序、价值规范，明确隐私保护的责任主体、内容范围，对数据的获取权、修改权、异议权、收益权、被遗忘权等权利作出清晰界定，严格防范泄露、篡改和滥用个人数据信息。

第六章 我国乡村数据治理体系构建

第一节 乡村数据治理参与主体及流程构建

乡村数据治理是乡村治理现代化的基础，因而乡村数据治理水平对乡村治理现代化乃至乡村现代化的建设水平起着决定性作用，提高乡村数据治理水平是开展乡村现代化建设的首要任务。数据治理的重点在于有效性，治理有效需要建立完善的乡村数据治理流程，而乡村数据治理建设需着眼于主体和客体两个方面：客体方面重点在于治理过程中对数据的提取、处理和应用，包括数据漏洞的发现和填补（数据编目）、全样本数据的采集（数据规范）、数据管理、数据应用四个阶段；主体方面意在突出多元治理主体在治理过程中的决策互动，强调的是主体积极参与，而不是消极逃避。通过对乡村数据治理主体与客体的建设，形成有效的乡村数据治理体系。

一、乡村数据治理参与主体

乡村数据治理的参与主体主要是参与治理活动的承担者、参与者，包括个人或组织，国内外已有的数据治理研究中参与主体多为政府、企业、图书馆等，考虑到乡村数据治理的特点和数据治理流程，还需要进一步扩充参与主体，即参与主体应当包括政府、村民、社会力量（研发技术公司、高等院校、社会组织）多方主体。目前，乡村数据治理中存在因多元主体的消极参与而引发的诸多现实问题，如存在少数政府消极对待数据治理，缺乏认真统筹与规划而导致的数据治理资金浪费，后期数据平台维护困难，个别村民为了骗取政府的治理补贴而参与数据采集，导致数据伪造、数据空缺，部分数据平台研发公司为了尽早拿到政府补贴而忽略实地调研，导致软件功能开发不实用等多种问题。而这些问题最终都将造成数据治理效率低下，乡村治理水平不足。考虑到乡村数据治理参与主体的有限理性、不完全信息性特点及数据治理的动态过程与演化博弈理论的高度契合，我们发现采用演化博弈模型对乡村数据治理流程中参与主体的合作策略进行研究分析较为科学合理。政府、村民、社会力量三者的博弈模型如图 6 - 1 所示。

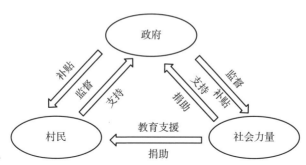

图 6 - 1　政府—村民—社会力量博弈模型

政府是乡村数据治理的主要主体之一，在乡村数据治理中扮演着重要角色。政府参与乡村数据治理表现为积极支持和消极对待。积极支持表现为：积极响应政策，合理规划数据治理专款，保证软件开发维护费用充足，避免资金浪费；坚持对村民和开发公司进行监督，防止村民、开发公司骗取补贴，保证村民数据录入真实、有效、完整、更新；等等。消极对待表现为：对软件开发公司监管不足，导致软件开发设计不合理，骗取补贴，数据采集管理困难；对村民监管不足，导致村民数据采集弄虚作假，敷衍了事，骗取补贴；对村民和开发公司的补贴不足，导致村民和开发公司不愿积极参与乡村数据治理；等等。

村民也是乡村数据治理的重要主体。村民参与乡村数据治理表现为努力学习参与和懈怠学习参与。努力学习参与表现为：积极响应政府的数据治理政策号召，参与配合数据采集和数据规范工作，认真录入数据，保证数据真实完整；主动学习数据知识，参加组织的教育培训，提高自身素质，积极实践，学会使用信息设备；主动学习使用数据平台软件，及时更新录入数据，共享数据；等等。懈怠学习参与表现为：消极对待政府的数据治理政策号召，不认真配合数据采集，录入虚假、残缺数据；不愿意学习数据知识，不参加教育培训，拒绝使用信息设备；不主动使用数据平台软件，不更新录入数据，不分享数据；等等。

社会力量也是乡村数据治理的重要参与者。社会力量包括农民合作社、村民自治组织、非营利组织等，这些组织在乡村中拥有广泛的社会网络和资源，可以通过数据治理为乡村发展提供支持和服务。社会力量参与乡村数据治理表现为主动参与和被动参与。主动参与表现为：软件开发公司在开发数据治理软件时充分调研，了解农村基层生产工作的需求，开发设计出合理的数据采集和管理软件；软件开发公司合理使用政府补贴，认真完成软件开发；软件公司对开发的数据治理软件进行充分测试，不急于上线，保证软件质量；高校科研院所等为村民主动提供技术教育培训，提高其专业技术素养。被动参与表现为：软件开发公司在数据治理软件设计上偷工减料，不充分调研，急于上线，骗取政府补贴；软件公司对软件的稳定性没有进行充分测试，急于上线软件；高校科研院所等缺乏对农户提供教育培训援助的热情；社会组织对乡村数据治理的捐助积极性较低，不愿参与到数据治理中；等等。

通过探索乡村数据治理过程，找出乡村数据治理过程中的参与主体，明确参与主体在数据治理中的有效互动行为，为乡村数据治理建言献策，有助于规避博弈风险，充分释放乡村数据的价值，实现乡村数据的有效治理，提高乡村治理水平，促进乡村现代化。

二、乡村数据治理流程构建

乡村数据治理的客体是指乡村数据本身及数据治理的流程，需要确定乡村数据的类型，并针对数据构建数据治理流程。目前，农村数据来源主体较多，数据类型复杂多样，需要对其进行有效治理才能保证数据的高质量、可靠性、可用性、持续性，为乡村发展提供科学依据和决策支持。乡村的数据主要包括乡村自然地理、农村统计年鉴、农业普查、政府部门、农业电商、农业专利等方面的数据，针对这些数据需要建立完整的数据治理流程。目前，我国乡村数据治理流程的构建仍处于初级阶段，可以参照比较成熟的数据治理流程进行，包括企业数据治理流程、政府数据治理流程、图书馆数据治理流程等，都对乡村数据治理流程具有极大的参考价值。

数据治理流程的构建需要从数据生命周期的角度和数据治理全局的角度考虑。从数据生命周期角度，需要收集部分采样原始数据，之后对这些数据进行分析处理，找出数据类型中存在的问题，如漏洞、空缺、错误等，解决这些问题后对需要采集的整体数据进行分类，确定数据条目，形成数据目录，并对数据进行规范化采集，将采集的数据统一储存在数据库中。这些数据包括结构化数据、半结构化数据、非结构化数据，结构化数据一般指从数据库中采集而来的数据，包括政府数据库、企业 ERP 数据库等，半结构化数据是指图片、文档、音频等数据，非结构化数据是指办公文档、HTML、网站数据等。将数据储存以后需要对数据进行处理，包括数据关联分析，筛选出可信度、质量关联度较高的数据，并对这些数据进行数据挖掘、统计分析、机器学习等，分析找出有价值的信息，为决策提供支持、辅助商业智能、帮助预测分析等，最终实现数据的共享与应用。通过建立数据治理平台，利用可视化技术对有价值的信息进行展示，实现人机交互，提供数据治理服务。从数据治理全局角度，对数据治理流程的构建还需要考虑数据治理框架、数据治理环境、数据治理域等因素。数据治理框架需要考虑数据治理中的顶层设计，包括战略规划、组织构建、架构设计；数据治理环境需要考虑内外环境及促成因素；数据治理域需要形成数据管理体系和数据价值体系。综合考虑数据生命周期和数据治理全局，本书构建的乡村数据治理流程共包含数据编目、数据收集、数据管理、数据应用四个阶段，需要政府、村民、社会力量参与其中，对其进行统筹规划、构建实施、监督评价、改进优化，如图 6-2 所示。

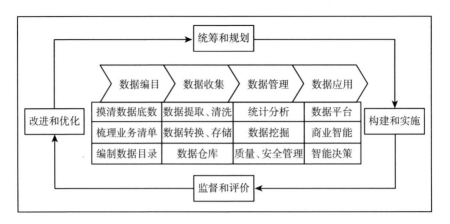

图 6 - 2 乡村数据治理流程

其中，数据编目是指摸清数据底数、梳理业务清单、编制数据目录；数据收集包括数据抽取、清洗、转换、载入、存储（数据获取、数据格式、元数据、数据仓库、数据库）；数据管理是指统计分析、数据挖掘、质量管理、安全管理（数据质量管理、数据挖掘、数据分析）；数据应用是指数据平台、商业智能、预测分析、智能决策（数据平台、新型产品服务）。

乡村数据治理流程的构建是一个系统工程，需要从数据收集、清洗、整理、分析、应用等方面进行全面考虑和规划。通过建立科学、规范、高效的数据治理流程，可以提高乡村数据的质量和价值，为乡村发展提供科学依据和决策支持，推动乡村地区的可持续发展。

第二节 乡村数据治理与乡村数据管理

乡村数据治理和乡村数据管理在农村发展与信息化进程中发挥着至关重要的作用，两者旨在有效地处理、利用和管理乡村地区的数据资源，但在理念、目标和方法上存在着明显的联系与区别。乡村数据治理强调的是针对乡村数据的整体治理和有效利用，旨在实现乡村发展和治理的目标。乡村数据管理则更侧重于对乡村数据的收集、存储、处理和维护，以确保数据的可靠性、安全性和高效性。以下将分别对两者进行深入探讨，并对其联系和区别进行详细分析。

一、乡村数据治理

乡村数据治理指的是在乡村层面上，通过合理规划、协调和整合数据资源，以推动乡村治理和发展。它包括了政府部门、社会组织和企业等多方参与的过程，旨在提高决策效率、服务水平和居民生活质量。乡村数据治理强调的是数据的应用和价值，通过数据的整合和分析，实现资源的优化配置和决策的科学性。在乡村数据治理中，关键包括以下三个方面。

（1）数据整合与共享。在乡村数据治理中，数据整合与共享是确保信息流通、决策科学性和资源优化配置的关键方面。数据整合涉及将来自不同部门、机构和系统的数据资源整合成统一的数据集，消除数据"孤岛"和信息"壁垒"。共享则是确保这些整合后的数据对于利益相关者可以访问、可用和可理解。在实际操作中，数据整合与共享需要建立完善的数据标准、共享平台和信息安全机制。同时，也需要考虑隐私保护等问题，确保共享数据的合法性和安全性。这种开放性和安全性之间的平衡是乡村数据治理中的挑战之一，需要综合考虑技术、法律、管理等多方面因素，才能实现数据整合与共享的有效运作。

（2）决策支持与智能化。在乡村数据治理中，决策支持与智能化是关键环节，利用数据分析、人工智能等技术手段为乡村治理决策提供科学依据和智能支持，以推动乡村发展。基于乡村历史数据和模型算法，能够建立预测模型，预测乡村发展的可能走向，帮助决策者制订长远规划。在数据支持下的决策能够促进乡村管理的精细化，针对出现的不同需求和情况，提供个性化、差异化的治理方案。

（3）社会参与与治理模式创新。乡村数据治理中的社会参与与治理模式创新是促进民主治理、提高治理效能的重要手段。这一方面强调了广泛的社会参与和创新的治理模式，以促进乡村治理的民主化、透明化和高效化。通过开放数据和信息，让居民更好地了解乡村发展和治理情况，鼓励他们参与决策过程，增加治理决策的民主性和公正性。通过社会参与，促进居民的责任意识和自觉性，让他们更加主动地参与到乡村发展和治理中，共同承担社会责任。治理模式创新则是基于数据驱动和信息化手段，创造新的治理模式和机制，以适应乡村现代化治理的需要。通过搭建数字化平台，提供数据共享和信息公开的载体，促进政务透明和民生服务便利化。利用数据分析和智能技术，改变传统治理模式，推动以数据为基础的决策和管理方式。

二、乡村数据管理

乡村数据管理是确保乡村数据资产有效管理的过程，涉及数据的采集、存储、处理、分析和保护等环节。它注重的是数据的完整性、可靠性和安全性，以及数据的合规性和合理利用。乡村数据管理主要包括以下两方面。

（1）数据采集与存储。在乡村数据管理中，数据采集与存储是确保数据完整性、可靠性和安全性的重要环节，涉及数据的收集、整理、存储和管理，直接影响后续数据分析和利用的有效性与可行性。乡村数据来自不同的部门、行业和渠道，需要建立完善的数据采集机制，包括传感器、调查问卷、政府部门报告等多种来源。数据采集需要确保数据的准确性和完整性，采集的数据应当真实、全面地反映乡村实际情况，避免信息缺失或失真。对于一些需要实时监测和反馈的数据，需要建立及时采集机制，确保数据能够及时反映当下情况。

（2）数据处理与分析。在乡村数据管理中，数据处理与分析是确保数据利用和价值最大化的核心环节。这一方面涉及对采集到的数据进行清洗、加工和分析，从海量数据中提取有用信息，支持乡村治理决策和发展规划。乡村数据采集过程中可能存在噪声、缺失或错误，数据处理需要对这些问题进行清洗和修复，确保数据质量。此外，还需要将原始数据进行加工处理，进行模式转换、数据标准化等操作，以便于后续的分析和利用。还可以将来自不同数据源的信息整合起来，进行关联分析，发现数据之间的关系和规律。通过对数据处理与分析，可以更好地挖掘数据潜力，为乡村决策提供更科学、更精准的支持，推动乡村发展和治理水平的提升。

三、两者联系与区别

乡村数据治理与乡村数据管理之间存在密切的关联。在实践中，有效的数据治理是建立在健全的数据管理基础之上的。数据治理为数据管理提供了框架和指导原则，规范了数据的获取、使用和共享流程。同时，数据管理为数据治理提供了实现的手段和技术支持，通过有效的数据管理实践，使数据治理的目标得以实现。

然而，在目标和方法上，两者存在着一定的区别。数据治理更注重于政策、法规和规范的制定与执行，着眼于保障数据的合法性、隐私性和安全性，促进数据的公平和透明。而数据管理更侧重于技术和操作层面，着眼于数据的收集、存储、处理和应用，以提高数据的质量、效率和可用性。

在乡村发展中，乡村数据治理与乡村数据管理相辅相成。有效的数据治理机制为数据管理提供了规范和指引，确保数据得到妥善管理和利用；而高效的数据管理实践为数据治理提供了技术保障和支持，确保数据规范得以贯彻执行。二者共同推动着乡村地区信息化进程，促进了农业现代化、乡村经济发展和社会治理的提升。

第三节　区块链应用于乡村数据质量管理

一、区块链应用于乡村数据质量管理的特征

乡村数据由于自身单个体量小并且分布分散，具有零散性特点，导致乡村数据治理中的一个主要问题就是数据缺失、数据整合困难，所以加快新兴技术的应用迫在眉睫。区块链是一种按照时间顺序将数据区块以顺序相连的方式组合成的一种链式数据结构，并以密码学方式保证的不可篡改和伪造的"分布式账本"。这个账本具有去中心化、数据透明化、可追本溯源的特点。将区块链应用于乡村数据质量管理具有以下四个方

面的特征。

（1）多方上链，相互牵制保证数据质量。区块链技术是可以串联多方用户的数据共享系统，每一个参与方都可以用自己的私钥上传相关数据，任何一方上传的数据若与相关其他方上传的数据存在矛盾，数据上链都会被拒绝，这样能极大地避免虚假数据、错误数据在数据整合时进入数据库，从而保证数据质量。

（2）密码学原理保证数据安全。区块链技术使用的是非对称加密，其核心在于公钥与私钥的使用，可以保证数据的安全性。区块链是一套依照密码学运行的分布式账本，每一个参与方都拥有自己的查看与录入权限，这样做能够在实现数据共享的同时也可以保证数据不被篡改，提升数据的安全性。

（3）分布式账本保证数据共享与整合。区块链提供了一种保护私有信息的同时实现信息最大化共享的模式，每一个节点都可以参与监督交易合法性，使得信息透明开放。任何一方在区块链数据共享平台都可以筛选到需要的数据。同时，分布式账本中的所有数据均可以追本溯源，这样极大地保证了数据的可靠性。

（4）智能合约有助于数据治理效率的提升。智能合约是指一种以信息化方式传播、验证或执行合同的计算机协议。智能合约允许在没有第三方的情况下进行可信交易，这些交易可追踪但不可逆转。智能合约在区块链中是一段更注重事件的程序，其所处的环境也是被隔离且安全的。它作为一段程序同时也参与到了区块链的网络环境中，可以响应或者发出相关信息。当条件满足时，合约会被自动触发，它自身无法形成与修改合约，输出、输入都是基于所有节点的共识机制完成的。同时，隔离的环境使智能合约在被触发时不会影响区块链系统内部的运行环境。只要达成合约所需条件，相关数据可以在事件发生录入的节点自动触发形成数据资源，这就极大地提高了数据收集的效率。

二、基于区块链的数据管理系统基本构架

区域链具有分层结构，每一层都有其不同的功能（见图6-3）。

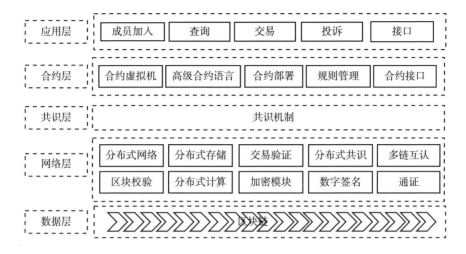

图6-3　基于区块链的数据管理系统基本构架

数据层：数据层由无数个区块组成，形成链表，用于存储数据。区块链存储是区域链和存储系统的有效结合，是指用区块链激励构建的去中心化存储系统。该层主要是将各类数据进行有效整合，在确保数据安全、透明及可追溯的条件下，完成对乡村数据系统性的存储及安全维护。

网络层：网络层是区块链平台信息传输的基础，由P2P组网方式、数据验证机制（通过区块头中的Merkle树根节点Hash值）及数据传播协议（广播）等技术构成，能够有效实现节点间的信息互通。同类型信息组成具有拓扑结构的信息区块，区块与区块之间建立无障碍交流机制。为了确保某一节点信息遭到破坏后其他节点能够顺利运行，每个区块都拥有独立公钥，没有公钥的授权是无法对信息进行使用或分享的，这样可以杜绝恶意篡改行为破坏链条。

共识层：该层级是整个系统的核心层，拥有保证区块链去中心化特性、确保数据不被恶意节点攻击篡改的核心机制，保证交易数据安全可靠地流转。

合约层：该层级包括各种脚本、代码、算法机制及智能合约，是区块链可编程的基础。其中，密码学原理技术应用在智能合约中，形成合约脚本代码嵌入区块链中，开发完成后，达到智能合约成立的条件会自动触发机制，无须人为操作，从而节约成本，提升处理效率。

应用层：该层是各节点实现自我功能的展示层。

三、区块链技术应用于乡村数据治理的现实困境

乡村地区的基础设施相对薄弱。乡村地区的网络覆盖和电力供应等基础设施相对滞后，给区块链技术的应用带来了困难。区块链技术需要高速稳定的网络和可靠的电力供应，以保证数据的传输和存储的安全性与可靠性。乡村地区的网络和电力供应往往不稳定，给区块链技术的应用带来了不小的挑战。

乡村地区的数据质量和数据安全问题突出。乡村地区的数据往往分散、不完整、不准确，且存在数据篡改和数据泄露的风险。区块链技术虽然具有数据不可篡改和数据安全的特点，但是如果输入的数据本身存在问题，那么区块链技术也无法解决这些问题。因此，在将区块链技术应用于乡村数据治理时，需要先解决数据质量和数据安全问题。

区块链技术应用的成本问题。区块链技术如果想要高效率地应用于乡村数据管理体系中，首先依托的就是完备的数据管理平台，将区块链技术嵌入数据管理平台构建体系中。根据目前我国乡村数据治理的现实情况，建立完备的数据治理平台需要投入巨大的资源，如何解决这个问题，仍然需要探讨。

区块链自身技术的不成熟。区块链具有极强的安全性，但并非无懈可击。想要破解进入平台篡改或者盗取相关数据，需要破解 50% 以上的信息节点，原则上这是很难做到的，但是如果投入足够成本并不是无法达成。区块链的提出以及应用在国际上很早就出现了，但是我国在 2016 年才开始推动区块链技术和应用发展，目前来看，这一技术还面临着诸多难题。例如，当信息被整合到区块链系统之后，由于时间戳与密码学的原因，再被删除是非常困难的，如果有不法分子利用这个特征，将一些有害的信息或者携带病毒的代码随其他信息写入交易链条中，会使得整个区块环境遭到严重破坏，同时这些有害信息或者携带病毒的信息被大量入链后，会占用整个系统的处理体系，使得真正与事件有关的有效信息无法被及时处理，从而阻碍数据治理的有效性。

乡村数据存储问题。数据治理将数据组织管理过程中的所有环节进行综合，涵盖了数据的流转流程。保证数据的高质量并且将数据的价值发挥到最大值是数据治理的要义，乡村发展涉及农业、产业、教育、医疗卫生、旅游、基础设施建设等各个方面，因此乡村数据体量巨大，且分布零散，这给数据存储带来不小的挑战。区块链可以无限延展链条并形成新的时间节点分链，但是整个链条需要巨大的存储空间，并且支持未来无限存储，这一点颇有难度。

乡村数据监管风险。区块链作为目前世界领先的应用技术，有着广泛的发展前景，但目前我国区块链技术应用的法律法规建设有着很大的滞后性，导致市场主体相关活动风险无形中被放大，参与方的利益得不到法律保护，将阻碍其进入链条，从而进一步阻碍区块链在各领域的应用，将区块链应用于乡村数据治理的前景将更加渺茫。

乡村地区的信息化水平相对较低。乡村居民和政府对信息化技术的认知和应用水平相对较低，给区块链技术的应用带来了困难。在将区块链技术应用于乡村数据治理时，需要补足人才短板，加强对相关人员的培训和教育。

第四节　乡村治理中的大数据技术应用

国家治理的重点、难点和基石在于乡村治理。在实施乡村振兴战略的时代背景下，实现乡村善治是一个复杂的系统工程，需要各地因地制宜"找对路子"。2022年发布的中央一号文件明确指出，要拓展农业农村大数据应用场景。近年来随着大数据、云计算、互联网、物联网等信息技术嵌入乡村治理的过程中，"用数据说话、用数据决策、用数据管理、用数据创新"的模式已逐渐形成，通过运用大数据技术，可以使乡村治理在治理理念、治理手段、治理主体及治理内容等方面产生重大变革。

一、借助大数据预测功能，增强治理理念前瞻性

长期以来，乡村治理处于"头痛医头，脚痛医脚"的被动模式，事前

预测及事后化解的能力不足，而且对乡村治理工作中各个领域之间的关联度缺乏准确分析和把握，对乡村政治、经济、文化等诸多事项背后的规律掌握不足，缺乏前瞻性研判。这些问题可以借助大数据技术得到解决。大数据具有"预测"功能，可以发现数据变化映射出的社会事实趋向，帮助乡村治理从被动的事后应对转变为主动的事前防控和事中处置。

具体来说，大数据技术可以快速、高效地收集分散的有关农业农村发展、教育、医疗保障、生态环境监测等方面的全样本数据，挖掘各数据信息之间的深层次联系，从而探明乡村公共事务背后的客观规律，实现乡村治理关口前移及动态管理。一是在农村产业发展方面，运用大数据技术对农业产业链全链条分析，实现对农产品价格预测预警，进而解决农产品生产问题；通过对收集到的农业产业生产过程中遇到的病虫害信息的大数据分析，可以对病虫害的防治提供相应的方法和对策。二是在农村教育方面，旨在优化教育资源配置、改善教学质量、提升教育管理效率以及促进学生学习成效。通过大数据分析农村教育的需求和现状，可以精准地确定教育资源配置策略，包括师资分配、课程设置和教育设施建设，以满足农村学生的学习需求。三是在农村医疗保障方面，旨在提升医疗服务的质量、效率和普惠性。大数据分析可用于了解农村地区的医疗需求和资源分布情况，通过对医疗数据的挖掘和分析，识别医疗资源的供需矛盾，优化医疗资源配置，包括医疗设施建设、医疗人才分布以及医疗物资调配，以满足农村居民的医疗需求。四是在生态环境监测方面，为解决农村地区生态环境问题，借助于大数据技术，构建监测生态数据的平台，可以实现对各种可能出现的灾情进行及时预警与分析；借助大数据技术，可以对农村地区的河流水质进行监测和分析，快速找出水质污染的源头；借助于大数据技术构建生态自然资源数据库，加强对乡村各类自然资源合理布局及科学开发。

二、借助大数据的共享功能，提升治理主体的协同性

传统的乡村治理模式是自上而下的垂直关系且由政府单一主导，各级政府部门之间的数据互不相通，形成了一座座"数据孤岛"，从而导致乡

村治理过程中存在大量重复的基础数据，而且由于标准缺失，使得整合难度系数大，耗费时间久，人力、物力和财力消耗巨大。

借助大数据技术，基于数据资源开放共享的特点，整合经济、教育、科技、文化、医疗、农业、水利和环境保护等部门的公共数据资源，打破政府职能部门之间的数据壁垒和体制壁垒，实现数据的融合融通，形成大数据资源的共享，使得各政府部门之间的信息更加公开透明，各个乡村治理主体之间的地位更加趋于平等。

三、借助大数据的决策功能，提升治理手段科学性

现在的乡村公共事务日益呈现出高度的复杂性和不确定性，治理中的事物并非仅是简单的因果关系，还包含相互作用的相关关系，仅凭经验很难及时做出正确判断，因此，必须将大数据思维与大数据技术运用到乡村治理与决策中，依靠数据决策，以数据的实时性、准确性和规律性等优势保证决策的及时性、正确性和科学性，大大加快决策模式从经验决策转向数据决策的步伐。

四、借助大数据的服务功能，提升治理内容精细化

提升乡村治理的服务能力和品质是乡村治理的重要目标，借助大数据的服务功能，可以动态掌握农民群众的实际需求，提供差异化、精准化服务，提高群众的满意度。一是智慧党建，精细管理。借助大数据分析，可以实现党建工作精准发力，帮助党组织作出正确决策，推动公共部门服务能力的提高。二是智慧村务，精准管理。运用大数据技术实现村务管理信息化、村民自治，通过智慧村务管理系统为村民提供便捷高效的村委信息、惠农服务等线上服务，提升乡村治理的高效化、精准化水平。三是普惠金融，完善信用体系。借助大数据技术，构建完善的农村信用服务体系，将金融业务延伸到各个乡村，使农民足不出村就可以享受到便捷的金融服务；构建"数据库＋网络"农村信用服务平台，逐步扩展信用体系的覆盖面，让守信农民在贷款方面获得实实在在的实惠。

第七章 我国乡村数据治理评价体系构建

第一节 乡村数据治理评价指标体系建立

一、指标体系构建原则

乡村数据治理评价的首要任务是建立科学的乡村数据治理指标评价体系，该体系要包括乡村数据治理各个环节涉及的影响要素。为了使评价指标体系科学、规范，在构建时要考虑以下四个方面的原则。

（一）系统性原则

乡村数据治理评价指标体系是一个复杂的系统，各个指标之间有一定的逻辑关系，在构建评价指标体系时要从数据治理的全生命周期各个阶段涉及的影响因素考虑。这些影响因素能够从侧面反映乡村数据治理各阶段的特征和状态，彼此之间既相互联系又相互独立，构成了一个完整的整体。指标体系具有一定的层次性，自上而下形成不可分割的评价体系。

（二）科学性原则

科学性原则是构建指标体系的首要原则。乡村数据治理评价指标的选取一定要能够客观、真实、全面地反映各指标之间的真实关系，指标不能过少过简，避免遗漏指标信息，并且指标数据容易计算，这样才能确保指标体系的科学性。

（三）可比、可操作、可量化原则

可以度量是选取评价指标的首要目标，同时各指标应当相对简洁清晰，保证更高程度的微观性。此外，收集流程一定要易操作，这样在指标的确立过程中才能实现更高程度的可行性以及同类可比性。

（四）定性与定向相结合的原则

乡村数据治理评价中，根据不同评价内容的特点，采用不同性质的评估指标，能够更准确地反映乡村数据治理水平的现状和趋势。

二、乡村数据治理评价指标体系的构建步骤

（一）乡村数据治理评价指标体系的设计思路

在遵循系统性、科学性、可比性、可操作性、可量化、定性和定量相结合等原则的前提下，按照"目标层—要素层—单项指标层"自上而下的层次，构建乡村数据治理评价指标体系。

（二）乡村数据治理评价指标体系的构建

在构建乡村数据治理评价指标体系时，一方面借鉴已有学者的研究成果，如冯献和李瑾（2022）从基础能力支撑现代化、公共服务治理现代化、公共事务治理现代化、公共安全治理现代化、公共环境治理现代化等五个维度构建乡村治理现代化评价体系；张宇杰等（2018）运用成熟度模型对政府大数据治理成熟度进行了测评；冯会勇（2022）从环境支持水平、政府引导水平及社会力量协作水平等方面构建了省级政府数字治理水

平测度指标体系。另一方面结合国家发布的政策文件，如 2022 年 1 月中央网信办、农业农村部、国家发展改革委、工业和信息化部、科技部、国家乡村振兴局等部门印发的《数字乡村发展行动计划（2022—2025 年）》。在此基础上，通过问卷调查及向专家咨询的方法，最终确定我国乡村数据治理评价指标体系。该体系包括数据支撑管理、数据质量管理、数据服务能力等 3 个一级指标，数据基础设施支撑、乡村数据软支撑、乡村数据准确完整、乡村数据时效、智慧产业、智慧治理、智慧民生、智慧农民等 8 个二级指标，互联网普及率、固定宽带家庭普及率、光纤覆盖率等 26 个三级指标。完整的指标体系如表 7 - 1 所示。

表 7 - 1　　　　　　　　　乡村数据治理评价指标体系

目标层	一级指标	二级指标	三级指标	注释
我国乡村数据治理评价指标体系	数据支撑管理	数据基础设施支撑	互联网普及率	农村地区网民数量占地区常住人口百分比
			固定宽带家庭普及率	农村地区固定宽带户数占地区总户数的百分比
			光纤覆盖率	农村地区通光纤户数占地区总户数的百分比
			5G 覆盖率	农村地区 5G 覆盖的行政村数占地区内行政村总数的比例
			智能电话使用率	农村地区智能手机用户数占区域内常住人口总数的比例
			智慧多功能杆密度	农村地区每平方公里拥有的智慧多功能杆数
		乡村数据软支撑	乡村数据治理管理制度	乡村数据治理管理制度的完善程度
			乡村数据治理人员的素质	农村地区从事农业物联网、电子商务、大数据等相关数字产业的专业技术人员数量
	数据质量管理	乡村数据准确完整	乡村数据正确性	数据越准确，数据治理水平越高
			乡村数据完整性	乡村数据治理水平与数据的完整程度具有相关性
		乡村数据时效	乡村数据及时性	乡村数据治理水平与数据对业务支持的响应时间长短具有相关性
			乡村数据有效性	乡村数据治理水平与数据信息的规范有效程度具有相关性

目标层	一级指标	二级指标	三级指标	注释
我国乡村数据治理评价指标体系	数据服务能力	智慧产业	乡村地区应用数字技术的服务业经营主体年均增长率	反映乡村数据应用于乡村服务业经营主体的增长程度
			乡村地区应用数字技术的服务业增加值占农村地区全部服务业增加值的比重	反映农村地区应用数字技术的服务业发展规模
			农业生产信息化投入比例	反映农村地区生产管理的数字化水平
			农产品追溯管理比例	反映农村地区生产管理的数字化水平
			农产品电商销售比例	反映农村地区销售管理的数字化水平
			电商服务站点行政村覆盖率	反映农村地区销售管理的数字化水平
		智慧治理	村集体经济信息化管理行政村占比	反映"互联网＋村务"的数字化水平
			政务服务在线办事率	反映"互联网＋政务"的数字化水平
			网格化管理行政村占比	反映农村地区治安管理数字化水平
		智慧民生	乡村应用在线医疗的户数占地区常住人口总户数的比例	反映农村地区医疗服务的数字化水平
			乡村应用在线教育的户数占地区常住人口总户数的比例	反映农村地区教育服务的数字化水平
			乡村应用在线保险的户数占地区常住人口总户数的比例	反映农村地区保险服务的数字化水平
		智慧农民	农民参与数字技能培训比例	反映农村地区农民数据素养的水平
			农民人文科学素养	反映农村地区农民人文科学素养的水平

三、指标体系的说明

（一）数据支撑管理评价指标

乡村数据支撑管理是实现乡村数据治理的必要条件，包括乡村数据基础设施支撑和数据软支撑。数据基础设施支撑包括互联网普及率、固定宽带家庭普及率、光纤覆盖率、5G 覆盖率、智能电话使用率、智慧多功能杆密度等指标。数据软支撑包括乡村数据治理管理制度、乡村数据治理人员的素质等指标。

（1）互联网普及率。互联网普及率是指农村地区网民数量占地区常住人口总数的比例，数值用百分数表示。

$$互联网普及率 = \frac{互联网用户数}{常住人口总数} \times 100\%$$

（2）固定宽带家庭普及率。固定宽带家庭普及率是指农村地区家庭固定宽带接入用户数占区域内家庭总户数的比例，数值用百分数表示。

$$固定宽带家庭普及率 = \frac{家庭固定宽带接入用户数}{家庭总户数} \times 100\%$$

（3）光纤覆盖率。光纤覆盖率是指区域内光纤到户覆盖的家庭户数占区域内家庭总户数的比例，数值用百分数表示。

$$光纤覆盖率 = \frac{光纤到户覆盖的家庭户数}{家庭总户数} \times 100\%$$

（4）5G 覆盖率。区域内 5G 覆盖的行政村数占区域内行政村总数的比例，数值用百分数表示。

$$5G覆盖率 = \frac{5G覆盖的行政村数}{行政村总数} \times 100\%$$

（5）智能电话使用率。区域内智能手机用户数占区域内常住人口总数的比例，数值用百分数表示。

$$智能电话使用率 = \frac{智能手机用户数}{常住人口总数} \times 100\%$$

（6）智慧多功能杆密度。区域内每平方公里拥有的智慧多功能杆数。

$$智慧多功能杆密度 = \frac{智慧多功能杆数}{区域总面积}$$

（7）乡村数据治理管理制度。乡村数据治理管理制度属于定性指标，主要指乡村数据治理的规章制度完善程度。

（8）乡村数据治理人员的素质。乡村数据治理人员的素质指农村地区从事农业物联网、电子商务、大数据等相关数字产业的专业技术人员的数量。

（二）乡村数据质量管理评价指标

乡村数据质量管理主要是指通过建立数据质量评估标准和管理规范，及时发现、监测定位、跟踪解决各类数据质量问题，以保证数据质量的稳定可靠。其评价指标包括乡村数据准确完整性、乡村数据及时有效性两个方面。其中，乡村数据准确完整性包括乡村数据的正确性和完整性，乡村数据及时有效性包括数据的及时性和有效性。

（1）数据正确性。数据正确性指数据信息符合逻辑，完全描述客观实体的特征。

（2）数据完整性。数据完整性指存储在数据库中的数据值完整、准确，包括实体完整、参考完整、用户自定义完整等。

（3）数据及时性。数据及时性指数据信息的获取、更新及时，包括接入及时性、更新及时性等。

（4）数据有效性。数据有效性指数据信息遵循了统一的格式规范，满足用户定义的条件等。

（三）数据服务能力评价指标

乡村治理数据服务能力一级指标主要包括乡村各类数据资源对外提供的访问和管理能力，包括智慧产业、智慧治理、智慧民生、智慧农民共4个二级评价指标。

（1）智慧产业和智慧治理包括的三级指标如表7-1所示。

（2）智慧治理。智慧治理二级指标主要包括村集体经济信息化管理行政村占比、政务服务在线办事率及网格化管理行政村占比等3个三级评价指标。其中，村集体经济信息化管理行政村占比用于反映农村地区"互联网+村务"数据治理的信息化水平；政务服务在线办事率用于反映农村地区"互联网+政务"数据治理的信息化水平；网格化管理行政村占比用于反映农村地区治安管理数字化水平。

$$数字医疗渗透率 = \frac{乡村应用在线医疗户数}{常住人口总数} \times 100\%$$

$$数字教育渗透率 = \frac{乡村应用在线教育户数}{常住人口总数} \times 100\%$$

$$数字保险渗透率 = \frac{乡村应用在线保险户数}{常住人口总数} \times 100\%$$

（3）智慧农民。智慧农民二级指标包括农民参与数字技能培训比例和农民人文科学素养两个三级指标。其中，农民参与数字技能培训比例反映农村地区农民数据素养的水平，农民人文科学素养反映农村地区农民人文科学素养的水平。

第二节 我国乡村数据治理评价模型的构建

由于乡村数据治理评价的指标既有定量指标又有定性指标，同时还具有模糊性的特点，因此，采用基于层次分析（AHP）的模糊综合评价法构建模型。评价指标体系的权重确定将采用层次分析法与熵值法相结合的综合赋权法进行主客观赋权，在对乡村数据治理的评价过程中采用模糊综合评价法。

一、层次分析法

层次分析法（analytic hierarchy process，AHP）是美国运筹学家、匹茨堡大学教授萨蒂（Saaty）于 20 世纪 70 年代初提出的一种层次权重决策分析的方法。层次分析法首先将一个复杂的多目标决策分析的问题，采用自上而下的思路进行分解，最高层为目标层，中间为准则层，最底层为备选方案层；其次计算每一层次的各指标元素针对上一层的指标元素的权重；最后采用加权求和的方法计算各备选方案对总目标的最终权重，权重值最大的方案就是最优方案。具体计算步骤如图 7 - 1 所示。

（1）构建递阶层次结构。

（2）构造两两比较矩阵。对递阶层次结构中的各个指标之间进行两两比较，然后按照 1 - 9 标度对各个评价指标的相对重要性进行排序，依次构造出评价指标的判断矩阵。在给各个指标权重赋值时常采用专家打分法。

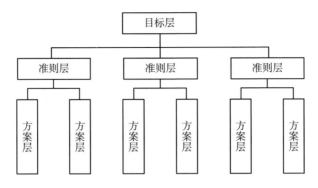

图 7 - 1　递阶层次结构图

具体的重要程度赋值见表 7 - 2。

表 7 - 2　　　　　　　　　　　　指标重要性程度含义

指标的重要程度	含义
1	表示两个元素相比，具有相同重要性
3	表示两个元素相比，前者比后者稍微重要些
5	表示两个元素相比，前者比后者明显重要些
7	表示两个元素相比，前者比后者强烈重要些
9	表示两个元素相比，前者比后者极端重要些
2，4，6，8	表示上述判断的中间值
倒数	如果元素 i 与元素 j 的重要性之比为 a_{ij}，则元素 j 与元素 i 的重要性之比为 $a_{ji} = 1/a_{ij}$

构建后的判断矩阵为 $A = (a_{ij})_{n \times n}$，判断矩阵具有如下性质：

$$a_{ij} > 0, a_{ji} = 1/a_{ij}, a_{ii} = 1$$

当上述算式对判断矩阵所有元素都成立时，则称该判断矩阵为一致性矩阵。

（3）针对标准，计算各个备选元素的权重。关于判断矩阵权重的计算方法常用到的有几何平均法（也称根法）和规范列平均法（也称和法），本书采用几何平均法计算判断矩阵的权重。首先计算判断矩阵中各行各个元素 m_i 的乘积；其次要计算 m_i 的 n 次方根；最后对向量进行归一化处理，该向量就是所求权重向量。

（4）对数据进行一致性检验。构造好判断矩阵后，需要根据判断矩阵计算针对某一准则层各个元素的相对权重，并且要进行一致性检验。

二、熵值法

熵值法是一种较为客观的赋权方法，其主要通过计算指标的信息熵，根据指标的相对变化程度对系统整体的影响来决定指标的权重，相对变化程度大的指标拥有较大的权重，对综合评价的影响也就越大。目前，此方法广泛应用于统计学等领域，具有较高的研究价值。

（1）原始数据的收集与整理。

通过统计年鉴对我国 31 个省（市、自治区）的原始数据进行收集及整理。

（2）处理数据，然后进行标准化。

$$正向：x'_{ij} = \frac{x_{ij} - min\{x_{1j}, \cdots, x_{nj}\}}{max\{x_{1j}, \cdots, x_{nj}\} - min\{x_{1j}, \cdots, x_{nj}\}} \tag{7.1}$$

$$负向：x'_{ij} = \frac{max\{x_{1j}, \cdots, x_{nj}\} - x_{ij}}{max\{x_{1j}, \cdots, x_{nj}\} - min\{x_{1j}, \cdots, x_{nj}\}} \tag{7.2}$$

（3）分别计算各个部分指标的比重。

$$P_{ij} = \frac{x_{ij}}{\sum_{i=1}^{n} x_{ij}} \tag{7.3}$$

（4）计算指标信息熵值 e 和差异性系数 d。

$$e_j = -\frac{1}{ln(n)} \sum_{i=1}^{n} p_{ij} ln(p_{ij}) \tag{7.4}$$

$$d_j = 1 - e_j \tag{7.5}$$

（5）确定该评价指标权重 w。

$$w_j = \frac{d_j}{\sum_{j=1}^{m} d_j} \tag{7.6}$$

三、AHP - 熵值法

AHP - 熵值法主要是指分别采用层次分析法与熵值法对评价指标体系进行主客观赋权，并将两种权重相结合得到更加客观合理的评价指标权重。这种方法一方面消除了层次分析法的主观因素对评价指标体系权重的影响，另一方面也克服了由于指标体系中各指标数据信息差异性较大而引起的客观赋权存在偏差的问题。为了使评价指标体系的权重更加科学合理，本书采用组合权重的方法计算各评价指标的权重。

$$S_j = \frac{\sqrt{H_j W_j}}{\sum_{j=1}^{n} \sqrt{H_j W_j}} \tag{7.7}$$

其中，H_j 是层次分析的权重，W_j 是熵值法的权重。

基于这一方法的我国乡村数据治理体系权重计算流程如图 7 - 2 所示。

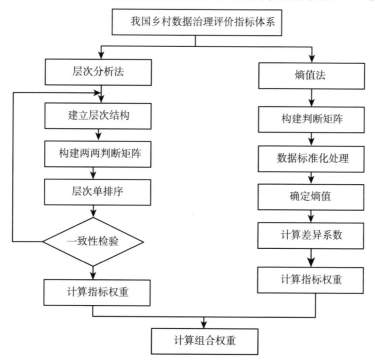

图 7 - 2　采用 AHP - 熵值法的乡村数据治理体系权重计算流程

四、模糊综合评价法

模糊综合评价法是基于模糊集合理论的一种综合评价方法，该方法依据模糊数学的隶属度理论把定性评价转化为定量评价，系统性比较强，而且分析的结果比较清晰，能够很好地解决一些模糊的、难以量化的非确定性问题。这种方法的计算步骤如下：

（1）确定评价对象的因素论域 U。

假设有 P 个评价指标，其因素论域 $U = \{u_1, u_2, \cdots, u_p\}$。

（2）确定评语等级论域 V。

（3）建立从评价对象因素论域 U 到评价等级论域 V 的单因素模糊关系矩阵 R。

（4）确立各因素的权重。

（5）利用模糊矩阵的合成运算，进行综合评价。

（6）采用最大隶属度方法计算评价结果，并对该结果进行解析。

第三节 我国乡村数据治理评价实证分析

一、我国乡村数据治理评价流程

采用层析分析法、熵值法及模糊综合评价法对我国乡村数据治理进行综合评价。首先，采用层次分析法确定评价指标体系权重，随后采用熵值法计算评价指标体系权重，结合层次分析法和熵值法计算的结果计算评价指标体系的组合权重。其次，采用模糊综合评价法，确定评价因素集，构建评语集，根据李克特五级量表，构建的评语分为 5 个等级，即非常高、高、一般、差、很差；采用组合权重法计算评价因素权重向量；对利益相关者进行问卷调查，构建模糊评价矩阵。最后，根据最大隶属度原则确定评价对象的等级。相关流程如图 7-3 所示。

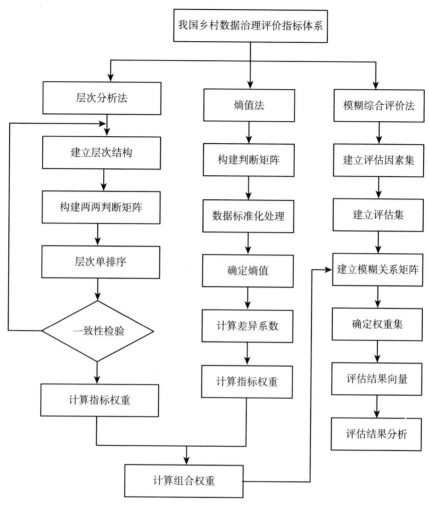

图 7 - 3　我国乡村数据治理评价流程

二、评价指标权重集数据采集

以表 7 - 1 确定的乡村数据治理评价指标体系为依据，为了获取该指标体系中各项指标权重集数据，本书采用德尔菲方法及问卷调查法，将问卷发放给 10 位乡村数据治理领域内的专家教授，由专家对同级指标进行重要性评判，采用 1 - 9 标度法对各评价指标进行打分，经过反复多轮评判，最终形成评价矩阵，详见表 7 - 3 ~ 表 7 - 13。

表 7 – 3 乡村数据治理评价指标体系

乡村数据治理评价指标体系	数据支撑管理	数据质量管理	数据服务能力	W_i
数据支撑管理	1.0000	0.5000	0.3333	0.1571
数据质量管理	2.0000	1.0000	0.3333	0.2493
数据服务能力	3.0000	3.0000	1.0000	0.5936

表 7 – 4 数据支撑管理

数据支撑管理	数据基础设施支撑	乡村数据软支撑	W_i
数据基础设施支撑	1.0000	2.0000	0.6667
乡村数据软支撑	0.5000	1.0000	0.3333

表 7 – 5 数据质量管理

数据质量管理	乡村数据准确完整	乡村数据时效	W_i
乡村数据准确完整	1.0000	1.0000	0.5000
乡村数据时效	1.0000	1.0000	0.5000

表 7 – 6 数据服务能力

数据服务能力	智慧产业	智慧治理	智慧民生	智慧农民	W_i
智慧产业	1.0000	3.0000	3.0000	3.0000	0.5000
智慧治理	0.3333	1.0000	1.0000	1.0000	0.1667
智慧民生	0.3333	1.0000	1.0000	1.0000	0.1667
智慧农民	0.3333	1.0000	1.0000	1.0000	0.1667

表 7 – 7 数据基础设施支撑

数据基础设施支撑	互联网普及率	固定宽带家庭普及率	光纤覆盖率	5G覆盖率	智能电话使用率	智慧多功能杆密度	W_i
互联网普及率	1.0000	1.0000	2.0000	2.0000	2.0000	1.0000	0.2274
固定宽带家庭普及率	1.0000	1.0000	1.0000	2.0000	1.0000	1.0000	0.1804
光纤覆盖率	0.5000	1.0000	1.0000	2.0000	1.0000	1.0000	0.1608
5G覆盖率	0.5000	0.5000	0.5000	1.0000	0.5000	0.5000	0.0902
智能电话使用率	0.5000	1.0000	1.0000	2.0000	1.0000	1.0000	0.1608
智慧多功能杆密度	1.0000	1.0000	1.0000	2.0000	1.0000	1.0000	0.1804

表7－8 乡村数据软支撑

乡村数据软支撑	乡村数据治理管理制度	乡村数据治理人员的素质	W_i
乡村数据治理管理制度	1.0000	0.5000	0.3333
乡村数据治理人员的素质	2.0000	1.0000	0.6667

表7－9 乡村数据时效性

乡村数据准确完整	乡村数据及时性	乡村数据有效性	W_i
乡村数据及时性	1.0000	2.0000	0.6667
乡村数据有效性	0.5000	1.0000	0.3333

表7－10 智慧产业

智慧产业	乡村地区应用数字技术的服务业经营主体年均增长率	乡村地区应用数字技术的服务业增加值占农村地区全部服务业增加值的比重	农业生产信息化投入比例	农产品追溯管理比例	农产品电商销售比例	电商服务站点行政村覆盖率	W_i
乡村地区应用数字技术的服务业经营主体年均增长率	1.0000	1.0000	1.0000	1.0000	1.0000	1.0000	0.1558
乡村地区应用数字技术的服务业增加值占农村地区全部服务业增加值的比重	1.0000	1.0000	0.5000	0.5000	0.5000	0.5000	0.0982
农业生产信息化投入比例	1.0000	2.0000	1.0000	3.0000	3.0000	3.0000	0.3030
农产品追溯管理比例	1.0000	2.0000	0.3333	1.0000	2.0000	2.0000	0.1835
农产品电商销售比例	1.0000	2.0000	0.3333	0.5000	1.0000	1.0000	0.1298
电商服务站点行政村覆盖率	1.0000	2.0000	0.3333	0.5000	1.0000	1.0000	0.1298

表7－11 智慧治理

智慧治理（治理数字化）	村集体经济信息化管理行政村占比	政务服务在线办事率	网格化管理行政村占比	W_i
村集体经济信息化管理行政村占比	1.0000	1.0000	5.0000	0.3333
政务服务在线办事率	1.0000	1.0000	3.0000	0.3333
网格化管理行政村占比	1.0000	0.3333	1.0000	0.3333

表 7 – 12　　　　　　　　　　　智慧民生

智慧民生	乡村应用在线医疗的户数占地区常住人口总户数的比例	乡村应用在线教育的户数占地区常住人口总户数的比例	乡村应用在线保险的户数占地区常住人口总户数的比例	W_i
乡村应用在线医疗的户数占地区常住人口总户数的比例	1.0000	2.0000	2.0000	0.4934
乡村应用在线教育的户数占地区常住人口总户数的比例	0.5000	1.0000	2.0000	0.3108
乡村应用在线保险的户数占地区常住人口总户数的比例	0.5000	0.5000	1.0000	0.1958

表 7 – 13　　　　　　　　　　　智慧农民

智慧农民	农民参与数字技能培训比例	农民人文科学素养	W_i
农民参与数字技能培训比例	1.0000	1.0000	0.5000
农民人文科学素养	1.0000	1.0000	0.5000

三、乡村数据治理水平评价指标体系权重

在对乡村数据治理的多目标综合评价和决策的过程中，对指标权重的确定是非常重要的一个环节。由于乡村数据治理评价的指标体系中既存在定性分析的指标，又存在定量分析的指标，因此本书在确定乡村数据治理评价程度时采用组合权重的方法，使评估结果更加科学准确。

（一）运用层次分析法确定指标权重

运用层次分析法软件（YAAHP）对我国乡村数据治理指标体系的权重进行计算，得到各三级指标相对于总目标层的权重值，如表 7 – 14 所示。

表7－14　　　　运用层次分析法计算乡村数据治理评价指标权重

三级指标	权重
互联网普及率	0.0238
固定宽带家庭普及率	0.0189
光纤覆盖率	0.0168
5G覆盖率	0.0094
智能电话使用率	0.0168
智慧多功能杆密度	0.0189
乡村数据治理管理制度	0.0175
乡村数据治理人员的素质	0.0349
乡村数据正确性	0.0831
乡村数据完整性	0.0416
乡村数据及时性	0.0416
乡村数据有效性	0.0831
乡村地区应用数字技术的服务业经营主体年均增长率	0.0463
乡村地区应用数字技术的服务业增加值占农村地区全部服务业增加值的比重	0.0291
农业生产信息化投入比例	0.0899
农产品追溯管理比例	0.0545
农产品电商销售比例	0.0385
电商服务站点行政村覆盖率	0.0385
村集体经济信息化管理行政村占比	0.0330
政务服务在线办事率	0.0330
网格化管理行政村占比	0.0330
乡村应用在线医疗的户数占地区常住人口总户数的比例	0.0488
乡村应用在线教育的户数占地区常住人口总户数的比例	0.0308
乡村应用在线保险的户数占地区常住人口总户数的比例	0.0194
农民参与数字技能培训比例	0.0495
农民人文科学素养	0.0495

（二）运用熵值法确定评价指标权重

运用Excel工具对我国乡村数据治理指标体系的权重进行计算，得到各三级评价指标的权重值，如表7－15所示。

表 7 – 15   乡村数据治理评价指标体系（熵值法）

三级指标	权重
互联网普及率	0.0633
固定宽带家庭普及率	0.1001
光纤覆盖率	0.0573
5G 覆盖率	0.0094
智能电话使用率	0.0814
智慧多功能杆密度	0.0189
乡村数据治理管理制度	0.0175
乡村数据治理人员的素质	0.0573
乡村数据正确性	0.0831
乡村数据完整性	0.0416
乡村数据及时性	0.0416
乡村数据有效性	0.0831
乡村地区应用数字技术的服务业经营主体年均增长率	0.0835
乡村地区应用数字技术的服务业增加值占农村地区全部服务业增加值的比重	0.1097
农业生产信息化投入比例	0.0977
农产品追溯管理比例	0.0545
农产品电商销售比例	0.0833
电商服务站点行政村覆盖率	0.0424
村集体经济信息化管理行政村占比	0.0330
网格化管理行政村占比	0.0330
政务服务在线办事率	0.0520
乡村应用在线医疗的户数占地区常住人口总户数的比例	0.0573
乡村应用在线教育的户数占地区常住人口总户数的比例	0.0573
乡村应用在线保险的户数占地区常住人口总户数的比例	0.0194
农民参与数字技能培训比例	0.0573
农民人文科学素养	0.0495

（三）确定评价指标的组合权重

基于层次分析法确定的权重存在主观性的判断，而熵值法在评估时则较为客观，故本书选择层次分析法（AHP）与熵值法的组合权重，计算结果如表 7 – 16 所示。

表 7 - 16　　　　　　　　乡村数据治理评价指标体系的组合权重

目标层	一级指标	二级指标	三级指标	权重
我国乡村数据治理评价指标体系	管理数据支撑 0.2042	数据基础设施支撑 0.1515	互联网普及率	0.0329
			固定宽带家庭普及率	0.0369
			光纤覆盖率	0.0263
			5G覆盖率	0.008
			智能电话使用率	0.0314
			智慧多功能杆密度	0.016
		乡村数据软支撑 0.0527	乡村数据治理管理制度	0.0148
			乡村数据治理人员的素质	0.0379
	数据质量管理 0.2116	乡村数据准确完整 0.1058	乡村数据正确性	0.0705
			乡村数据完整性	0.0353
		乡村数据时效 0.1058	乡村数据及时性	0.0353
			乡村数据有效性	0.0705
	数据服务能力 0.5842	智慧产业 0.3086	乡村地区应用数字技术的服务业经营主体年均增长率	0.0527
			乡村地区应用数字技术的服务业增加值占农村地区全部服务业增加值的比重	0.0479
			农业生产信息化投入比例	0.0795
			农产品追溯管理比例	0.0462
			农产品电商销售比例	0.048
			电商服务站点行政村覆盖率	0.0343
		智慧治理 0.0912	村集体经济信息化管理行政村占比	0.028
			政务服务在线办事率	0.028
			网格化管理行政村占比	0.0352
		智慧民生 0.0972	乡村应用在线医疗的户数占地区常住人口总户数的比例	0.0449
			乡村应用在线教育的户数占地区常住人口总户数的比例	0.0356
			乡村应用在线保险的户数占地区常住人口总户数的比例	0.0167
		智慧农民 0.0872	农民参与数字技能培训比例	0.0452
			农民人文科学素养	0.042

从表 7-16 可以看出，农业生产信息化投入比例、乡村数据正确性、乡村数据有效性等指标的组合权重较大，在乡村数据治理中是比较重要的影响因素，在进行乡村数据治理时要重点关注。

（四）模糊综合评价分析

（1）确定模糊综合评价的因素集和评语集。本书采用问卷调查的方式，对我国 31 个省（市、自治区）的乡村数据治理情况进行调研，最后对 630 份有效问卷进行评价。

目标层：U = {我国乡村数据治理评价指标体系}

准则层：

U = {u1, u2, u3} = {数据支撑管理、数据质量管理、数据服务能力}

U1 = {数据基础设施支撑、乡村数据软支撑}

U2 = {乡村数据准确完整、乡村数据时效}

U3 = {智慧产业、智慧治理、智慧民生、智慧农民}

指标层：

U11 = {互联网普及率、固定宽带家庭普及率、光纤覆盖率、5G 覆盖率、智能电话使用率、智慧多功能杆密度}

U12 = {乡村数据治理管理制度、乡村数据治理人员素质}

U21 = {乡村数据正确性、乡村数据完整性}

U22 = {乡村数据及时性、乡村数据有效性}

U31 = {乡村地区应用数字技术的服务业经营主体年均增长率、乡村地区应用数字技术的服务业增加值占农村地区全部服务业增加值的比重、农业生产信息化投入比例、农产品追溯管理比例、农产品电商销售比例、电商服务站点行政村覆盖率}

U32 = {村集体经济信息化管理行政村占比、政务服务在线办事率、网格化管理行政村占比}

U33 = {乡村应用在线医疗的户数占地区常住人口总户数的比例、乡村应用在线教育的户数占地区常住人口总户数的比例、乡村应用在线保险的户数占地区常住人口总户数的比例}

U34 = {农民参与数字技能培训比例、农民人文科学素养}

本书将评价集分成 V = {非常高，高，一般，差，很差}，对乡村数据治理进行评价，厘清乡村数据治理水平。

（2）建立单因素模糊关系矩阵 R。我国乡村数据治理水平等级由专家打分法确定，这里给出各个指标的模糊关系矩阵：

$$R_{11} = \begin{bmatrix} 0.5 & 0.3 & 0.2 & 0 & 0 \\ 0.5 & 0.4 & 0.1 & 0 & 0 \\ 0.4 & 0.4 & 0.2 & 0 & 0 \\ 0.1 & 0.2 & 0.1 & 0.6 & 0 \\ 0.5 & 0.3 & 0.2 & 0 & 0 \\ 0 & 0 & 0.1 & 0.3 & 0.6 \end{bmatrix}, R_{12} = \begin{bmatrix} 0.5 & 0.3 & 0.2 & 0 & 0 \\ 0.6 & 0.3 & 0.1 & 0 & 0 \end{bmatrix}$$

$$R_{21} = \begin{bmatrix} 0.4 & 0.4 & 0.2 & 0 & 0 \\ 0.4 & 0.5 & 0.1 & 0 & 0 \end{bmatrix}, R_{22} = \begin{bmatrix} 0.4 & 0.4 & 0.2 & 0 & 0 \\ 0.4 & 0.5 & 0.1 & 0 & 0 \end{bmatrix}$$

$$R_{31} = \begin{bmatrix} 0.3 & 0.3 & 0.3 & 0.1 & 0 \\ 0.1 & 0.1 & 0.4 & 0.4 & 0 \\ 0.1 & 0.1 & 0.3 & 0.3 & 0.2 \\ 0.2 & 0.3 & 0.5 & 0 & 0 \\ 0.3 & 0.3 & 0.4 & 0 & 0 \\ 0.5 & 0.3 & 0.2 & 0 & 0 \end{bmatrix}, R_{32} = \begin{bmatrix} 0.5 & 0.3 & 0.2 & 0 & 0 \\ 0.7 & 0.2 & 0.1 & 0 & 0 \\ 0.5 & 0.4 & 0.1 & 0 & 0 \end{bmatrix}$$

$$R_{33} = \begin{bmatrix} 0 & 0 & 0.2 & 0.2 & 0.6 \\ 0 & 0 & 0.2 & 0.3 & 0.5 \\ 0 & 0.2 & 0.2 & 0.3 & 0.3 \end{bmatrix}, R_{34} = \begin{bmatrix} 0 & 0 & 0.2 & 0.2 & 0.6 \\ 0 & 0 & 0.1 & 0.4 & 0.5 \end{bmatrix}$$

（3）确定评价指标的权重。根据表 7 - 16 可以看出我国乡村数据治理评价指标体系的权重分别为：

$$W_{11} = \begin{bmatrix} 0.0329 & 0.0369 & 0.0263 & 0.008 & 0.0314 & 0.016 \end{bmatrix}$$

$$W_{12} = \begin{bmatrix} 0.0148 & 0.0379 \end{bmatrix}$$

$$W_{21} = \begin{bmatrix} 0.0705 & 0.0353 \end{bmatrix}$$

$$W_{22} = \begin{bmatrix} 0.0353 & 0.0705 \end{bmatrix}$$

$$W_{31} = \begin{bmatrix} 0.0527 & 0.0479 & 0.0795 & 0.0462 & 0.048 & 0.0343 \end{bmatrix}$$

$$W_{32} = \begin{bmatrix} 0.028 & 0.028 & 0.0352 \end{bmatrix}$$

$$W_{33} = \begin{bmatrix} 0.0449 & 0.0356 & 0.0167 \end{bmatrix}$$

$$W_{34} = \begin{bmatrix} 0.0452 & 0.042 \end{bmatrix}$$

（4）进行综合评价。利用模糊矩阵与权重的合成运算，进行综合评价。

$$B = W \cdot R = \begin{bmatrix} w_1, w_2, \cdots, w_n \end{bmatrix} \cdot \begin{bmatrix} r_{11} & r_{12} & \cdots & r_{1n} \\ r_{21} & r_{22} & \cdots & r_{2n} \\ \cdots & \cdots & \cdots & \cdots \\ r_{m1} & r_{m2} & \cdots & r_{mn} \end{bmatrix} = \begin{bmatrix} B_1, B_2, B_3, \cdots, B_n \end{bmatrix}$$

根据上述公式，计算第三级指标数据基础设施支撑综合评价值为：

$$B_{11} = W_{11} \cdot R_{11}$$

$$= \begin{bmatrix} 0.0329 & 0.0369 & 0.0263 & 0.008 & 0.0314 & 0.016 \end{bmatrix} \cdot$$

$$\begin{bmatrix} 0.5 & 0.3 & 0.2 & 0 & 0 \\ 0.5 & 0.4 & 0.1 & 0 & 0 \\ 0.4 & 0.4 & 0.2 & 0 & 0 \\ 0.1 & 0.2 & 0.1 & 0.6 & 0 \\ 0.5 & 0.3 & 0.2 & 0 & 0 \\ 0 & 0 & 0.1 & 0.3 & 0.6 \end{bmatrix}$$

$$= \begin{bmatrix} 0.06192 & 0.04617 & 0.02421 & 0.0096 & 0.0096 \end{bmatrix}$$

根据计算结果可以看出，在 5 个评语集中"非常高"的等级权重值最高（0.06192），结合最大隶属度原则可知，数据基础设施支撑指标的最终综合评价结果为"非常高"。同理，计算其他指标的评价值。

乡村数据软支撑指标的综合评价值为：

$$B_{12} = \begin{bmatrix} 0.03014 & 0.01581 & 0.00675 & 0 & 0 \end{bmatrix}$$

根据计算结果可以看出，在 5 个评语集中"非常高"的等级权重值最高（0.03014），结合最大隶属度原则可知，乡村数据软支撑指标的最终综合评价结果为"非常高"。

乡村数据准确完整指标的综合评价值为：

$$B_{21} = \begin{bmatrix} 0.04232 & 0.04585 & 0.01763 & 0 & 0 \end{bmatrix}$$

根据计算结果可以看出，在 5 个评语集中"高"的等级权重值最高

（0.04585），结合最大隶属度原则可知，乡村数据准确完整指标的最终综合评价结果为"高"。

乡村数据时效指标的综合评价值为：

$$B_{22} = \begin{bmatrix} 0.04232 & 0.04937 & 0.01411 & 0 & 0 \end{bmatrix}$$

根据计算结果可以看出，在5个评语集中"高"的等级权重值最高（0.04937），结合最大隶属度原则可知，乡村数据时效指标的最终综合评价结果为"高"。

智慧产业指标的综合评价值为：

$$B_{31} = \begin{bmatrix} 0.06934 & 0.0671 & 0.10798 & 0.04828 & 0.0159 \end{bmatrix}$$

根据计算结果可以看出，在5个评语集中"一般"的等级权重值最高（0.10798），结合最大隶属度原则可知，智慧产业指标的最终综合评价结果为"一般"。

智慧治理指标的综合评价值为：

$$B_{32} = \begin{bmatrix} 0.0512 & 0.02808 & 0.01192 & 0 & 0 \end{bmatrix}$$

根据计算结果可以看出，在5个评语集中"非常高"的等级权重值最高（0.0512），结合最大隶属度原则可知，智慧治理指标的最终综合评价结果为"非常高"。

智慧民生指标的综合评价值为：

$$B_{33} = \begin{bmatrix} 0 & 0.00334 & 0.01944 & 0.02467 & 0.04975 \end{bmatrix}$$

根据计算结果可以看出，在5个评语集中"很差"的等级权重值最高（0.04975），结合最大隶属度原则可知，智慧民生指标的最终综合评价结果为"很差"。

智慧农民指标的综合评价值为：

$$B_{34} = \begin{bmatrix} 0 & 0 & 0.01324 & 0.02584 & 0.04812 \end{bmatrix}$$

根据计算结果可以看出，在5个评语集中"很差"的等级权重值最高（0.04812），结合最大隶属度原则可知，智慧农民指标的最终综合评价结果为"很差"。

第二级评价指标数据支撑管理的评价值为：

$$B_1 = W_1 \cdot R_1$$

$$= \begin{bmatrix} 0.1515 & 0.0527 \end{bmatrix} \cdot \begin{bmatrix} 0.06192 & 0.04617 & 0.02421 & 0.0096 & 0.0096 \\ 0.03014 & 0.01581 & 0.00675 & 0 & 0 \end{bmatrix}$$

$$= \begin{bmatrix} 0.0110 & 0.0078 & 0.0040 & 0.0015 & 0.0015 \end{bmatrix}$$

根据计算结果可以看出，在 5 个评语集中"非常高"的等级权重值最高（0.0110），结合最大隶属度原则可知，数据支撑管理指标的最终综合评价结果为"非常高"。

数据质量管理指标的评价值为：

$$B_2 = W_2 \cdot R_2$$

$$= \begin{bmatrix} 0.1058 & 0.1058 \end{bmatrix} \cdot \begin{bmatrix} 0.04232 & 0.04585 & 0.01763 & 0 & 0 \\ 0.04232 & 0.04937 & 0.01411 & 0 & 0 \end{bmatrix}$$

$$= \begin{bmatrix} 0.0090 & 0.0101 & 0.0034 & 0 & 0 \end{bmatrix}$$

根据计算结果可以看出，在 5 个评语集中"高"的等级权重值最高（0.0101），结合最大隶属度原则可知，数据质量管理指标的最终综合评价结果为"高"。

数据服务能力指标的评价值为：

$$B_3 = W_3 \cdot R_3$$

$$= \begin{bmatrix} 0.3086 & 0.0912 & 0.0972 & 0.0872 \end{bmatrix} \cdot$$

$$\begin{bmatrix} 0.06934 & 0.0671 & 0.10798 & 0.04828 & 0.0159 \\ 0.0512 & 0.02808 & 0.01192 & 0 & 0 \\ 0 & 0.00334 & 0.01944 & 0.02467 & 0.04975 \\ 0 & 0 & 0.01324 & 0.02584 & 0.04812 \end{bmatrix}$$

$$= \begin{bmatrix} 0.0261 & 0.0236 & 0.0375 & 0.0196 & 0.0139 \end{bmatrix}$$

根据计算结果可以看出，在 5 个评语集中"一般"的等级权重值最高（0.0375），结合最大隶属度原则可知，数据支撑管理指标的最终综合评价结果为"一般"。

第一级评价指标我国乡村数据治理水平的评价值为：

$B = W \cdot R$

$= \begin{bmatrix} 0.2042 & 0.2116 & 0.5842 \end{bmatrix} \cdot$

$\begin{bmatrix} 0.0110 & 0.0078 & 0.0040 & 0.0015 & 0.0015 \\ 0.0090 & 0.0101 & 0.0034 & 0 & 0 \\ 0.0261 & 0.0236 & 0.0375 & 0.0196 & 0.0139 \end{bmatrix}$

$= \begin{bmatrix} 0.0194 & 0.0175 & 0.0234 & 0.0117 & 0.0084 \end{bmatrix}$

根据计算结果可以看出，在 5 个评语集中"一般"的等级权重值最高（0.0234），结合最大隶属度原则可知，我国乡村数据治理水平的最终综合评价结果为"一般"。这一结果和我国乡村数据治理水平的现实状况相一致。

第四节　我国乡村数据治理水平区域差异

一、我国乡村环境治理综合水平测度的研究设计

（一）研究方法

（1）综合评价法。本书采用熵权法对 2016 ~ 2021 年 29 个省份（未包含新疆、西藏以及港澳台地区）的乡村数据治理综合水平进行测度，具体步骤如下：

第一步，对数据进行标准化处理：

$$x'_{ij} = \frac{x_{ij} - \min(x_j)}{\max(x_j) - \min(x_j)} \text{（正向指标）} \tag{7.8}$$

$$x'_{ij} = \frac{\max(x_j) - x_{ij}}{\max(x_j) - \min(x_j)} \text{（负向指标）} \tag{7.9}$$

第二步，计算第 i 年第 j 项指标所占的比重 P：

$$P_{ij} = \frac{x'_{ij}}{\sum_\alpha \sum_i x'_{ij}} \tag{7.10}$$

第三步，计算第 j 项指标的信息熵：

$$e_j = - k \sum_i P_{ij} \ln(P_{ij}), \text{其中} k = \frac{1}{\ln(mn)}, \text{且} k > 0, \text{使得} e_j \geqslant 0$$

(7.11)

第四步，计算第 j 项指标信息熵的冗余度：

$$d_j = 1 - e_j$$

(7.12)

第五步，计算第 j 项指标的权重：

$$\omega_j = \frac{d_j}{\sum_j d_j}$$

(7.13)

第六步，计算加权矩阵：

$$X_{ij} = x'_{ij} \times \omega_j$$

(7.14)

第七步，计算欧氏距离：

$$D_i^+ = \sqrt{\sum (Z_{ij} - Z_j^{*+})^2}$$

(7.15)

$$D_i^- = \sqrt{\sum (Z_{ij} - Z_j^{*-})^2}$$

(7.16)

第八步，计算综合评分：

$$C_i = \frac{D_i^-}{D_i^+ + D_i^-}$$

(7.17)

（2）基尼系数法。本书选择 Dagum 基尼系数及其按子群分解的方法对我国东中西部乡村数据环境治理水平的区域差异进行分析。根据 Dagum 基尼系数及子群分解方法，将基尼系数定义为：

$$G_T = \frac{\sum_{j=1}^{k} \sum_{h=1}^{k} \sum_{i=1}^{n_j} \sum_{r=1}^{n_h} |y_{ji} - y_{hr}|}{2n^2 \bar{Y}}$$

(7.18)

其中，n 为分析省份个数，k 为划分的子群数量，i 和 h 表示不同区域，j 和 r 表示不同城市，n 为城市总数，k 为区域总数。G_T 数值越大，说明乡村数据治理越不均衡，反之则相反。具体地，区域总体差异、区域内差异、区域间差异以及超变密度贡献度分解公式为：

$$G_T = G_W + G_B + G_D \tag{7.19}$$

$$G_W = \sum_{j=1}^{k} G_{jj} p_j s_j \tag{7.20}$$

$$G_B = \sum_{j=2}^{k} \sum_{h}^{j-1} G_{jh} (p_j s_h + p_h s_j) D_{jh} \tag{7.21}$$

$$G_D = \sum_{j=2}^{k} \sum_{h}^{j-1} G_{jh} (p_j s_h + p_h s_j)(1 - D_{jh}) \tag{7.22}$$

其中，G_{jh} 为第 j 个与第 h 个经济区的区域间系数，D_{jh} 表示第 j 个与第 h 个经济区之间乡村治理水平的相对影响。

（二）数据来源

本书用到的数据主要来源于国家统计局、各省份统计局网站发布的官方数据和历年《中国统计年鉴》《中国农村统计年鉴》，以及各省份国民经济和社会发展公报等。对指标数据难以查找的用类似的指标数据进行了替代，并对数据的缺失值进行了插值法处理。把全国分为东、中和西三个部分，全面地反映了全国 29 个省份乡村数据治理的动态。

二、我国乡村数据治理综合评价水平

依据本章第三节构建的我国乡村数据治理水平的评价指标体系，为了更好地反映我国乡村数据治理的区域特点，本书选取全国 29 个省份（未包含新疆、西藏以及港澳台地区）为研究对象，采用熵权法进行测度，计算出 29 个省份的乡村数据治理水平，计算结果如表 7 - 17 所示。从全国层面来看，2016 年以来中国乡村数据治理综合发展水平保持稳定增长趋势，年均增长率为 5.2975%。这主要是由于我国已进入数字社会，乡村治理也随之产生变革。乡村数据治理离不开科技进步，"互联网＋"、大数据、5G、人工智能等新技术在提高乡村治理网格化、精细化、信息化等方面有着显著的优势。从区域分布来看，各区域乡村数据治理水平的平均值排名为：中部（5.9248%）＞东部（5.1656%）＞西部（4.9298%），中部地区发展态势较好，主要是因为政府积极推动乡村数据治理持续发展；而东部地区经济发达，科技实力雄厚，数据治理助推国家现代化，要素创新提供驱动力，乡村数据治理得到了更好的发展；西部地区紧跟其后，区域分布较为均衡。从各个省市来看，所有省市保持了不同程度的增长趋势，其中，江苏、安徽和重庆的乡村数据治理综合水平居于前三位，分别是 0.6001、0.5485 和 0.5339；发展增速最快的前三位是湖南、北京和江西，年增长率分别是 11.1356%、7.7546% 和 6.7952%，根据总体结果显示，各个省份把乡村数据治理放在了重要位置，经济发达地区乡村数据治理水平增长速度更快。随着我国乡村数据治理水平的逐渐提高，不仅将为提升乡村治理的科学性、时效性等提供支撑，而且也将为乡村治理现代化提供新的方法和路径。

表 7-17　　　　　2016～2021 年中国乡村数据治理水平综合指数

地区	2016 年	2017 年	2018 年	2019 年	2020 年	2021 年	均值	年均增长率（%）
北京	0.3384	0.3786	0.4036	0.4195	0.4386	0.4915	0.4117	7.7546
天津	0.3308	0.3756	0.4037	0.4034	0.4195	0.4334	0.3944	5.5493
河北	0.2814	0.3456	0.3544	0.3643	0.3670	0.3893	0.3504	6.7070
辽宁	0.3702	0.3839	0.3972	0.4001	0.3848	0.4453	0.3969	3.7658
上海	0.3100	0.3404	0.3628	0.3748	0.3745	0.4056	0.3613	5.5206
江苏	0.5341	0.5740	0.5995	0.6265	0.6018	0.6648	0.6001	4.4746
浙江	0.3666	0.3895	0.4055	0.4227	0.4133	0.4591	0.4095	4.6003
福建	0.3431	0.3601	0.3908	0.3977	0.4120	0.4274	0.3885	4.4904
山东	0.3187	0.3517	0.3452	0.3383	0.3283	0.3821	0.3440	3.6973
广东	0.3842	0.4046	0.4433	0.4588	0.4661	0.5083	0.4442	5.7613
海南	0.3252	0.3545	0.3713	0.3882	0.3933	0.4135	0.3743	4.9206
东部	0.3548	0.3872	0.4070	0.4177	0.4181	0.4564	0.4069	5.1656
山西	0.4336	0.4489	0.4905	0.5202	0.5195	0.5896	0.5004	6.3397
吉林	0.3753	0.3946	0.4204	0.4546	0.4588	0.4886	0.4321	5.4177
黑龙江	0.3681	0.4073	0.4300	0.4587	0.4621	0.4836	0.4350	5.6105
安徽	0.4870	0.5273	0.5519	0.5682	0.5414	0.6152	0.5485	4.7816
江西	0.3221	0.3557	0.3796	0.3980	0.4005	0.4475	0.3839	6.7952
河南	0.2895	0.3225	0.3520	0.3397	0.3555	0.3800	0.3399	5.5873

地区	2016 年	2017 年	2018 年	2019 年	2020 年	2021 年	均值	年均增长率（%）
湖北	0.3529	0.3605	0.3687	0.3569	0.3467	0.4141	0.3666	3.2483
湖南	0.2396	0.3419	0.3633	0.3642	0.3627	0.4062	0.3463	11.1356
中部	0.3585	0.3948	0.4196	0.4326	0.4309	0.4781	0.4191	5.9248
内蒙古	0.2694	0.3418	0.3456	0.3190	0.3328	0.3607	0.3282	6.0137
广西	0.3109	0.3333	0.3698	0.3638	0.3586	0.3789	0.3525	4.0391
重庆	0.4757	0.5060	0.5268	0.5444	0.5449	0.6057	0.5339	4.9500
四川	0.3598	0.3540	0.3987	0.3695	0.3650	0.4184	0.3775	3.0640
贵州	0.2983	0.3239	0.3659	0.3258	0.3439	0.3653	0.3372	4.1323
云南	0.3661	0.3852	0.3322	0.3906	0.3997	0.4301	0.3840	3.2715
陕西	0.4238	0.4642	0.4742	0.5151	0.5362	0.5655	0.4965	5.9406
甘肃	0.3029	0.3478	0.3570	0.3788	0.3686	0.4164	0.3619	6.5725
青海	0.3473	0.3655	0.3933	0.4090	0.4314	0.4607	0.4012	5.8122
宁夏	0.4259	0.4458	0.4663	0.5060	0.4736	0.5523	0.4783	5.3332
西部	0.3580	0.3867	0.4030	0.4122	0.4155	0.4554	0.4051	4.9298
全国	0.3569	0.3891	0.4091	0.4199	0.4207	0.4620	0.4096	5.2975

三、基于基尼系数分解法的差异来源分析

为进一步分析我国乡村数据治理水平在区域上的差异，明晰乡村数据治理综合水平存在的薄弱环节，本书采用 Dagum 基尼系数公式测度了 2016～2021 年我国乡村数据治理水平总体差异、区域内差异及区域间差异，并进一步分析了差异来源及贡献。

（一）总体差异和区域内差异

由表 7-18 可以看出 2016～2021 年我国乡村数据治理水平的区域差异，总体区域内差异的均值为 0.092。其中，全国、东部、中部和西部地区基尼系数值的变化趋势相似，基本都经历了"大幅下降—小幅回升—趋

于平稳"三个阶段。全国总体基尼系数总体上呈现下降至平稳的趋势。具体来看,全国总体基尼系数由 2016 年的 0.101 下降到 2021 年的 0.095。其中,从 2016 年到 2018 年下降幅度较大,降幅达 18%;2018 年到 2019 年处于回弹上升趋势,基尼系数由 0.083 上升到 0.097;从 2019 年到 2021 年处于平稳趋势,由 0.097 到 0.095。东部地区的基尼系数均值为 0.078,由 2016 年的 0.084 降到 2018 年的 0.074,降幅达 12%;从 2018 年到 2019 年处于上升趋势,由 0.074 到 0.080;从 2019 年到 2021 年处于平稳趋势。中部地区的基尼系数均值为 0.095,由 2016 年的 0.114 降到 2018 年的 0.084,降幅达 26%;由 2018 年的 0.084 上升到 2019 年的 0.100;随后从 2019 年到 2021 年趋于平稳状态。西部地区基尼系数的均值为 0.094,由 2016 年的 0.099 降到 2018 年的 0.082,降幅达 17%;再从 2018 年的 0.082 上升到 2019 年的 0.102;随后从 2019 年到 2021 年处于平稳状态。由此可见,中部和西部地区的基尼系数数值最大,反映了中部和西部地区内部乡村数据治理水平的差距最为显著;而东部地区的基尼系数数值较小,反映该区域内乡村数据治理水平的差距最小。

表 7 – 18 　　　　2016～2021 年我国乡村数据治理水平的区域差异

年份	总体	区域内差异		
		东部	中部	西部
2016	0.101	0.084	0.114	0.099
2017	0.081	0.068	0.085	0.083
2018	0.083	0.074	0.084	0.082
2019	0.097	0.080	0.1000	0.102
2020	0.093	0.081	0.092	0.098
2021	0.095	0.082	0.092	0.101
平均值	0.093	0.078	0.095	0.094

(二) 区域间差异

东部、中部及西部区域间的乡村数据治理水平数值及其变化趋势如图 7 – 4 所示。

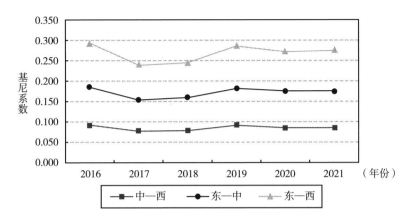

图 7 - 4 区域间基尼系数数值及其变化趋势

由图 7 - 4 可以看出，我国区域间乡村数据治理水平的基尼系数变化趋势基本相同。从区域间基尼系数数值来看，东—西部地区的基尼系数值最大，东—中部地区的基尼系数数值次之，中—西部基尼系数数值最小，这反映了东—西部地区乡村数据治理水平差距最大，东—中部地区乡村数据治理水平差距次之，中—西部地区乡村数据治理水平差距最小。由于不同区域经济发展水平、信息技术水平、政府对数据治理的支持力度、人才储备、传统文化受重视程度等多个方面存在客观差异，因此不同区域间乡村数据治理水平存在明显差距。经济发达地区在乡村数据治理的基础设施建设、科技创新投入、政府支持力度、高素质的数据专业人才储备等方面具备明显优势，因此其乡村数据治理水平就较高。东部地区不论是在经济投入、人才投入及政府支持力度等方面都优于其他地区，因此该地区的乡村数据治理水平最高，中部地区次之，西部地区最低，这也就造成了东—西部地区之间的乡村数据治理水平差距最大。从区域间基尼系数数值的变化趋势来看，区域间基尼系数数值大致呈现下降的趋势，这也反映了全国区域间乡村数据治理水平的差距在逐渐缩小。

（三）差异来源及贡献度分析

不同区域的乡村治理水平的区域差异来源和贡献率及其变化趋势如图 7 -5 所示。

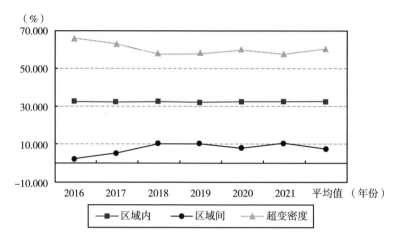

图7-5 乡村数据治理水平的区域差异来源和贡献率

从图7-5中可以看出，超变密度的贡献率高于区域内差异和区域间差异的贡献率，超变密度的贡献率常年保持在50%以上，区域内差异的贡献率浮动范围为32%~32.6%，区域间差异的贡献率浮动范围为2%~10%。三者贡献率的平均值分别是59.913%、32.350%、7.738%。由此可见，造成乡村数据治理水平存在区域差异的第一来源是超变密度，第二来源是区域内差异，第三来源是区域间差异。从差异来源的变化趋势看，区域内差异的贡献率整体平稳，贡献率由2016年的32.296%上升到2021年的32.350%，基本保持不变；区域间差异的贡献率整体处于上升趋势，由2016年的2.396%上升到2021年的10.417%，上升幅度达78%；超变密度的贡献率总体处于小幅下降的趋势，由2016年的65.309%下降到2021年的57.110%，下降幅度达13%。由此可见，区域间差异的贡献率变化幅度最大，其次是超变密度的贡献率，区域内差异的贡献率变化幅度最小。

第八章 我国乡村数据治理赋能乡村振兴机理

第一节 乡村振兴战略

一、乡村振兴战略的背景

21世纪以来，"三农"工作成绩斐然，2013年习近平总书记在中央农村工作会议上提出"小康不小康，关键看老乡"，强调"中国要强，农业必须强；中国要美，农村必须美；中国要富，农民必须富"①。这一期间，新农村建设不断升级、农村基础设施建设水平显著提升、农民生活越来越富裕，减少贫困和实现精准脱贫成为"三农"工作进一步关注的重点和难点。2015年，习近平总书记在中央扶贫开发工作会议上指出"全面建成小康社会、实现第一个百年奋斗目标，农村贫困人口全部脱贫是一个标志性指标"②，进而拉开了脱贫攻坚战的大幕，全党各族人民勠力同心、攻坚克

---

① 中央农村工作会议在北京举行 习近平、李克强作重要讲话［EB/OL］．（2013-12-24）［2023-08-19］．http：//jhsjk.people.cn/article/23936629.

② 十八大以来重要文献选编（下）［M］．北京：中央文献出版社，2018：29-30.

难坚持精准脱贫，历史性地解决了绝对贫困问题，切实保障了人民的生活水平。但随着我国社会主要矛盾发生变化以及脱贫攻坚战的深入推进，农村发展不平衡、不充分以及农业现代化"短板"急需补齐等问题日渐突出。为适应我国社会主要矛盾的转变，进一步解决新时代"三农"工作的重点问题以及实现农业农村现代化，2017 年 10 月 18 日，习近平总书记在党的十九大报告中提出乡村振兴战略，并指出农业农村农民问题是关系国计民生的根本性问题，必须始终把解决好"三农"问题作为全党工作的重中之重①。可见，乡村振兴是中国解决"三农"问题的重要战略，需要在产业发展、生态保护、文明建设、治理效能和民生改善等方面综合考虑。2018 年 1 月 2 日中央一号文件《中共中央 国务院关于实施乡村振兴战略的意见》指出，实施乡村振兴战略，产业兴旺是重点、生态宜居是关键、乡风文明是保障、治理有效是基础、生活富裕是根本。2022 年 2 月 22 日《中共中央 国务院关于做好 2022 年全面推进乡村振兴重点工作的意见》强调，要扎实稳妥推进乡村建设、保障粮食安全生产、聚焦产业促进农村发展、突出实效改进乡村治理等。2022 年 4 月 7 日，文化和旅游部、教育部、自然资源部、农业农村部等部门联合印发《关于推动文化产业赋能乡村振兴的意见》，提出要积极推动文化产业赋能乡村振兴，发展特色产业，激活传统优秀文化，助力乡村文化业态丰富发展以及乡村一二三产业有机融合。因此，从国家顶层战略设计来看，乡村振兴是推动全体人民共同富裕和实现中华民族伟大复兴的重要路径与必然要求。

二、乡村振兴的丰富内涵

（一）目标定位

乡村兴则国家兴，乡村衰则国家衰。基于国家富强和民族振兴的发展进程以及社会主义现代化强国的角度，习近平总书记在有关乡村振兴的重要论述中明确提出，实施乡村振兴战略的总目标是农业农村现代化，总要

---

① 中华人民共和国中央人民政府. 党的十八届中央委员会向中国共产党第十九次全国代表大会的报告 ［R］. 2017 – 10 – 18.

求是：产业兴旺、生态宜居、乡风文明、治理有效、生活富裕。[①] 其一，实现乡村振兴的重点在于促进产业兴旺。当前，数字技术的不断发展与广泛应用，加速了现代产业要素与乡村传统产业的融合，实施产业兴旺既要基于第一产业又不能限于第一产业，而应着眼于促进一二三产业的融合发展，尤其是县域产业的发展，通过挖掘地区优势及人文特色，培育和壮大当地的特色产业，推动乡村经济的发展和繁荣。其二，实现乡村振兴的关键是生态宜居，不仅涵盖生态环境的保护和乡村土地的整治与利用，还包括生态文化和美丽家园的构建。其三，乡村振兴的保障是乡风文明。乡风文明既蕴含了传统乡村农耕文化，又体现出传统乡村文化与现代文化的深度融合与创新。其四，乡村振兴的基础是治理有效。在推进国家治理能力和治理体系现代化目标的必然要求下，乡村治理的主体与治理手段更加多元化，技术赋能乡村治理，基于自治、法治、德治的"三治融合"，最终实现乡村的"善治"及农业农村的现代化。其五，乡村振兴的根本是农民生活富裕。乡村振兴的根本目标是消除贫困，提高农民的收入和生活水平，促进消费产业结构升级，实现小康生活，满足新时代农民日益增长的美好生活需要，最终走向共同富裕。

明确了乡村振兴的具体目标后，习近平总书记还进一步对乡村振兴作了明确规划和部署。第一步：到2020年，乡村振兴的制度框架和政策体系基本形成；第二步：到2035年，乡村振兴要取得决定性进展，农业农村现代化基本实现；第三步：到2050年，乡村全面振兴，全面实现农业强、农村美和农民富。[②] 可见乡村振兴从"基本形成制度框架和政策体系"，到"农业农村现代化目标基本实现"，再到"农业强、农村美、农民富的目标全面实现"，既立足当下实际又着眼于长远目标，使得乡村振兴战略具有很强的现实操作性。

（二）城乡关系

习近平总书记在《把乡村振兴战略作为新时代"三农"工作总抓手》

---

①　中华人民共和国中央人民政府. 党的十八届中央委员会向中国共产党第十九次全国代表大会的报告［R］. 2017－10－18.

②　燕连福，李晓利. 习近平乡村振兴重要论述的丰富内涵与理论贡献探析［J］. 北京工业大学学报（社会科学版），2023，23（3）：11－22.

重要文章中指出"在现代化进程中，如何处理好工农关系、城乡关系，在一定程度上决定着现代化的成败"。①突破传统城乡二元结构的束缚，是促进农业农村现代化发展和落实乡村振兴措施的关键与重点。在乡村振兴战略和社会主义现代化建设的背景下，新型城乡关系是指城乡产业发展融合化、城乡居民增收同步化、城乡要素分布合理化，尤其是城乡产业融合发展，要实现和谐共生，在新的历史时期，在谋求稳中求进、稳中向好的态势下，努力达到"农业强、农村美、农民富"的乡村全面振兴奋斗目标。改革开放以来，我国城乡关系政策的演变大体上经历了以下几个阶段：从新中国成立到1957年，该阶段城乡之间人口自由迁徙，贸易交流活跃，形成和谐的城乡对流，主要特征是农村支持城市、农业支持工业。随着1958年农村人民公社的建设，城乡分割的二元结构逐步形成，城市与乡村的要素流通和联系被阻断，直到党的十一届三中全会开启了中国经济体制的改革，打破了城乡二元结构的格局，恢复了城乡的互联互通。为构建新型城乡关系，"以工促农""以城带乡""城乡一体化"等政策目标的实现逐渐推动城乡关系由分裂走向统筹阶段。当前阶段，随着新型城镇化和乡村振兴战略的实施发展，新型城乡关系强调城市与乡村的融合发展，一方面，构建新型城乡关系有助于释放乡村的发展潜能，为乡村发展注入新活力，实现乡村要素充分对流，使得资源、人才、资金等要素能够在乡村间流通，从而推动乡村经济全面发展和农业农村现代化；另一方面，对新时代城乡关系的合理构建和城乡高度融合发展来说，乡村振兴战略不仅从经济角度提供了动力，从制度角度也提供了坚实的支撑。

（三）价值意蕴

（1）生产价值。乡村生产价值是围绕乡村生产形成的一系列适应性条件，乡村本质上是围绕农业生产而成长起来的，农业生产是人类粮食的根本来源，党的二十大报告提出，"全方位夯实粮食安全根基，全面落实粮食安全党政同责，牢牢守住十八亿亩耕地红线，逐步把永久基本农田全部

---

① 把乡村振兴战略作为新时代"三农"工作总抓手［EB/OL］.（2018 - 09 - 23）［2023 - 08 - 19］. http://jhsjk.people.cn/article/30309476.

建成高标准农田，深入实施种业振兴行动"。可见，在乡村振兴战略中要充分发挥农业的生产价值，着力提升农业的生产效能。

一是合理布局一二三产业，推动产业融合与协同发展。依据乡村生产价值原理，乡村产业首先要是强调产业的多元化，所谓"五谷丰登""六畜兴旺"，反映的就是农村产业的丰富性和农民的多样化需求。产业融合发展一方面可降低市场风险和自然风险，另一方面能够维系农民"去货币化"的消费福利。当然，产业融合并不是单一要素的结合，而是依托数字化技术，使多种生产要素与资源融合发展。

二是创新农业生产管理模式，推广现代化农业生产技术，提高农业现代化水平。在社会主义现代化与乡村振兴发展过程中，增加农业的生产要素是产业兴旺的关键，即通过在农业生产中引进新技术、新品种和新模式，进一步提升农业的生产效率和质量，实现农业生产的机械化和信息化水平，推动农业生产转型升级。

（2）生态价值。乡村的生态价值是指乡村的存在对周边自然和社会生态环境所发生的积极影响。乡村是自然环境和人类活动的交汇点，既是自然生态的一部分，也是人工生态的结果。乡村生态价值的最终目标是形成宜人宜居的生态环境，其实质是实现人与自然的和谐共生，即在对乡村环境保护的基础上，对山林水田湖草以及绿水青山提出更高的要求。绿水青山就是金山银山，绿色是乡村振兴的底色，也是推进乡村振兴的希望所在。为进一步满足人民对美好生活的向往，助力美丽乡村的建设，探索打造宜人宜居的乡村生态环境是必经之路。

一是大数据赋能农村生态事务管理，实现智慧生态治理。利用大数据技术对数据信息进行科学采集和批量管理，及时挖掘关键问题，引导各方主体对话交流，实现数据资源的互联互通，克服传统区域合作条块化与改革内卷化风险，提高生态治理绩效。

二是打造数字生态美丽乡村，释放乡村生态价值。依托可持续发展与绿色发展理念，将数字技术渗透融入农业农村，将智能遥感、大气环境敏感点识别、水肥药智能管理等生态环保技术融入农业生产生活，推动农村生态系统保护工程建设，实施乡村生态振兴战略，打造农民安居乐业的美丽家园。

（3）文化价值。乡村文化价值是指乡村所具有的保护、传承和发展传统文化的功能。随着工业化与城镇化的快速发展，弘扬农耕文化是实现乡村文化振兴的迫切需要，随着万物互联互通时代的发展，网络技术已经深入渗透到农村地区，激发了乡村文化建设的内在动力，重构了乡村文化的传播内容和传播方式。网络技术给予边缘群体更多的话语权和主体性，使农民在全新的社会情境中重新定位自己的角色，提升了自身的主体意识。一方面，网络化时代的乡村文化价值主要体现在乡村网络社区的文化再生产，依托网络的开放性、互通性、共享性打破传统乡村文化社区的封闭性，更多关注乡村文化的本土性与社区性，实现乡村文化内容与国家话语权的重构；另一方面，提升村民的主体与参与意识。

（4）教化价值。教化价值是指乡村特定空间中形成的民约习俗、规则以及文化规范对人的行为塑造作用。在我国的乡村发展过程中，节日时令与庆典礼仪、群体舆论与压力、村规民约与习俗等都是乡村独具维系村落共同价值取向和秩序的有效途径，他们潜移默化地实现了人的行为从服从到内化的转变。党的十九大报告指出，要构建自治、法治、德治"三治"融合的乡村治理体系，乡村自治需要一定的条件做基础，其中村民的主体地位、熟人社会、使用共同的资源、维系共同的秩序是村民自治的重要前提。在这样的村落环境中也就逐渐形成了"德业相劝，过失相规，礼俗相交，患难相恤"的乡村治理文化。节日礼仪、家风家训及诚实守信、团结和睦、邻里互助都是重要的德治资源，而法治是德治的底线，共同发挥乡村的教化和规范价值。

（四）治理方向

治国安邦重在基层，习近平总书记多次强调"要夯实乡村治理这个根基"①。治理有效，是乡村振兴的重要保障，为乡村振兴提供了必不可少的秩序供给。当前，实现乡村振兴的深度、广度和难度都不亚于脱贫攻坚，没有良好的秩序，难以实现产业振兴、生态振兴、文化振兴和人才振兴等全面振兴的目标，而有效的乡村治理则是构建良好秩序的源头活

---

① 中国人民政治协商会议全国委员会. 十三届全国人大二次会议河南代表团的审议 [EB/OL]. (2019 – 03 – 09) [2023 – 08 – 19]. http：//www. cppcc. gov. cn/zxww/2019/03/09/ARTI1552090824758240. shtml.

水。习近平总书记指出加强和改进乡村治理要"围绕让农民得到更好的组织引领、社会服务、民主参与，加快构建党组织领导的乡村治理体系。要巩固农村扫黑除恶专项斗争成果，形成持续打击的高压态势"①。

农为邦本，本固邦宁。实施有效的乡村治理不是"空中楼阁"，而是一项长期性战略，历史实践证明，有效的乡村治理必须解决"谁来治理""治理什么""如何治理"这三个问题。首先，"谁来治理"解决的是治理主体的问题。传统的乡村治理模式以典型的科层制为主，决策权主要集中在最高层，县（市）政府、乡镇政府和村"两委"之间属于"压力型"体制。随着乡村社会经济的快速发展和社会结构的日益开放，经济组织、社会组织和市场主体等多元主体逐渐参与到乡村治理之中，这些多元主体的参与为乡村治理贡献了积极力量，但是尚缺乏有效整合，亟须一种组织化的力量将其整合起来。这种力量就是农村基层党组织。习近平总书记曾在中央农村工作会议上指出"要加强党对'三农'工作的全面领导。要突出抓基层、强基础、固本的工作导向，推动各类资源向基层下沉，为基层干事创业创造更好条件"②。实践证明，基层党组织是乡村治理的"压舱石"和"掌舵人"，在乡村数字化建设过程中，数字化正潜移默化地改变着乡村的治理模式，将线型治理模式转变为平台模式，从而推动政务数字化转型升级，打造共同治理的新格局。其次，"治理什么"解决的是治理客体的问题。在全面建设社会主义现代化强国和实现农业农村现代化的新时代背景下，乡村治理应紧扣乡村振兴建设中的重难点问题，如守好保障国家粮食安全的底线、守好防止规模性返贫的底线、健全乡村产业化体系、加强互帮互助社会网络建设、推动城乡融合发展、助力农业实现数字化转型、提升和改善农村人居环境等。最后，"如何治理"解决的是治理方式的问题。综观各种实践探索发现，坚持自治、法治、德治"三治"融合是契合乡村治理需求的有效方式。在"三治"体系下，自治是基础，其优势是能减少乡村治理的成本，优化乡村自治组织治理体系，激发乡村自

① 中国人民政治协商会议全国委员会. 十三届全国人大二次会议河南代表团的审议［EB/OL］.（2019 - 03 - 09）［2023 - 08 - 19］. http：//www. cppcc. gov. cn/zxww/2019/03/09/ARTI1552090824758240. shtml.

② 习近平出席中央农村工作会议发表重要讲话［J］. 求是，2022（7）.

治活力。法治是保障，它在提高村民法治意识、减少村民的不规范行为、铲除黑恶势力，以及营造和谐、文明、良好的善治环境等方面具有重要价值。德治是灵魂，基于社会主义核心价值观理念，它能将正确的思想观念、价值取向等方面融入村规民约，厚植乡村治理的思想基础。同时，健全乡村网络文化建设，挖掘和弘扬乡村传统优秀文化，实现"三治"融合协调发展的现代化乡村治理体系。

三、乡村振兴与脱贫攻坚

新中国成立以来，农业、农村、农民问题始终是党和国家建设的重点，尤其是党的十八大以来，农村贫困问题作为全面建设小康社会的底线任务，始终摆在治国理政的突出位置，国家先后出台了《关于打赢脱贫攻坚战三年行动的指导意见》《发展特色产业促进贫困地区精准脱贫》《"十三五"时期文化扶贫工作实施方案》等一系列文件。在党和国家的政策指引下，2020年底，我国消除了绝对贫困，现行标准下的农村贫困人口全部脱贫，历史性地解决了绝对贫困问题，实现了第一个百年奋斗目标。随着脱贫攻坚任务的完成，我国"三农"工作的中心发生历史性转移，即由实现脱贫攻坚向巩固拓展脱贫攻坚成果同乡村振兴有效衔接转移，《中华人民共和国乡村振兴促进法》《关于实现巩固拓展脱贫攻坚成果同乡村振兴有效衔接的意见》《关于加快推进乡村人才振兴的意见》《中共中央 国务院关于全面推进乡村振兴加快农业农村现代化的意见》等一系列政策法规先后出台。可见，做好巩固脱贫攻坚成果同乡村振兴的有效衔接是社会主义的本质要求，是实现社会主义现代化的应有之义。

（一）脱贫攻坚为乡村振兴奠定基础

脱贫攻坚和乡村振兴始终以实现共同富裕为主线不断深入推进，都是为了解决当下发展不平衡的问题。随着脱贫攻坚任务的完成，其在制度体系、实践经验、治理模式等方面取得的经验和成果为乡村振兴战略的全面实施奠定了基础，并进一步内化为乡村振兴战略的系统资源。

（二）乡村振兴为巩固脱贫攻坚成果提供持久动力

脱贫攻坚完成后，产业兴旺是乡村振兴的基础，与产业脱贫高度契合。产业兴旺强调的是注重拓展产业增值增效空间，夯实巩固原有扶贫产业的薄弱环节，保证脱贫地区产业实现内生可持续发展。同时，良性可持续的产业发展是实现乡村全面振兴的持久动力源泉。此外，乡村振兴也能够为巩固脱贫攻坚成果提供精神动力。乡村振兴战略始终坚持"扶贫先扶志"的原则，不断激发贫困群众脱贫的斗志和信心，最大限度地激发贫困人口的内生动力，引导其增强主体意识，变"要我脱贫"为"我要脱贫"，从而实现脱贫成果的巩固和发展。

四、乡村振兴与共同富裕

推进乡村振兴，实现共同富裕是中国"第二个百年"新征程中的历史性任务，是脱贫攻坚胜利后政策的延续。党的十九届六中全会强调，要"全面深化改革开放，促进共同富裕"。2022 年中央一号文件指出，"必须着眼国家重大战略需要，持续全面推进乡村振兴，确保农业稳产增产、农村稳定安宁、农民稳步增收"。从精准扶贫到乡村振兴，不断促进农民增产增收，缩小城乡差距，由解决绝对贫困向破解相对贫困问题转变，实施乡村振兴战略推进农业农村现代化发展，对促进全体人民共同富裕具有重要的意义。当前我国正处于社会主义现代化的关键阶段，乡村的全面振兴是实现共同富裕的底线任务，也是重要途径。

（一）乡村振兴是实现共同富裕的必经之路

乡村振兴在促进共同富裕的过程中发挥着重要的工具性作用和建构作用。工具性作用主要体现在：乡村振兴是解决"三农"问题的根本之策。共同富裕是全体人民的富裕，不是部分人的富裕，也不是部分地区的富裕，共同富裕离不开乡村的富裕，"三农"问题不破解，共同富裕将无从谈起。现阶段我国社会的主要矛盾已经转化为人民日益增长的美好生活需要与不平衡不充分发展之间的矛盾，而城乡发展不平衡、农村发展不充分问题是实现共同富裕的最大障碍。实施乡村振兴战略承载了农业农村现代化、城乡一体化协同发展的使命，顺应了新时代社会主要矛盾的变化，寄托了全体人民共同的期待。因此，乡村振兴是解决"三农"问题的可行路径，是实现共同富裕的必经之路。建构性作用主要体现在乡村振兴与共同富裕在本质上具有一致性。首先，乡村振兴与共同富裕在政策内涵上是统一的，共同富裕主要体现的是生产力与生产关系统一的范畴，与乡村振兴要不断完善与农村生产力相适应的生产关系具有一致性。其次，乡村振兴与共同富裕在使命愿景上相契合，乡村振兴和共同富裕就战略安排来看，都与党和国家的根本利益息息相关，都是满足人民对美好生活的向往。乡村振兴是实现中华民族伟大复兴的重要基石，而共同富裕的愿景也是实现中华民族伟大复兴。最后，乡村振兴与共同富裕在路径方式上相协同，二者都强调寻找一条兼顾公平与效率的发展路径。

（二）共同富裕是乡村振兴的终极目标

党的十九大报告提出，到 2035 年，"全体人民共同富裕迈出坚实步伐"；到 21 世纪中叶，"全体人民共同富裕基本实现"。共同富裕为乡村振兴提供了前进动力与方向。脱贫攻坚战的全面胜利，虽然解决了绝对贫困问题，完成了我国第一个百年奋斗目标，但我国经济发展水平不高、城乡差距较大、农村发展不充分等问题仍然存在。新时代共同富裕的目标与农业农村发展不平衡不充分之间的矛盾为乡村振兴提供了前进的动力，不断缩小城乡差距，增加农民的经济收入，实现农业农村现代化，满足农民日益增长的美好生活需要，是实现共同富裕的根本。

第二节 乡村数据治理对乡村振兴的赋能机理

一、乡村数据治理助力产业兴旺

（一）乡村数据治理赋能乡村产业发展

在乡村振兴战略及农业农村现代化相关政策的驱动下，依托智能化、自动化、数字化、信息化，数字农业和数字乡村的建设逐渐成为加快农业农村现代化发展的必要条件，也成为推动我国农业高质量发展的方向，同时也是我国从农业大国迈向农业强国的关键。20世纪80年代，美国率先提出依靠互联网、人工智能、大数据分析实现"精确农业""虚拟农业"的构想，随着精确农业和新型数字技术的发展，数字农业的理念逐渐形成，改变了传统农业的生产方式，提升了农业的生产效率，提高了农业管理决策的科学性、系统性、高效性和精准性。纵观我国数字农业的发展历程，经历了萌芽期、探索期、初步发展期以及高质量发展期，即农业的遥感技术、动态监测、数据处理—农业数字模拟、专家系统形成—农业信息网络体系形成、农业信息服务优化—农业数字化的应用与推广。可见，随着数字技术的不断成熟，数字农业在生产、经营、服务等方面的优势更加明显，与传统农业存在显著的差异。传统农业在养殖、种植、运输、管理与销售等环节都是以"人"为核心，凭借以往农业生产中积累的经验和技术进行决策与落实，缺乏统一的规划与技术指导，导致整体生产环节效率低、波动性大、农作物或农产品质量无法控制等问题。而数字农业是以"数据"主导来实现生产决策的管控和精准实施。依靠物联网进行海量数据的实时获取，实现精准农业、智能灌溉、智能室温、精准饲养等新型经营方式。同时，通过大数据与人工智能进行生产经营决策的"数字化"制定，分别在种植和养殖领域各环节实现作物产量控制、疾病预防和研发进程的缩短，达到成本效益的最大化改善和提升。

　　生产数字化，提高农业生产效率。数字农业将技术融入农业生产经营活动中，涉及各个领域与环节，具有系统性和复杂性特征。数字技术嵌入农业生产主要体现在三个方面：一是农业生产决策数字化。首先，借助数字化工具采集土地资源数据、气象数据、生物资料数据、种植养殖过程等数据；其次，对采集的数据进行清洗、集成、归纳等处理，形成可使用与分析的完整数据；最后，依据大数据系统分析对农业生产全过程进行科学分析与精准预测，为生产管理者提供合理的决策依据，按需生产、标准化生产。二是农业生产监管数字化，兼顾生产效益与生态效益。农业既是碳排放者又是吸收者，通过农业数字化监管，可对农业各类资源合理配置和精准施用，如严格把控农药与化肥的施用量，提升土地的资源利用效率，降低农业面源污染，实现农业绿色、可持续发展。三是农业生产成本的数字化。通过数据要素嵌入了解生产前的市场需求、生产中的人力与管理成本、生产后的产销对接等信息，提高供需对接效率，降低农业生产成本，同时整合数据资源信息，预警自然灾害，防范自然风险。此外，依据大数据系统分析，判断并规避市场风险，形成"先确定市场，再开展生产，以销定产"的生产经营模式。

经营数字化，解决农产品运输与滞销顽症。经营数字化主要体现在物流与营销数字化，一方面通过云计算、物联网、大数据等技术的运用，实现对整个农业物流的位置和资源的精准对接与有效融合，以及对运输和仓储等环节智能化与自动化作业，如将区块链嵌入农业生产经营中，收集农产品从运输到销售的整体数据，建立农产品质量追溯系统，实现对农业物流各个环节状态的感知与高效决策，从而严格把控农产品的质量；另一方面基于数字化技术，解决农产品滞销的顽疾，打破数据壁垒，实现农产品营销模式的创新，如大数据技术突破了传统结构化数据的限制，能够基于积累的生产、销售、用户评价等数据更加高效、快速地对农产品进行分类销售，加强农产品与细分市场的精准销售，实现农产品的量价齐升。

管理数字化，推动农业现代化转型。基于传统农业的发展特征，数字农业具有快速化、服务化、精准化等显著特征，实现了农业经济的互联互通，但由于我国农业经营规模小、季节性波动性强、风险与担保能力差，导致金融机构供给意愿不足，农业产业融资困难。而数字金融能够为农业生产经营提供新的动力，注入新的活力。首先，基于农业生产经营的大数据与农业基础数据能够为农业的金融服务和风险识别提供核心依据，实现低成本的风险管控，以便为农业经营主体提供便捷、高效的金融服务；其次，数字化手段可为农业生产提供金融服务，为农业产品的交易流通提供数字化支付手段，为农业生产经营提供保险服务；最后，数字金融可进一步激励农业经营主体对数字农业建设积极投入，实现数字金融与数字农业的融合发展。

（二）智慧农业助力农业高质量发展

智慧农业是以信息和知识为核心要素，通过大数据、移动互联网、云计算等现代信息技术与农业深度融合，精准获取农业发展的各种信息资源，提高农业现代化水平，实现农业生产全过程的信息感知、精准投入、个性化服务的全新农业生产方式。2022年中央一号文件《中共中央　国务院关于做好2022年全面推进乡村振兴重点工作的意见》提出，"要大力推进数字乡村建设，推进智慧农业发展，促进信息技术与农机农艺融合应用，拓宽农业农村大数据应用场景"。可见，建设智慧农业是国家发展的必然要求，是农业现代化发展的必然产物。智慧农业基于不同的产业主体存在不同的推进路径。首先，智慧种植业方面，智慧农业可利用传感实时在线和历史数据，构建动植物生长模型，开展一体化智能监测和精准服务，增强作物生产对气候变化的适应能力，最大限度实现优质、优产、高效，同时配套应用机器人建设"无人化或少人化农场""植物工厂"，实现农业作业无人化、自动化；其次，智慧养殖业方面，利用大数据、人工智能、智能农机等技术重点推广智能育种、智能感知、精准饲养、粪污智能化处理；最后，在农产品智慧供应链方面，利用区块链、大数据、平台技术建立农产品区域性节点和骨干网络，实现对农产品生产、加工、运输的精准调控、数据监测、可追溯管理，同时对农产品安全事件及时预警、快速响应、源头追溯。

（三）科技农业驱动农业生产力

农业强国必是农业科技创新强国。推动农业高质量发展，解决农业不平衡不充分问题，提高农业生产力的关键在于农业科技创新水平。党的十八大以来，党中央、国务院高度重视农业科技创新，深入实施"藏粮于地、藏粮于技"战略，党的二十大报告也明确提出，"要强化农业科技和装备支撑""增强自主创新能力"，可见农业现代化的关键是农业科技现代化。多年来，我国农业科技创新者始终坚持"四个面向"，聚焦农业生产的短板，勠力同心，砥砺奋进，取得了一系列引领性、标志性、创新性的重大科技成果，如两系法开启更高产、更优质、更高效的杂交水稻新纪元、首次在实验室实现人工合成淀粉、"基因剪刀"打破国外垄断、植物工厂"快速育种"实现重要突破等。此外，20世纪80年代农业科技园区是我国最早出现的一种农业园区，其作为农业园区建设的探路者，为我国农业科技体制改革、农业农村发展、农业农村现代化建设奠定了基础。此后，在政策的指导与技术革命的推动下，我国大力推进农业高新技术产业示范区的建设和发展，持续推进农业科技创新，打造高新技术产业集群，为发展我国现代农业作出了新贡献。

（四）农村电商激活农民致富潜能

2022 年 2 月 11 日，国务院印发的《"十四五"推进农业农村现代化规划》中强调要引导电商、物流、商贸、金融、快递等市场主体到乡村布局。2022 年 2 月 22 日，《中共中央 国务院关于做好 2022 年全面推进乡村振兴重点工作的意见》再次聚焦农村产业发展，强调要重点发展农村电商产业，不断推进农村电商与农村产业的融合发展，同时鼓励发展"多站合一"的乡镇客货邮综合服务站、"一点多能"的村级寄递物流综合服务点，进一步促进农村电商的发展。可见，农村电商在乡村振兴中起着至关重要的作用。在内生理论的视角下，农村电商是知识、人力及相关技术综合作用的结果，是释放农村经济潜力的重要途径，同时在"溢出效应"的带动下，进一步提高了农民生产的积极性并投身乡村振兴建设。从我国农村电商的发展历程可知，2006～2015 年是农村电商的萌芽成长阶段，该阶段农村电商发展较为松散，没有统一的行业标准；2016～2020 年是农村电商的巩固基础阶段，电商进村综合示范的建设逐渐推动农村电商企业实现更大发展，农村电商产业逐渐稳定；2021 年至今是农村电商的快速发展阶段，基于乡村振兴战略的深入推进以及政府和企业的支持与推动，农村电商参与主体逐渐多元化，县乡村三级物流体系不断完善，增强了农村电商的发展质量和活力，提高了农村整体的发展水平和农民的经济收入。从产业的发展角度而言，一方面农村电商有助于集聚产业资源，农村电商可在通过线上销售和服务的同时，以更合理、科学的方式调动各类资源，进行资源的优化配置，使资源得到高效利用，深入推动上游产业的转型升级和农业现代化发展；另一方面农村电商可催化产业链末端的延伸，在数字化、智慧化技术的赋能下加速资源的流转，拓宽销售渠道，增加销售利润，同时借助当地自然资源和环境的优势，吸引外部企业的投资与资源，建设旅游观光景区和生态园区，促进第二、第三产业的深度融合，增强乡村的综合实力。

（五）特色产业拓宽农民增收渠道

乡村特色产业是推动产业兴旺的重要支撑。传统乡村产业主要以劳动密集型投入和农作物生产为主，存在波动性大、产业链短缺、产品辨识度低、附加值低等问题。而乡村特色产业基于基础性产业，立足区域自然环境、人文风貌、乡风习俗，通过科技创新和市场运作，彰显地区特色，突出小宗产品产业化与品牌塑造，能够释放乡村价值，提升乡村产业竞争力，具有产业链长、附加值高、产品辨识度高、形态丰富等特征。当前，农业的主要矛盾已由总量不足转变为结构性矛盾，矛盾的主要方面在供给侧。因此，发展乡村特色产业，不仅要注重量的积累，更要注重质的提升。要以满足吃得好、吃得安全为导向，深入推进农业供给侧结构性改革，促进乡村特色产业不断向高质、高效、绿色环保、安全放心的方向发展，最终实现农业增效、产业兴旺、农民增收等各方共赢的局面。首先，因地制宜，立足特色资源，助力农民寻找致富之路。因地制宜发展乡村特色产业仍需围绕现代农业，构建乡村产业体系，促进一二三产业的融合发展，进一步"通过一二三产业间的要素多向流动和资源互补整合可以拓展乡村产业的功能边界，催生新兴的特色产业形态，推动乡村产业内部结构的持续优化"。其次，贯通产加销，融合农文旅，有助于推动特色产业进一步迈向产业化，借助区域资源竞争优势及数字化技术，打造差异化、特色化乡村产业格局，实现产业集聚式发展。最后，发展乡村特色产业有助于进一步巩固脱贫攻坚成果，持续开展减贫工程。从脱贫攻坚到乡村振兴，一方面乡村特色产业亟须强化统筹协调，既要推动农业与非农业之间的协调发展，也要注重产业经营主体与相对贫困人口的协调一致；另一方面既要拓宽农民增收的渠道和发展机会，也要实现产业扶贫与产业振兴的有效衔接，依据特色产业资源培训新兴产业形态，进一步推动乡村产业振兴。

（六）县域产业化推动区域再平衡

我国在实施扩大内需战略拉动经济增长方面积累了丰富经验。在20世纪 80 年代中国城乡共同发展，农村乡镇企业和城镇化的发展极大地提高了农民收入，农民消费增加带动消费品生产，并进一步推动了城市工业的发展，从而形成了以内需拉动经济增长的模式；在 20 世纪 90 年代主要形成外需拉动为主的经济增长模式；进入 21 世纪以来，随着西部大开发、中部崛起、东北振兴等区域发展战略的相继实施，投资成为拉动经济增长的新动力，这一模式一直延续至今。随着城乡、区域发展不平衡问题成为我国经济发展中的突出问题，县域经济高质量发展成为解决区域发展不平衡、不充分问题的关键。县域经济发展要立足于县域产业化，将产业留在县域，以县域产业的发展推进县域经济，而不是依靠招商引资等外部投资。

县城是县域的要素集聚平台和重要发展引擎，县域经济的发展不仅能带动农村的发展，还能够有效解决农村资源分散的劣势问题，是实现乡村全面振兴的重要抓手。首先，县域是实现城乡融合的重要切入点，能够有效促进现代化基础设施、高效公共服务和高质量产业向农村延伸，进而加快农业现代化进程，提高农村基础设施和基本公共服务的均等化水平。其次，全面实施乡村振兴的本质是以县域为载体，统筹协调各方力量发挥外援带动作用，因此应以县域为基本单位推动乡村产业振兴，依靠各个县域的地域特色、地理区位和历史传统，形成独具特色的县域产业集群，大力发展特色产业和现代农业，并在此基础上带动其他产业有序发展，从而增加农民收入，进一步实现富民强县。最后，以县域经济带动产业振兴，关键是融合，以农业为基础，构建一二三产业融合发展的县域产业体系，增强县域发展内生动力，助力乡村产业全面振兴。

（七）产业融合激活农村活力

产业融合的概念首先是在计算机及网络技术中出现的，此后逐渐延伸到产品、市场融合。最早与农业产业融合相似的概念的是 1996 年日本农业问题专家今村奈良臣提出的农业"六次产业化"概念，今村奈良臣认为"第六产业"是第一、第二和第三产业的和，农村的"六次产业化"是第一、第二、第三产业有机整合的过程，后期他进一步修正农业的"六次产业化"是第一、第二、第三产业的乘积。我国在 2015 年首次提出"推进农村一二三产业融合发展"。产业要振兴，产业融合是核心。产业融合以缩小城乡差距和全面实现乡村振兴为首要目标，以农业现代化为根基，以利益联结、多元化业态调整为纽带，通过强有力的技术渗透、金融服务、产业联动等方式进行跨界集约化配置，使得农村一二三产业相互融合、相互渗透、协同发展。按照融合方向不同，产业融合可概括为横向融合、纵向融合和混合融合。横向融合是围绕产业功能多样性开发的融合行为，纵向融合是由生产环节向产前、产后延伸的融合行为，混合融合是产业链纵横向一体化的融合行为。随着数字化、信息化、智能化的发展，信息化技术、数字化技术与农业生产的结合日益紧密，"数字化 + 产业布局"的发展模式打破了传统产业发展的限制，尤其是数字普惠金融为农业产业发展取得了良好的态势。首先，小农户、家庭农场、龙头企业等产业融合的主体在融合过程中需要支付一定的融合成本，由于长期存在的城乡二元结构，资金向城市聚集，农村资金短缺、融资困难，因此解决制约农业产业融合发展的资金问题是重点，数字普惠金融的出现打破了传统金融服务的地理限制，为农业经营主体提供了更多的融资渠道和融资方式，扩展了金融服务的广度和深度，为农业产业融合发展提供了资金支持。其次，相比传统金融服务，数字普惠金融的"鲶鱼效应"与"技术溢出效应"不仅能够激活传统金融机构的改革动力和改革意愿，也能促进传统金融产品和服务品质的优化，提升农村产业融合金融服务的可得性。最后，数字普惠金融能够进一步提升地区的技术创新能力，为产业融合发展提供技术支持。技术创新能力的持续提升能够有效打破一二三产业之间的壁垒，是产业融合的关键，数字普惠金融可通过缓解企业融资约束提升其科技创新能力，以提高我国生物育种、智慧农业、生态环保等领域的技术水平，更加强化科技创新在农业产业融合发展中的引擎作用。可见，随着科技的不断进步和数字化转型的推动，数字技术对于产业融合具有重要的作用和意义，不仅促进了产业之间的合作与创新，还提升了产业的智能化水平。

二、乡村数据治理赋能乡村绿色生活

良好的自然生态环境与生活环境是农村最大的优势和宝贵的财富，建设生态宜居的乡村是实施乡村振兴战略的一项重要任务，是巩固脱贫攻坚成果的关键举措。首先，生态宜居是乡村生态保护的现实需求。改革开放以来，中国的经济快速发展，人民的生活水平显著提升，农业生产力不断提高，但乡村生态环境承载力急剧下降，农村环保设施严重不足，生活垃圾和生活污水等随意排放，造成大量的环境污染，因此将数字化等新型技术融入建设生态宜居的乡村既是乡村发展的现实需求，也是时代发展的必然趋势。其次，生态宜居是城乡融合发展的内在要求。2022年，国家发改委印发的《2022年新型城镇化和城乡融合发展重点任务》提出，"要持续改善乡村生产生活，不断促进城乡融合发展，建设宜居、韧性、创新、智慧、绿色、人文城市"。城市建设要顺应自然、尊重自然、保护自然，城市建设与乡村发展是联动的共同体，乡村的可持续发展离不开城镇化的建设，城镇化的推动也离不开乡村现代化的发展，因此建设生态宜居的乡村是城乡融合的内在要求。

（一）数字生态优先发展，建设山清水秀美丽乡村

中国作为农业大国，在农业生态上取得了显著的成就，但同时也付出了巨大的环境代价，一些地区农业面源污染、工业污染和生态系统退化等问题比较突出，并且农业污染持续性长，污染成分复杂，很容易产生富集效应，影响农作物的生产与人民的生命健康。绿水青山就是金山银山，经济发展不能以破坏生态为代价，生态本身就是经济，保护生态就是发展生产力。随着以数字化、大数据、人工智能、区块链等为代表的数字技术快速创新发展，其逐渐成为助推环境保护与高质量发展的重要引擎。党的二十大报告指出，"人与自然的和谐共生是中国式现代化发展的必然要求，借助数字技术创新赋能生态环境治理，既是顺应新形势下数字技术发展趋势和规律的具体举措，也是推进生态环境治理体系和治理能力现代化的重要途径。"鉴于此，将数字技术融入农业生态环境的治理，在污染物全生命周期实现精准化、科学化、信息化管理，对传统农业生态治理具有无可比拟的优势。

首先，基于数字技术构建农业生态环境管理一体化监测，可及时掌控农作物生长情况，有效避免农业污染。利用遥感和地理信息技术，监测生

态环境，识别污染物来源和传播途径，同时可借助卫星遥感准确定位和识别重污染地区，精准监测，动态管理，及时阻断污染物的扩散与传播。此外，依托地理信息系统对监测的数据进行决策与分析，提供科学、有效的评估方案。其次，构建农业生态环境大数据资源中心，打通各省、市、县、乡农业生态环境"数据链"，形成数据目录分类统一、数据资源分布存储、数据权限分级管理、数据安全保障有力的生态环境领域大数据"一个平台"，实现共建共享、互联互通。利用大数据真实性、科学性、高速、多样等特征，获取农业生态环境中空气污染、水体污染、土壤污染等基础数据，并上传云端，进行储存和分析。最后，依托区块链等技术构建数字保护机制，建立生态环境区块链，利用其不可篡改、分布式系统、可追溯等特征，实时记录农业生产等各环节的污染物排放数据，防止污染数据被篡改，实现全方位的数据记录、追踪与督查。

（二）数字技术赋能绿色农业，共建绿色低碳的生产生活

绿色农业是农业高质量发展的重要途径，是建设农业强国的必然要求。面对日益趋紧的资源环境约束，绿色农业发展是建设美丽乡村的应有之义，对农业农村现代化与可持续发展具有重要的意义，而人工智能、"互联网＋"、数字化技术正是赋能农业绿色发展的重要引擎，是打造更加现代化的治理模式、更加高效的市场运作方式、更加绿色的生产方式的核心动力。在蓬勃发展的数字经济时代，数据要素作为一种全新的要素，逐渐融入农业生产要素体系，为农业绿色发展提供了全新的发展路径。一方面，农业绿色发展的信息属性都蕴藏在数据要素采集、传输、计算、分析、共享等过程中，成为绿色发展的基础性与战略性资源。基于数据要素的信息，及时掌握农业绿色发展过程中的"瓶颈"，从而对症下药，采取有效的措施解决难点。另一方面，数据要素能够显著提升生产要素的利用效率，通过与传统生产要素高度融合，部分替代传统生产要素的生产过程，降低生产成本，提高传统生产要素的投入产出效率，最终实现绿色全要素生产率的快速增长。鉴于数据要素的积淀，首先，数字化技术能够有效提升农业发展的环境效益。利用数字化技术监测农作物的生长环境，基于实时监测数据和历史数据及时调试农作物生长的温度、湿度及土壤等条

件，推动农作物最大限度实现自身生长，进一步减少农作物对农药、化肥的依赖。其次，基于数字化等技术构建种养加相融合的生态产业体系，不仅能提升农民收益，同时还能降低人类生产活动对环境造成的影响。因此要借助数字化技术建设数字生态养殖园区、有机肥厂、屠宰加工厂等，推动农业资源的整合与利用，实现农业发展绿色化、管理智能化、融合深度化、经营高效化、流通智慧化和培育数字化。最后，融入数字、文化、绿色等多种元素，构建智能化、高效化、便捷化的农产品物流体系，同时引进农业新设备、新技术、新科技，推广绿色低碳的农业生产方式。

（三）信息化技术推动人居环境蝶变，绘就乡村振兴图景

改善农村人居环境，是实施乡村振兴战略的重点任务，事关广大农民根本福祉、事关农民群众健康、事关美丽中国建设。乡村人居环境是由社会文化环境、地域空间环境及自然生态环境共同组成的物质和非物质的有机共同体，是与居民生产活动相关的生存环境，因此因地制宜改善乡村人居环境对构建美丽乡村具有重要的作用。一方面，乡村人居环境的改善有助于统筹区域协调发展，提升农村公共服务能力，推进宜居宜业的乡村建设，盘活乡村"闲置房屋"，进一步增加农民收入；另一方面，乡村人居环境的改善是保障生态安全的固本之策。乡村人居环境的改善能够强化对农业生产生活的污染处理，坚持发展生态农业，守护乡村的蓝天白云、青山碧水。随着农村经济的快速增长及城镇化的发展，乡村生态环境污染严重、基础环保设施落后、乡村内生动力不足等问题日渐凸显。随着信息化时代的到来，各地政府积极推进数字技术嵌入乡村人居环境整治中，因地制宜地打造智能化、高效化、常态化的乡村人居环境治理平台。2021年12月，中共中央办公厅、国务院办公厅印发的《农村人居环境整治提升五年行动方案（2021—2025年）》指出，"推动全国农村人居环境管理信息化建设"。将数字化技术嵌入乡村人居环境治理一方面可实现乡村人居环境全方位的精准分析和分层管理，另一方面有利于激发乡村人居环境治理的内生动力。数字化实现了乡村人居环境治理的效率价值，但数字化技术只是治理的工具，其最终价值是满足居民对环境的多元化需求，因此应基于居民的需求打造数字化乡村人居环境治理平台。首先，采用物联网技术进

行智能数据采集与处理，如解决乡村垃圾处理、污水收运、户厕设施等数据采集的难题。其次，运用大数据构建分析模型，在污水数据采集的基础上，进一步进行跟踪管理与在线监测。最后，综合运用云计算、人工智能、第五代移动通信技术和地理信息系统等先进技术持续不断地提升乡村人居环境的信息化水平。同时，针对乡村人居环境治理平台信息分类制定相应标准，如农村人居环境基础信息，包括地理信息、水文信息；农村人居环境监测信息，包括环保车辆监控信息、水质监测信息、农村粪污转运信息等；数字化平台系统与应用信息，包括数字化平台系统数据处理、存储、共享以及农村污染预警信息、考核信息、溯源信息等。

三、乡村数据治理赋能乡村网络文化

乡村不仅要塑形，更要铸魂。乡村文化是乡村振兴的初心、灵魂和方向，是乡村振兴战略中的铸魂工程。习近平总书记指出："要推动乡村文化振兴，加强农村思想道德建设和公共文化建设，以社会主义核心价值观为引领，深入挖掘优秀传统农耕文化蕴含的思想观念、人文精神、道德规范，培育挖掘乡土文化人才，弘扬主旋律和社会正气，培育文明乡风、良好家风、淳朴民风，改善农民精神风貌，提高乡村社会文明程度，焕发乡村文明新气象。"① 乡村文化在一定程度上持续影响和规范着乡村社会，尤其是在新时代，乡村文化的核心价值更加凸显。随着移动互联网和移动设备的普及，乡村文化的时代价值、传播方式及构建历程不断创新和发展。乡村文化作为乡村社会秩序的维护者，其传承和创新已经不可避免地与媒介有着密不可分的关联，特别是数字技术的嵌入与融合带来乡村网络文化新繁荣。

（一）数字文化资源，重塑乡村文明

借助数字技术，乡村文化呈现出独具农村、农业、农民特色的数字文

---

① 习近平讲故事：实施乡村振兴战略是一篇大文章 ［EB/OL］．（2020 - 09 - 17）［2023 - 02 - 09］．http：//jhsjk. people. cn/article/31864812.

化特质，以往不便保留、存储、传播的传统农耕文化通过数字影像、音频等形式得以长久保存，并借助数字化平台突破传统的地域边界，实现了更广泛区域的文化传播及共享融合。因此，要以乡村数字资源库或数字化平台为基础，推动乡村数字文化资源库建设工程。首先，以数字技术为媒介，聚焦乡村民俗、民间绝技、生态文化、宗族文化、非遗等特色文化，全面、及时、有效地报道乡村文化新闻，充分利用互联网放大效应，扩大小众文化的影响力，进一步促进媒体功能下沉。同时，借助数字化平台，弘扬中国特色社会主义文化，科普法律知识，提升村民思想政治水平。其次，"人"是乡村文化的载体和传播主体，互联网技术加速了现代文化对传统文化的冲击，一定程度上削弱了农民的主体意识，而随着移动互联网技术的发展，数字技术重构了乡村文化的传播内容和传播形式，进一步提升了农民的文化主体意识，确立了农民在文化建设中的中心地位。因此，要借助数字化平台，培育新型职业农民，引导农民认识、认同现代乡村文化价值体系，不断增强农民的文化自觉和文化自信，同时加强农民对农业生产技术、文化传播形式、创业技巧等的认识，提高农户的交易意识、市场意识、创业意识，实现传统小农经济理念向市场经济理念的创新转型。最后，构建乡村网络社区，重建乡村代际传播模式。网络社区以其开放性、互动性、共享性打破了传统乡村文化的封闭性、时空性、依赖性等特征，成为重构乡村社会群体协同的机制。网络社区更多关注乡村文化的本土性、社区性，能够进一步增强乡村文化内容的多样性和丰富性、乡村文化传播的多元性，同时借助数字化资源扩大人际交往的范围，加深彼此之间的互助友谊。

（二）数字文化产业，激活乡村文化经济价值

在城镇化快速发展的今天，乡村文化不断消失、乡土本色不断消解、文化根基受到侵蚀，因此，挖掘传统乡村文化，重拾乡土记忆，重构文化认同，是增强村民文化自信的前提，也是进一步推动文化旅游发展的内生动力。要基于当地的文化遗产、非物质遗产、特色古镇、文化产品等传统文化，借助数字化技术，打造"数字文旅＋产业"的商业模式，充分挖掘文旅资源的价值性。首先，一方面挖掘乡村独特的文化符号，找准乡村

文化资源的优势，积极吸纳城市的生产要素与文化资源，通过产业增值效应和辐射带动效应，将文化产业资源势能转化为文化资本动能，利用互联网、云计算、大数据等数字化技术和传统文化相结合，构建乡村文化旅游新模式，推动乡村生产生活方式的转型升级、文化产业链条的创新、乡村居民价值理念的转变；另一方面通过挖掘乡村文化的经济潜力，提高对乡村文化的重视程度，深入开发乡村文化产业，探索乡村文化高端开发，实现乡村文化繁荣复兴。其次，随着现代化进程的不断推进，人们对文化的需求日益呈现出多层次、多样化的特点，使乡村文化的独特性更加凸显，要立足当地特色饮食、服饰、节庆仪式等传统文化资源，结合数字化技术重构、拓展形成丰富的、独特的乡村精神文化产品，进一步打造乡村特色的文化创新品牌。在推动乡村特色文化产业的培育和发展过程中，乡村的产业链能够得到拓展，村民的生存发展技能能够得到提升。最后，培育文化能人，推动多元主体参与乡村文化建设。人是乡村新产业新业态的第一资源，也是文化传承与继承的关键，在处理乡民事务、延续乡村文脉中发挥着积极作用。然而囿于现代化与工业化的发展以及乡村人才管理体制不健全等因素，大量农村劳动力涌入城市，造成农村人才流失和资源匮乏，严重阻碍了乡村产业的发展。因此，为进一步实现乡村文化资源数字化、文化生产数字化、文化消费数字化、文化场景数字化、文化传播数字化、文化架构数字化、文化治理数字化，应顺应数字化发展的趋势，强化人才培养与乡村实际需求的衔接，打造"数智人文"，构建"大文化"视野下的人才培养体系，激发更多数字内容创造者及相关技术人员投身乡村文化建设。

四、乡村数据治理赋能乡村善治

乡村善治则天下安。乡村治理是国家治理的基石，是社会治理的关键，是实现乡村振兴的重要保障。善治即良好的治理，乡村善治就是要实现乡村的良好治理，良好的乡村治理可极大地调动人民群众的巨大潜能和动力，提高乡村管理能力与文明程度。乡村善治需要建立现代化的制度与规范，构建自治、法治、德治相结合的乡村治理新体系，形成共建、共治、共享的乡村社会治理格局。随着新一代信息技术的大力发展，数字化、智能化程度不断提升，应用领域不断拓展，为"数智化"赋能乡村治理、实现乡村善治提供了新思路、新方法。

（一）信息化平台助力党建工作，引领乡村善治

党的领导为乡村善治提供了方向，要把党的领导贯穿于乡村治理各个环节。农村基层党建是党的思想、组织、作风建设等要素共同构成的整体。要实现新一代信息技术与农村基层党建工作的深度融合，运用"数智化"理念与思维推动农村"数智党建"，借助云计算和大数据技术推进党建工作智慧化，让"数智化"手段成为开展农村基层党建工作的新载体。用数字化思维赋予党建新的活力，通过建设党建信息化管理平台，开展线上线下相结合的党建宣传、党员教育、组织管理与党建服务等，保持相关部门在党建数据上的互联、互通、共享，实现党建资源的整合，聚力推进基层党建工作，降低运行成本，打破部门壁垒，提高智慧党建服务效率。"数智党建"可以有效解决农村基层党群互动不及时、组织活动开展难、党员作用发挥差等问题，提升农村基层党组织在组织管理、党员管理、组织活动等方面的能力，实现农村基层党建管理的标准化、规范化、智能化。

（二）数字化应用提高政务效能，服务乡村善治

提升农民幸福感是乡村善治的重要目的，涉农政务的便捷高效办理可以极大满足广大农民的需求，提高政务服务满意度。数智赋能政务推动治理模式从传统的单向治理模式向共享、共治、共建的治理模式转变，单向的治理并不能带来善治，只有双向、多边的治理模式才能实现善治。要构建省、市、县、乡、村多级联动的政务服务体系，将农村居民关注度高、办理量大，特别是涉及跨部门、跨层级的服务事项纳入"数智政务"平台，助力政府自身服务意识、管理能力的提升，最大限度地精简环节、优化流程，主动服务经济社会大局，实现"横向到边，纵向到底"的涉农政务信息化服务全覆盖，打通乡村政务服务的"最后一公里"。"数智政务"需加强顶层设计，推进政务信息数据共享共建，增强数字化政务服务效

能，重构政务流程以优化、简化审批环节，提高审批效率。要建设村级便民服务中心，引入智能服务终端，让涉农行政审批进村入户，实现乡村居民足不出村办成事的目标。

（三）区块链技术创新村务管理，支撑乡村善治

村民是乡村治理的主体，要树立其主人翁意识，充分发挥民智，强化村民自治。要利用信息化技术创新村务管理，如积分管理制可激发村民参与村中大小事务的积极性，着力将"数智村务"打造成"村民议事厅"。村集体的资金、资产、资源即"三资"问题一直都是村民的关注点，也是干部监督工作的薄弱点，引入区块链技术可以实现"三资"运营的阳光化、市场化。"三资"信息化管理有助于盘活存量，保值增值，实现资源利用的最大化。依托区块链技术支持的在线服务平台，可以做到"三资"运营情况实时在线公开，保障村民对"三资"占有、使用、收益和分配的知情权与监督权。推广"不见面审批"模式，让老百姓"有事最多跑一趟"，大幅度提高村务办理效率以及网络监督的及时性、主动性和透明度，深化平安乡村建设，大幅提升广大农民的安全感。信息技术与村务管理深入融合，"数智村务"让村民把"村里事"都当成"自家事"，在实现乡村善治的基础上，增强村民的集体意识，也有助于乡村信用体系的重构。

（四）数智化模式完善法律服务，规范乡村善治

法治是要求乡村治理必须在法律的框架下，有法可依、有章可循。法治建设是健全乡村治理体系的基础保障，只有在法治规范内推进乡村治理，才能实现乡村善治的目标。当前村民的司法需求日益多元化，而农村基层司法薄弱、司法手段滞后，供给与需求严重不对称，需要以数字化改革为抓手，借助人工智能、大数据技术，推广运用"数智化＋法律服务"模式，对乡村治理力量进行系统集成和数字赋能，将智能法律服务与人工法律服务相结合，构建乡村法律服务体系，优化公共法律服务供给，建设全方位的法律服务网络，完善乡村法律服务网络体系和多元化纠纷解决机制，以满足乡村居民的法律服务需求。同时，借助信息化平台进一步扩大法律普及范围，推动数字化普法平台建设，加强智慧普法融媒体建设，深

化乡村法治宣传教育，增强村民遵法、学法、守法、用法意识，引导其学法、知法、用法，用法律武器维护自身合法权益，让良法善治深入民心。

五、乡村数据治理赋能乡村信息惠民

乡村信息惠民是乡村服务的重点项目，关系乡村的长治久安，是新时代乡村建设行动的重要组成部分，是造福亿万农民的伟大民生工程。信息技术发展与应用的最终目标是服务人民，让人民感受到实实在在的好处。当前，新一代信息技术创新空前活跃，不断催生新技术、新产品、新模式，农村信息基础设施建设也得到进一步加快，以数字化技术为支撑的现代化农业持续推进，线上线下融合的农村信息服务体系加快完善，乡村信息惠民关系着千家万户，涉及广大村民的根本利益，为全面推进乡村振兴提供有力的支撑。新时代的乡村要依托数字化、智能化技术与信息化数据平台的发展与应用，促进农业升级、农村发展，持续深化信息数据惠民服务，强化乡村信息基础性建设与科技供给，激发乡村建设内生性动力，通过扎扎实实的举措和实实在在的效果赢得民心、守住人心。

（一）数字化变革助力乡村教育现代化

乡村教育事业的发展是乡村振兴战略的重要支点，承载着传播知识、塑造乡村文明的重任，同时也是为乡村建设提供高质量人才的重要支撑。基础设施建设与物质资源的储备是乡村教育现代化发展的必要条件，新时代的乡村教育需以数字化变革为发展契机，完善乡村教育基础设施，夯实乡村教育物质基础；以数字乡村建设为重要抓手，塑造乡村教育振兴数字化环境。数字化技术变革为乡村经济发展提供新动力、新动能，数字经济的不断发展推动了乡村农业高质量发展，也为乡村教育提供了坚定的物质基础与良好的教育环境。促进数字化技术与乡村教育的深度融合，促使乡村教育的科技化"短板"得到补齐，搭建以数字技术为支撑的信息化数据教育平台，推动乡村教育资源要素全方位改革升级，完善乡村学校信息化数据建设，优化数字教育资源公共服务体系，为乡村建设提供优质的教育资源配置，将数字化技术、数字化思维、数字化认知广泛应用于乡村教育,是乡村教育振兴战略实施与推进的重要力量和可行路径,能够有效助力乡村教育振兴,促进区域间教育主体的互动和资源共享,为乡村建设储备高质量人才,使乡村教育事业实现跨越式发展。以数字化变革为支点,教育现代化的发展是乡村教育事业发展的必然趋势,也是乡村教育振兴的重要引擎。

(二)信息化技术完善乡村医疗服务体系

建立和完善乡村医疗服务体系对于实现乡村振兴战略具有重要意义。然而,在数字时代的背景下,乡村地区由于缺乏基础设施和技术条件,导致乡村医疗体系内形成了许多信息数据"孤岛"。传统的乡村医疗体系依靠个人经验和判断已经无法满足现代村民对于多样化与专业化医疗服务的需求。随着信息化技术的发展,医疗相关的科技设备不断升级和成熟,乡村医疗服务体系在信息化技术的支持下得以发展和创新。一是信息化技术的普及改变了乡村医疗服务的现状,提高了服务质量和效率。通过数字化的医疗记录和信息管理系统,医务人员能够更加快速和准确地对患者进行诊断与治疗,有效提高了医疗工作的效率。二是信息化技术的应用,能够打破时间和空间的限制,通过远程医疗、互联网医疗等方式,将城市的优质医疗资源延伸到乡村地区,为乡村居民提供及时、高质量的医疗服务。三是信息化技术可帮助乡村医疗服务体系实现资源共享和协同发展。通过建立全国和地区的医疗信息平台,医疗机构可以实现数据共享,通过大数据分析和人工智能技术,为乡村医疗服务提供科学决策支持,优化医疗资源配置,提高医疗服务的精细化和个性化水平。四是信息化技术可以改善乡村医疗服务的质量和安全水平。通过电子病历和追溯系统,可以及时记录和追踪患者的诊疗信息,避免信息的遗漏和错误,提高患者的就医体验和治疗效果。同时,通过对医疗设备的远程管理和监控,可以及时发现和排除设备故障,保障医疗服务的安全可靠性。可见,信息化技术可打破传统医疗服务的限制,提供更高效、更安全、更便捷的医疗服务,实现乡村医疗服务的全面提升。

(三)科技产品应用服务乡村养老服务体系

农村养老问题关系着中国农村秩序的稳定与农业的可持续发展,完善乡村养老服务体系不但是积极应对人口老龄化的重要举措，也对推进乡村现代化建设具有重要意义。完善乡村养老服务体系需要推动养老事业和养老产业协同发展，健全基本养老服务体系，大力发展普惠型养老服务。数字技术与农业的高质量结合为乡村养老创造了必不可少的经济条件。依托数智化技术，养老服务的可及性和多样化水平不断提高，情感陪护机器人、防走丢智能手环等智能养老科技产品得到大范围的推广与应用，激发了乡村老年群体的生活信心，对改善乡村老年群体的精神状态具有积极意义。考虑到乡村养老资源的相对缺乏，打造基于区块链技术的数字化信息平台，可深入了解乡村老年群体真实的个性化养老需求，围绕乡村养老服务体系进行资源整合，破除"数据孤岛"局面，推动乡村养老服务的智慧升级，弥补传统乡村养老模式的不足，围绕智慧养老实现全社会的资源联动，真正做到"老有所依、老有所安、老有所乐"。面向乡村老人的"医＋养＋康＋护"四位一体的综合性智能养老服务体系正在初步形成。

第九章 国内外数据治理赋能乡村建设实践

第一节 国外数据治理赋能乡村建设实践

中国农村数据治理起步较晚，覆盖范围不广泛，信息化生产流程不完善，与发达国家和地区农村信息化发展程度相比还存在较大差距。在信息化技术、互联网技术迅速发展的时代，中国农村数据化治理是中国农业发展的必经之路，是实现高质量发展和乡村振兴的关键之举。通过分析美国、日本、韩国、德国农村信息化发展现状和实现模式，提取符合中国实际的成熟经验，能够为中国式乡村信息化建设之路提供参考。

一、美国农业农村信息化

美国数据治理起步较早，发展模式成熟。美国曾颁布《数字政府：建立一个面向 21 世纪的平台更好地服务美国人民》（*Digital Government：Building a 21st Century Platform to Better Serve the American People*）、《电子政务战略——简化面向公民的服务》（*E - Government Strategy - Simplified Delivery of Services to Citizens*）、《联接美国：国家宽带计划》（*Connecting*

America：The National Broadband Plan）等多项有关建立开放型信息化政府的政策，以推动美国政府的数字化转型。现如今，美国已形成较为完善的农村农业信息化发展模式，依靠数字化建设发展助推农村农业、惠民服务、乡村医疗、在线教育等各个方面的发展。通过总结美国农村农业信息化及美国农村数字化治理的模式和特点，对中国农村农业数字化建设具有很高的借鉴价值。

（一）美国乡村农业信息化

农业数据库建设是农业信息化的前提。美国每年投资十多亿美元发展农业数据库建设及农业技术的推广，其在农业方面的科研投入占全部科研投入的比例居于世界首位。由此可见，美国对农业发展和农业科技的重视程度之大。美国利用计算机、大数据技术建设大量的农业数据库，形成了规模化的农业生产模式，建设有完善的农业信息化体系。农民利用家用网络可获得共享的资源，了解权威的农业市场信息。美国 3S 农业技术（遥感技术、地理信息系统、全球定位系统）在世界处于领先地位，截至 2018 年，有超过 85% 的美国大农场主采用物联网技术进行农业生产，极大地提高了农业生产的效率。1995 年，美国成立了农业网络信息中心联盟，该联盟是众多涉农机构自愿组成的一个农业信息资源共建共享的平台。这一项目获得了政府支持，极大地促进了信息资源的利用率，也为农民生产种植提供了足够权威的依据。该平台围绕农业可再生资源、林业、渔业等的某些或某个主题进行信息的收集工作，全国甚至全球的用户都可以通过此平台获得大量的农业信息。

完善的农业信息法律体系为农业信息化发展提供了制度框架。美国颁布了一系列关于信息公开、信息收集与发布和电子政府建设、个人隐私保护的法律法规，为农业信息化规范发展提供了法律支持。早在 1933 年美国第一次颁布的农业法就对农业技术信息服务作出了规定。1946 年的农业市场法案规定，凡享受政府补贴的农民和农业，有义务向政府提供农产品产销信息。1992 年，美国首先提出"信息高速公路计划"，1993 年提出"国家信息基础设施建设计划"，并通过立法手段利用一整套法律、法规体系来保障农业信息化的快速发展，推动了农业信息化发展的竞争，从而加快了农业信息化相关设施的建设以及平台的发展。

人才的培育成为农业信息化发展的中坚力量。美国设立专项的人才激励政策，培养年轻人掌握农业生产活动的基本技能和运营模式，从而提高农户整体的信息化素养。早在1862年美国国会通过《莫雷尔法案》（Morrill Land–Grant Act），要求每个州将赠地所得收益用来资助开办至少一所农工学院，培养农业及机械技术方面的新型人才。除此之外，美国从2013年开始，每年拿出5000万美元支持农业高校和公益机构，并设计相应的教学计划来提高农民的高技术运用水平和信息化经营能力。邀请各领域的农业专家对农户进行专业化、集中性的培训，以丰富农民的农业视野，学习先进的培育技术。此外，美国农业实行产学一体化，有着成熟的产学研结合的发展模式，产业集群发展效应明显。

（二）美国乡村信息惠民服务建设

美国重视数字化服务型政府的建设，将互联网信息技术与惠民服务相关联，最大化利用社会资源，节约时间和物质成本，实现数字化、智能化系统在公民生活中的应用。以下将从电子政务、虚拟学校、医疗服务三个方面对美国乡村惠民信息服务建设进行介绍。

美国是世界上最早提出发展电子政务的国家。首先，美国在电子政务方面拥有完善的立法体系，为美国电子政务建设创造了良好的环境。其次，美国电子政务由最高行政长官亲自推广和建设，并建立了高效权威的管理机制。另外，美国采用绩效参考模型（PRM）作为阐明电子政务绩效目标的基本参考标准，从人力资源、技术、其他资产等六个方面对电子政务进行绩效评价，可以有效地帮助评价者分析出问题的根源。

美国电子政务以"为公民服务"为核心思想，采用FEA框架结构，形成较为完善的理论体系。美国的电子政务具有政务公开、网上服务、资源共享的特点，公民可以通过任意一个网站找到相关联的所有网站，并且大多数网站都在首页设有网上服务项目"单一窗口"，农民可轻易找到自己所需要的项目。例如，费用补交、线上申请、信息查询等都可以通过公开的政府网站快速便捷地完成，有效地提高了农村公共服务的办事效率。

美国实行 K – 12 混合式在线教育模式，形成开放共享的学习平台，提供大量的教学资源，这为偏远乡村地区的学生提供了公平的学习机会。美国开展在线教学初始，各州拨款资助创建了 20 多个州立虚拟学校，为学生提供在线课程以及传统教学模式缺失的其他课程服务。虚拟学校会根据现实情况合理安排农村学生的比例并对课程进行个性化设计，以适应各地区、各阶段学生的发展情况。例如，蒙大拿州大天空学区有 38% 的学生通过数字学院完成了一门在线课程。该学区通过地区政府的拨款给每名学生配备了电脑，确保学生能够顺利地完成在线教育。数字学院的老师会指定学生在指定的地点使用电子设备完成网上作业，并定期检查学生的学习情况，保障了在线教育的质量。在线教育项目解决了师资力量不足、教学资源落后等问题，极大地降低了农村受教育的门槛。

美国政府建立了远程医疗协会（American telemedicine association, ATA），专门负责为农村和其他偏远地区提供远程医疗服务。美国政府还建立了相关应用系统以保障偏远地区医疗保健服务。与此同时，专家通过计算机设备网络宽带连接以及其他技术，可以为农民提供产前咨询、疾病问诊、心理健康辅导等在线医疗服务。通过远程医疗，乡村患者可以及时快捷地得到医治，缓解了乡村医疗资源不足等问题。美国注重对低收入地区医疗人才的引入和培养，采取多种措施，吸引人才到基层地区实习。例如，明尼苏达州曾实行乡村医生协助计划，选拔大三医学生参与临床实践，协助乡村医生进行医疗服务，参与这一实践的学生可申请全科医生培训。宾夕法尼亚州也推出了医生短缺地区计划，每年选拔乡村生源的医学生作为培养对象，为其提供助学补助，并安排在大三、大四期间前往农村地区实习。这些计划培养出来的医生在乡村地区行医的稳定率较高。

二、日本农业农村信息化

日本自 20 世纪 60 年代以来经济发展迅速，大量年轻人流入城市，人口老龄化、农村过疏化及凋敝现象严重，农业竞争力不足问题突出，面对这一巨大挑战，日本政府于 1999 年提出了"乡村振兴战略"，推动解决农业农村可持续发展问题。因此，日本乡村建设的经验对中国具有很重要的借鉴意义。

（一）日本乡村农业信息化

日本政府对农业信息化建设的重视，为日本农业信息化发展提供了保障。日本早在1994年就已开发农业信息网络，并在20世纪90年代初实现了农业信息服务全国联网，农户可随时查询、利用入网的农业技术、文献摘要、天气状况与预报、市场信息、病虫害情况与预报等信息。日本全国各地的农业信息系统都由政府投资，由中央政府和地方政府拨款，并由专业的公司承包这些项目，将投资大、技术难度高的信息网络逐步运用到日本农业生产中。为了使信息网络技术在农村得到推广，政府提供补贴鼓励农民购买电脑。政府也制定相应的法律法规来保证农业信息的可靠性、及时性和真实性。

日本政府重视农民的继续再教育，对农民信息素质的提高发挥了重要作用。日本政府每年组织农民在全国各地依托农业大学、农业科研机构组织以及网络知识与计算机操作培训，以提高农民的信息素质。日本亦注重建立现代农业产业园区以发挥科普教育的功能，实现农业科技教育。另外，日本根据自然区划设置区域农业科技研究中心，促进了农业科技与当地农产品的紧密结合，使科研项目更加有针对性，实现科研的转化与应用，如北海道农业研究中心、九州冲绳农业研究中心等。再有，日本根据本国国情和国际农业形势的发展变化，积极制定农产品区域品牌的保护制度，以激励和保护本国农业的发展。

（二）日本乡村电子政务发展

日本政府早在2000年就启动了"电子政务工程"，现如今，该工程在2003年就已经实现通过网络申报、审批、采购等3000多项业务。日本的电子政务基于"e-Japan"战略以及互联网信息技术，其目标是加快政府文书档案的数字化、无纸化、网络化步伐。日本政府致力于建设专用网页，将政务信息完整、及时公开于众。日本政府提出的口号是"Non stop"和"Ones top"，意思是公民可以24小时上网检索，并且通过任意一个部门网页都可以迅速找到与其相关的其他部门的网页。日本从2003年起就颁布了《公务员白皮书》《防卫白皮书》，要求除传统的纸质媒体外其他媒体必须在发表纸质数据的同时发行电子版政府信息以便公民查阅。

日本于 2001 年颁布《电子签名法》，赋予电子签名与手写签名同等的法律效力。这一规定方便农民签订各种法律合同，节省了大量的时间资源和人力成本。日本电子政府的建设依赖专业人才，从日常服务到专业咨询都依靠专业人才的参与管理，因此网站提供的信息具有很强的专业性和权威性。此外，日本政府注重保护个人的隐私，颁布的《个人信息保护法草案》要求政府网站在处理个人信息时，要遵循准确无误、切勿他用等多项原则，为公众提供便利的同时保护了个人隐私，并且政府网络由警察厅、防卫厅等多部门共同防范，保护网络安全。

（三）日本农业电商发展

日本农产品电子商务的发展得益于基础设施的建设。首先，政府引领进行信息网络建设和普及工作，2019 年互联网普及率即达到 91.28%，其中老年人口互联网普及率达到 70% 以上。其次，日本政府大力推动农业信息服务体系建设，让农民了解天气情况、农产品价格等农业生产相关信息。信息的流通为农民生产以及电子商务的发展提供了技术支撑和物质基础。最后，日本农产品电子商务平台类型多样，既有以实体店铺为基础，店铺销售和网络销售相结合的综合性网络超市，又有借助计算机网络，只从事网络经营活动的农产品电子交易所；既有大型综合类网络交易市场，又有以社区为中心，只经营生鲜、蔬菜、水果的专门性农产品网络商店。农产品电子商务模式的多样化，有利于其品牌化、特色化发展，并提高了农民的市场主体地位。

日本在农产品方面实行"一村一品"政策，充分利用本地资源，开发具有本地特色的产品，并使这些产品走向国内外市场。"一村一品"的选择完全由当地村民根据当地的资源环境及实际状况，自主决定适宜的农产品进行种植，关键是产品要最能体现当地特色，形成当地特色农产品。日本对特色农产品实行地理标志保护制度，将地理来源作为农产品的一种标志。这就要求农产品的种植、采摘、培育等环节均要经过严格的管理和监督，品质要得到保证，并且能够接受第三方检验机构的认证。

三、韩国农业农村信息化

第二次世界大战之后韩国"先工后农"的发展战略造成乡村大量年轻劳动力的流失，农业发展不充分、城乡发展不平衡等问题日渐突出。为解决这一问题，韩国在 1970 年开展了"新村运动"，以"勤勉、自助、协同"为核心，致力于农村现代化建设和农民脱贫增收。此后，韩国政府高度重视农业信息化的发展。在 80 年代中期韩国政府即制定了农业信息化发展战略，加强对基础设施的投入，加强组织机构建设，积极利用信息化技术推动和改造传统农业。

（一）韩国乡村信息惠民服务建设

韩国的数字政府建设已成为全球最佳实践典范之一。20 世纪 70 年代后期韩国数字政府建设即启动。2013 年 6 月，韩国政府根据建设透明的政府、有能力的政府、服务型政府的理念，宣布实施"政府 3.0"，启动了数字政府建设的新范本。其主要措施包括：在公共数据管理方面，建设公共数据门户网，成立开放数据中心、开放数据战略委员会，通过"促进公共数据提供与推广基本计划（2013—2017）"，在公共服务改善方面，提供"一站式"服务中心和 24 小时咨询服务平台。在增强政府公信力方面，扩大信息公开范围，建立信息公开账户网站（open. gokr），主动公开与公众生活相关的信息，加强官员财产信息公开，打造廉洁政府。

韩国的乡村教育依赖于"信息化村"战略。利用无线通信、网络信息技术建立远程咨询系统，实现乡村教育的数字化，并且充分调动社会资源，与各大企业、高校、研究院共同建立数字化教育培训机构。

（二）韩国农业电商发展

"信息化示范村"是韩国农村信息化的最佳体现。成为"信息化示范村"必须具备两个条件：一是该乡村拥有特色产品或者特色观光资源，并且具有完善的信息网络能够进行电子商务交易，扩大产品的宣传辐射面。二是所在地方政府积极支持信息化建设，当地村民具有一定的文化水平，特别是对信息化具有强烈的要求。"信息化示范村"的推进大大促进了农产品的交易和流通，培育了农村和土特产品的品牌，实现了农业反哺，农村获益、农民增收。

四、德国农业农村信息化

德国 2015 年在"工业化 4.0"的基础上提出了"农业化 4.0"，旨在利用互联网、物联网等信息技术实现农业的优质、高产、生态和可持续发展。德国制造业高度发达，农业生产普遍实现了机械化，种植、收割、打包、存储等一系列农业活动都采用机械化，形成了完整的农业产业链。德国平均一个人的农业劳动可以养活 150 人，可见其农业生产效率之高。作为农业现代化强国，德国在乡村数字化建设方面的经验值得我国借鉴参考。

（一）德国农业信息化

德国的农业用地占地较大，约占国土面积的一半。为提高农业生产效率、节约资源成本，德国极其重视农业的数字化建设和发展。2018 年德国联邦食品及农业部发布《农业数字政策未来计划》，对农业数字化建设进行了一系列的规划。截至 2022 年，德国投入 6000 万欧元用于农业部门数字化建设，并对部门结构进行了调整，强化了涉农数字化领域具体智能，任命数字化专员协调农业数字化领域所有活动。

此外，德国还组织实施"智能农村计划"推进农村数字基础设施建设。德国自 2008 年以来一直致力于开展改善农业结构和沿海保护任务，为符合条件的数字农业支出提供高达 90% 的补贴，不断扩大农村数字基础设施覆盖面。德国计划在 2025 年实现全国范围内千兆光纤网络覆盖。德国在农业信息化方面已形成了植物种植与保护信息系统（EDV）、病虫害防治信息系统（BTX）、农业数据库管理系统（CETS）三大农业科技信息体系，基本覆盖德国农业生产的各个领域。通过农业信息网络体系，农民可以通过电脑、手机等用户终端直接获得农作物种植方法、病虫害防治技术、农业生产知识等，为农业生产活动提供了便利。2013 年德国联邦农业文献信息中心对三大信息系统实现了对接并且增加了粮食和农业检测系统数据、农业科技期刊数据库等多个利民服务数据系统。这些系统的集成与综合化，不仅为农户提供了方便，更为14个联邦信息发展战略中心提供生物信息、市场信息及世界农业信息等发展数据资料。

德国政府把农产品的种植、采购、食品加工、分销物流、品牌推广、销售等所有环节整合协同发展，使农业的各个环节环环相扣，形成多元化、综合性的农产品经营模式。利用农村特色农产品资源优势，从产业链的源头出发，打造"研、产、销"一体化、消费者为导向的产业链模式。农业产业链模式省去了复杂的中间环节，使农业从生产到销售的交易方式直接单一，节约了资源成本。此外，德国在农业全产业链系统化发展的基础上，逐步形成了高度合作、上下协调、系统完整的合作社模式，农民、企业与政府之间的联系更加紧密。

在"农业化4.0"时代，德国重视农民的职业化发展。农民需要经过体系化的培训以及严格的考核，才会获得从事农业生产活动的资格。"双元制"是德国农民职业教育的精华所在。强调农民学员的学校理论学习和农场生产实践紧密结合，实现了理论和技能培训的有效衔接与转化。在这种模式下，农民对生产活动的理解更符合实际的发展情况，确保农民能够掌握到最新理论知识和实践技能，最快地实现农民农业生产能力的提升。

（二）德国乡村信息惠民服务建设

德国是世界上城乡融合程度较高的国家之一，城乡之间差距不大。德国乡村建设坚持以人为中心，维护村民个人意愿，激发村民建设乡村的积极性和主动性。通过激发村民的内生动力，形成了自下而上的公众参与模式。2015年起，德国开始实施"联邦乡村发展计划"，调动各方面力量全方位促进乡村地区发展。其中，"数字乡村"计划旨在通过扶持基层数字化创新应用项目，利用数字化改善乡村的生产生活。建立乡村信息化平台是乡村数字化发展的基础，信息化的建设与发展使农民有机会接触到网络平台、享受信息化的服务，使其主动了解信息化网络，主动学习现代信息技术。利用乡村广播、乡村网站建立信息化平台，为村民提供有关本地新闻活动、农产品交易等相关信息，并设立专门的政府便民服务窗口。除此之外，为平衡公共服务的不足，提供便利的社会服务，德国利用数字化技术提倡邻里互助，如威尔德村为老年人设计了数字化的"紧急呼叫系统"，欧文豪森村成立了"线上爱心村"。村民体会到数字技术对生活所带来的巨大改变，加深对数字化应用的认识，才会感兴趣主动学习现代信息技术。乡村借此机会加强对村民信息化技术培训，使村民意识到现代信息网络技术对于乡村未来发展的重要性，并逐步将信息平台的运营和维护交付给村民，提升村民的应用数字化技术的能力。利普县"2025 未来发展规划"以及赫克斯特尔县"村庄未来数字化项目"都积极推动村民参与网站的维护和运营，让更多的村民加入信息技术推广中来，共同推动数字化发展。利普县 16 个村有将近 150 名本地村民愿意接受为期一年半的数字化培训，此数字化培训内容丰富，涵盖数字化农业、信息技术、信息技术法律等多方面。此外，该县为吸引年轻人参与乡村信息化建设，特意开展了无人机培训。

五、以色列农业农村信息化

以色列位于世界最大的干旱地带，周边遍布荒漠，有将近2/3的国土面积被沙漠所覆盖，年降水量不足 200 毫升，淡水资源匮乏，但是却被公认为"农业科技强国"，这一成就归功于以色列特色精准农业发展模式以及精准农业数字技术的发展。

（一）以色列数字化精准农业模式

以色列在水利灌溉技术、农业自动化、机械化和信息化等技术领域已走在世界最前列，而大数据的运用使以色列的农业实现了再一次的飞跃。以色列的农业系统，包含一个完整的服务体系，真正实现无人操作，灌溉、施肥、害虫控制等功能都可以通过无人系统自动完成。例如，Sunplan系统通过在植物周围放置传感器，每 10 分钟就可以更新当前的天气状况、叶片温度、果实生长进度、土壤湿度等农业信息，经过数据分析和运算，该系统可以精准地自动灌溉，并不需要人为操作。系统帮助种植户更加专注于农产品的质量和产量，改变传统的农业模式。以色列淡水资源稀缺，但现有的软件系统可以精准定位到每一块种植区域，判断其在某一时间内所需要的水、肥料和农药数量，自动控制灌溉比例以及时长，用最少的种植成本发挥最大的种植效率。SeeTree 公司开发的树木分析平台，借助传感器、温度感应收集地面以及农作物的数据信息，农民可以借助这一平台监测树木的健康程度，对农作物疾病作出相应的防御措施。通过跟踪土壤水分以及空气的温湿度，调整灌溉以及施药水平，确保作物不受疾病侵染，健康生长。数字技术在激发农业生产活力、提升农业生产效率的同时加快了农业数字平台的普及，使农民的素质能力得到了很大的提升，真正实现了掌上作业。以色列数据显示，2015 年一个以色列农民可以供养400 人的用粮需求，也就是说，仅占以色列总人口 5% 的农民便可养活全国国民，同时还可以向全世界 60 多个国家出口农产品、农业技术和农业装备。

（二）以色列与自然和谐共生的农业经营理念

由于地理位置和气候条件的限制，以色列一直面临着水资源短缺的问题。以色列为此采取了一系列创新的措施，包括开发海水淡化技术、建设水库和灌溉系统、推广节水技术等。以色列开发了一系列创新的节水灌溉技术，如滴灌、喷灌、微喷灌等，这些技术可将水直接送到植物的根部，减少水分的蒸发和流失，提高了水资源的利用效率。以色列还采用灌溉自动化技术，通过计算机控制系统，实现了精准灌溉，避免了浪费和过度灌溉的问题。这些技术的应用不仅提高了农业生产的效率，还保护了水资源和生态环境，使以色列的农业用水总量一直稳定在 13 亿立方米。虽然以色列的自然环境并不适宜发展农业，但是以色列擅长因地制宜地将劣势转化为优势，与生态自然和谐相处发展特色农产品。以色列的死海沿岸沙漠地区冬季平均气温为 25 摄氏度，昼夜温差大，病虫害较少，适宜作物生长，以色列利用死海区域微咸水灌溉技术种植的农产品营养丰富，矿物质含量高，口味独特。这些特色优质产品全部出口欧洲，使以色列成为欧洲冬季的"厨房"。反季节生产带来了丰厚的利润，使以色列的农民受益匪浅。以色列生物公司通过人工繁殖生产对农业生产有益的昆虫，以控制对农作物生产有害的害虫数量，以绿色自然的方式助力农业生产。例如，为温室以及自然生长的作物人工繁殖自然授粉的工作蜂，以自然生态绿色环保的方式，提高农业效率；为控制地中海的果蝇，人工繁殖出雄性不育果蝇使得地中海周围的果蝇销声匿迹。此外，以色列还注重保护水源地和水生态系统，通过建立自然保护区和推广环保理念，保护了许多珍稀的水生物种和生态系统。以色列在农业和生态农业方面也取得了很大的进展。以色列的农业生产面临着干旱、土地贫瘠和土地退化等问题，但是以色列通过创新的技术和管理模式，运用科技创新助力绿色农业，赋能自然生态的绿色发展，以新兴技术解放大量劳动力，实现了高效、可持续的农业生产。以色列的生态农业模式注重生态系统的平衡和生态多样性的保护，通过推广有机农业、生态农业和精准农业等技术，实现高产、高质、低耗的农业生产。有机农业技术采用无化学农药、无化学肥料、无基因改造等技术保证农产品的安全和健康，实现绿色农业生产。以色列还注重保护土地和植被，通过建立自然保护区和推广植被恢复技术，保护许多珍稀的植物品种和生态系统。

六、印度农业农村信息化

印度作为农业第二大国，其耕地面积占全世界的1/10，是世界上耕地面积最大的国家。经过两次"绿色革命"，印度摆脱了长期粮食短缺的时代，实现了粮食自给，并在1990年成为食品出口国。如今技术革命正在改变印度的农业方式，无人机系统、卫星应用等现代科技正在重塑印度的传统农业作业方式，印度农业开始向精准农业过渡。

（一）印度"绿色革命"

20世纪60年代，印度以解决粮食危机为目标，实施了第一次"绿色革命"，一改传统重工轻农的思想，强调推广科学种田。其时，印度引进了世界各国的先进粮食品种，并加强了农业基础设施的建设，全力支持农民使用现代农业技术提高农业质量和产量。此外，印度注重农业的科学研究和教育工作，大力建设农业研究所和农业大学，实现在每个联邦的覆盖。第一次印度农业"绿色革命"大获成功，1990年印度粮食生产达到了

1.7 亿吨，实现了粮食自给自足，并成为食品出口国。

20 世纪 80 年代中期，印度人口暴涨，粮食及农产品生产下滑。为此，2004 年开始，印度进行了第二次农业"绿色革命"，加大对农业的投资，升级改造和建设灌溉系统，改造、完善农业信用体系和农业市场机制，加强农业与农业问题的研究，吸纳农村广大剩余劳动力再就业，依靠自然规律改造印度农业。第二次"绿色革命"是一个全面综合的农业可持续发展计划。首先，印度把推广生物和转基因技术运用作为第二次"绿色革命"的核心内容，期望以此解决农业可持续发展问题。印度政府出台了《全国发展和使用生物肥计划》《保护物种和农民权利法》等一系列国家法律法规，在全国范围内推行以生物技术为导向的全新的农业发展模式。印度亦高度重视与发达国家之间的农业交流，成立专业的科研团队与发达国家共同进行粮食作物的研制。这次"革命"得到了大多数印度人的认可，因为政府为农业和农民提供了最多的投资金额，农民的债务负担和利率也最低。这次"革命"鼓励年轻人回农村参与农事作业，并实行最低工资法，吸引了农村广大剩余劳动力。第二次"绿色革命"取得了巨大成功，不仅使全印度人的基本生活得到保障，还有余粮和优质农产品出口。

（二）印度精准农业发展

印度的农业关乎全国约 58% 人口的生计，是印度重点发展的产业。随着信息化技术和数字化的发展，数字印度逐渐成为印度农业的发展方向，信息技术逐渐向农业生产链的上下游渗透，包括物联网、云计算、AI 等现代技术逐步主导了印度农业生产。印度政府长期以来不断制定、实施各种促进农业数字化转型的政策和计划，加大对生态系统参与者的支持力度，并为培育印度的人工智能生态系统提供建议。印度东北部是世界上第二大茶叶生产基地，但是落后的加工和生产方式，让印度的茶叶产业在现代全球市场竞争中处于劣势地位。Nibiaa 公司为茶叶生产基地构建了从生产到零售全链路的技术解决方案，实现茶叶精准种植。利用卫星图像及物联网技术，实现了茶园的远程监控，农户利用智能手机可实时监控茶园的生长状况。传感器收集到的原始数据通过数据处理系统及智能分析系统，为农民提供最佳的养育方案。同时，该公司为茶园主构建了数据仪表盘，种植户可利用智能手机从全球任何地方访问，并且远程监控茶园的状况。精准的农业解决方案实现了农事的无人化管理，农业种植不再依赖于自然环境，而是运用科技助力农业生产，优化了农业资源的使用，用较小的种植成本实现了农民最大的农业收入。

七、国际经验与启示

（一）发挥政府主导作用，为乡村数字化治理提供保障

首先，国家层面要制定乡村数据化治理的相关政策战略，以确保乡村数字化治理自上而下地有效运行。日本的"e-Japan"战略、韩国的"信息化村"计划等都是由国家层面发起，政府提供资金补助，再根据乡村自身的特色发展符合当地情况的数字治理之路。国家政策引领乡村发展的大局，使乡村的发展有方向性、目的性和可靠性。当前，我国正从省、区、市多个层面，在国家的统一领导下，统一规划、分工合作、共同发展数字化乡村治理。2019 年，中共中央办公厅、国务院办公厅印发《数字乡村发展战略纲要》，以促进乡村振兴以及实施国家信息化发展战略。该纲要明确指出，要大力发展乡村网络信息化设施建设，提高乡村网络信息化水平，加快农村宽带网络、数字化网络建设，实现水利、交通、电网等物联网的基础设施建设，发展数字乡村经济。其次，国家要加强对乡村信息化建设的资金投入。美国、日本等众多发达国家的农村信息化建设都获得了足够的资金支持，政府投入建设大量的信息网络技术平台，建立公开透明的政务服务系统和数字化的教育培训机构，保证乡村数字化治理具有强大的物质基础和发展前提。信息网络技术的发展是数字化治理的一个前提，国家应注重对农业信息化网络的建设，确保偏远的乡村地区也可以做到网络畅通，在信息化方面做到城乡发展平衡。最后，国家要制定相应的法律法规，保证所公开信息数据的隐私权以及权威性，为农村的数字化乡村治理提供法律保障。

（二）重视人才教育，提高农民的信息素养

首先，建立在线数字化教育培训平台，使村民有机会足不出户即能学

习先进的培育经验和信息化技术。公开的教育资源系统使偏远地区的村民也能接受多元化、多层次、个性化的教育，弥补乡村信息闭塞、资源不足的短板。乡村教育应采用线上教学与传统授课相结合的教学模式，充分利用社会资源，实现学生的全方位发展。其次，建立数据查询、信息咨询平台，使农民可以通过公开的信息数据库查询农产品价格、市场销售情况、未来价格预测等信息，以便对未来的农业生产作出规划。开放的信息咨询窗口可以为农民提供专业性和针对性较强的服务。农民对农业生产种植缺乏专业性、系统性的知识，专家应根据农民的实际情况有针对性地进行解答。最后，建立研究机构、企业、生产基地等多方协同的研发平台，实现"产、研、销"一体化，促进学术研究的转化与应用。研发机构与生产基地紧密结合，可根据当地的实际情况开发适合当地资源状况、生态环境的产品，做到有针对性地推动农村产业数字化发展。

（三）研发特色产品，发挥电商的推广销售作用

日本的"一村一品"、韩国的"信息化村"战略都是以特色产品为出发点，形成特色品牌效应，以此作为乡村标志来提高乡村知名度。首先，根据当地生态环境和资源状态，生产高品质的特色农产品。实施统一标准化的种植培育以及严格的生产监督管理，建立严格的品质把控机制，培育高品质特色农产品，形成一体化、产业化的农产品产销体系，创立当地特色品牌，作为宣扬乡村的出发点和标志点。其次，采用线下直销与电子商务相结合的销售模式，推广乡村特色品牌。建立相应的特色农产品推广平台，采用合同制形式保证产品质量。利用平台推广效应，提高农产品的销量，增加农民的收入。最后，结合当地文化特色，利用生态资源，打造特色人文风情。通过建立乡村文化馆、乡村发展历史馆等宣传当地的风土人情，采用多形式、数字化、个性化的宣传手段，提高乡村知名度。自然风光能带来经济利益，也能使村民自觉参与到对生态自然的保护中来，促进乡村经济的可持续发展。

（四）提高农业机械化水平，积极发挥农民主动性

德国的农业生产无论是种植、施肥还是最后的收获，都采用机械化的

生产模式，极大地节约了人力成本和时间成本，提高了农业生产率。目前，我国农业机械化还存在着发展不平衡、发展质量较低等问题。在实际的生产活动中，我国传统农业机械的占比较高，新型农业机械化、智能机械化应用起步较晚，与国际农业机械化水平相差较大。要改变这一现状，首先，应做好宣传工作，让广大农民了解我国关于农业机械化的相关政策，认识到机械化设备对农业生产的重要意义，提高其利用机械化进行生产的意识。其次，政府应加大农业机械化投入补贴，注重机械化的创新发展。对农民购买农业机械设备，政府应进行补贴，缓解农民的经济压力。农民意识到机械化生产的快捷和便利，才会主动去选择和支持农业机械化生产。最后，应注重与当地农产品企业的联合发展，企业要为农民提供设备试用、租用、操作指导等服务，让农民有机会接触到现代农业生产的先进技术，激发其机械化生产的积极性和主动性，形成"自上而下"与"自下而上"协同促进农业机械化发展的建设模式。

第二节 国内数据治理赋能乡村建设实践

一、乡村数字经济

（一）智慧农业建设

智慧农业是指利用物联网、人工智能和先进的信息技术，对传统农业进行现代化管理的一种新模式。它解决了传统农业中劳动重复性和机械化的问题，能够提高劳动生产率，降低生产成本，实现农产品生产过程中生产的信息化、数字化转变。近年来，我国智慧农业发展迅速，提高了生产效率，实现了农民增收，改善了当地人民的生活水平。

随着科技的发展和普及，农事作业机械化水平不断提高，部分地区已实现农作物从种植到收获全生产过程的无人化操作。例如，山东潍坊寿光市东斟灌村，在村党支部的领导下成立了三个合作社，整合原本分散的个体经营模式，形成了一个新型的经济实体。村支部带领建设具有自动化放风系统、自动控温机以及智能水肥一体化设备的彩椒大棚，使生产的彩椒单个重量从原来的 200~250 克达到了现在的 300 克以上，彩椒的品质无论是口感、形状、色彩都有了大幅度的提升。该村成立了斝都果菜合作社，对全村村民的种植过程进行统一标准化的管理，并定期进行专业的生产技术培训，提供统一的农产品原料供应，采用高标准的质量检测机制，实施统一化的档案管理制度，实现了规模化、标准化彩椒生产管理模式。目前，该村已建造 200 多个新式智慧大棚，每茬彩椒总产量超过 2 万吨，产值 1.4 亿元左右，极大地提高了当地农民的收入水平和生活质量。为了解决部分村民建造新式大棚资金短缺的问题，东斝灌村在 2013 年成立了资金互助合作社，吸纳资金 300 万元，每年可以为 60 户菜农解决资金问题。此外该村还成立了土地合作社，对全村 4486 亩土地进行统一管理。与此同时，该村还多次举办农民培训活动，传授先进的种植技术，指导农民利用现代科技实现科学种植，打破其传统的种植观念。有了资金、技术、资源等多方面的支持，该村吸引了众多的年轻人回乡发展。在 581 户种植农户中有 30% 为返乡的"80 后""90 后"。年轻人和中老年人共同参与生产，实现了科学技术和生产经验相互配合、相互补充。

除了生产环境发生大变化，农民对农作物信息的收集也实现了"隔空作业"。信息服务平台的建立便捷了农业活动的开展，通过掌上 App 即可实现科学种植。多地通过建立操作简易的数字化农业服务平台，让农民使用手机 App 就可以查看土壤的肥力、天气、温度、湿度等信息，系统会根据农业数据为农民提供相应的种植建议，实现科学种植。四川成都市大邑县涌泉村在田地里安装物联网探头，土壤、温度及空气湿度等农业信息可传输到数字化农业服务平台，技术人员可以根据农业数据指导农民进行科学种植。通过手机 App 就可以申请种子播撒、浇灌、施肥等农业活动的无人机操作，使农事活动更加省力。湖北省宜昌市秭归县利用大数据为农民提供脐橙的价格走势，让农民明确知晓市场的价格变化，合理规划销售时间和数量。"三峡柑橘产业大脑"系统实现了播种、维护、管理、丰收等各个环节与物联网、信息化、无人机信息系统的结合，使农事作业更加轻松省力。

利用先进的科技成果，实现农业的精细化管理，作物得到科学养护的同时，也解放了农民。贵州黔西市林泉镇身处山川地带，常年气温在13.8摄氏度左右，该村利用地区生态优势，因地制宜发展猕猴桃产业。2018年起，林泉镇海子村利用"4G+光纤网络"，与贵州省海子生态农业有限公司合作，建立了一整套智慧种植系统。果园内安装了高清摄像头，哪一片果树需要施肥，哪一片叶子黄了，都能通过手机进行实时查看。果园内还安装了智慧滴灌系统，果园的哪个区域缺水了、缺多少水，这些数据都能通过物联网系统实时地传输到林泉镇智慧农业系统中。该系统的运用使得当地猕猴桃的种植更加地省时省力，对猕猴桃果树信息的采集也更加精准，果农可依据这些数据对果树进行科学精细养护。从猕猴桃的授粉、开花、施肥到最后的丰收，每一批果子的信息，都可以追溯到周期和来源，让顾客放心地享用绿色食品。在2020年举办的第21届中国有机食品博览会上，林泉猕猴桃荣获绿色食品单元金奖，林泉镇也于同一年获得"全国十佳科技助力精准扶贫示范点"荣誉称号。

（二）农村电子商务

近年来，我国农村电子商务快速发展，拓宽了农产品的销售渠道，打造特色农产品品牌，促进了农民收入的增加。例如，河北衡水武邑县王贤兰村打造了一条政府、电商企业、合作社与农户多方共同合作的农村电商发展新路径，将当地散养的小柴鸡打造成了网红的"跑步鸡"。该项目使当地上千户农民实现了稳定的收入，每户可增加收入5000元以上。其具体做法是：武邑县与电商平台共同打造电商扶贫项目"跑步鸡乐园"，该项目采用多方合作运行模式，政府对贫困户有补贴政策，平台对特色产品采用特定的营销手段，农户提供丰富养殖经验和特色农产品，多方共同打造符合武邑县发展特色的"跑步鸡"产业。此外，武邑县与多个电商平台合作，并且在线下成立各种类型的品牌店，将全县的特色农产品统一进行销售以打造特色品牌。甘肃省白银市依托当地农业发展以及电子商务平台，打造"甘味"农产品线上展览中心和特色农产品线上销售平台"天下帮扶平台"。为了让消费者买到真正的绿色产品，该平台专门建立了专业的售后团队，处理产品售后问题。截至2021年，该平台在售的产品多达860多款，总额达到7000万元以上。其中，靖远枸杞、会宁胡麻油等6个特色农产品入选"甘味"农产品区域公用品牌，甘肃菁茂等 25 家企业入选甘味企业商标品牌，白银市"独一份""珍稀缺""特中优"的绿色农产品成功销往世界各地。

电商平台为当地农产品的宣传也发挥了重要作用，电商平台使农产品走出乡村，走入更多消费者的视野。浙江省龙港市芦浦海鲜产业规模较大，以蛏子养殖为主的海涂养殖一直是芦浦三大经济支柱之一。龙港余家慕社区粉干制作工艺传承千年，在社区内部有数十家粉干工厂，曾多次获得浙江省农业博览会金奖，但是由于龙港市知名度不够、销路窄等问题，龙港本地知名的农产品销量并不高。为打开海鲜销路、打造品牌知名度，龙港市农业农村局申报"芦浦蛏子"地理标志产品，推行统一标准养殖技术，并对产品进行统一的包装，打造特色品牌。为将当地特色农产品销售出去，龙港市每年开展短视频宣传活动，并为农民开设直播间，进行短视频培训，龙港市政府引领社区工作者组建专业直播团队，通过网络直播全方位展示了"余家慕粉干"怎么来、怎么买、怎么吃的"全套攻略"。在直播开始一个多小时，直播间观看人数就达到了 2339 人，卖出粉干 1200 斤，销售额近万元。龙港市政府积极鼓励农民参与直播销售，激发农民的创造热情，利用现在的互联网平台，将当地特色农产品以短视频的形式进行推广宣传。龙港市与专业直播团队合作，开设了乡村直播间，合作宣传当地特色渔产品，打造了一条党建引领、社企合作、产品为基的特色销售套路，推动农渔产品品牌发展。线上线下相结合的方式销售特色产品，打造了高品质农产品品牌，拓宽了销售渠道，让特色农产品真正"走出去"。

直播带货促进城乡互通，拓宽销售渠道，增加农民收入。贵州黔西市新仁苗族乡化屋村苗族风情浓郁，为了将苗绣手艺推广出去，带领村民脱贫致富，该村创办了蜡染刺绣扶贫车间，70% 的刺绣服饰都能通过直播带货走出大山，为当地村民提供了大量的就业机会，借力电商平台实实在在地解决了农产品"销售难、价格低"的难题。例如，广西梧州市苍梧县六堡茶历史悠久，但是作为六堡茶核心种植区域的山坪村地处大山深处，六堡茶不被大众所熟知，销量和价格都较低。自从梧州市与电商平台共同建设梧州特色馆后，六堡茶通过电商平台销售，当地村民年人均收入翻了一番，达到 1.2 万元。电商销售提高了产品销量，也促使产业升级，当地村民改造了原来低产的茶叶园，茶叶的品质更加优良，村委会还组织对村民传授制茶技艺，培养了专业的制茶师，使传统的制茶工艺获得了传播。

电商平台给消费者与生产者提供了沟通的渠道，生产者能及时收到消费者的反馈，通过电商平台，农户能够更为迅速便捷地获取市场需求信息，以市场需求为导向调整产品结构与产业结构。四川省荣县的科技特派员走入每家每户，向村民传授电商的技巧，让果农学会电商的运营以及自主直播带货。通过线上线下相结合的销售形式，带动荣县沙田柚、辣椒等农副产品快速销售。此外，荣县结合线上顾客反馈以及销售公司的指导安排，引进了新技术，研发产品外包装并申请专利，使产品不断优化。产品销量的增大，使得种植农产品的农户增多，种植逐渐规模化，为农民提供了大量的就业机会。同时，荣县积极开展直播技术培训，积极鼓励村民利用短视频、现场直播等方式宣传乡村文化和特色农副产品。建立统一的质量把控机制，对农产品从生产到销售过程实行统一的监督管理，建立完善的线上销售系统，确保农产品的高品质。

二、乡村网络文化

（一）乡村文化宣传多样化

乡村文化是乡村生活的最佳体现，良好的乡村文化能够丰富农民的精神生活，激发乡村发展活力，增强乡村居民的荣誉感，展现乡村良好风貌。如今，随着互联网技术的普及和发展，为新时代乡村文化传播提供了新的平台、新的机遇。

乡村重视文化宣传平台的建设，文化宣传工作不再是喇叭广播的形式，而是逐渐发展成在线化、多样化，宣传效果也有很大幅度的提升。山西省昔阳县利用网络平台打造健全的服务体系和文化宣传系统，围绕"理论我来讲、美德我传承、文艺我参与"等主题活动，聚焦乡村文化建设，采用"阵地 + 服务 + 活动"的模式，积极动员全民参与，引导村民建设美丽乡村。各乡镇干部带头组建百姓名嘴宣传队，以聊家常的方式串门入户为乡村中不方便行动的老年人、残疾人开展志愿活动，并以红色故事会、经典分享会的形式宣传好人好事、红色故事，文化宣讲形式接地气，让村民随时随地享受文化熏陶。为帮助村民办理生活事务，处理日常问题，该县创立了智能服务的小程序"幸福＋"二维码，并将小程序二维码贴到每家每户，让村民有问题可以马上进行登记，让村民有问题有地方反映、有办法解决。各乡镇政府特意成立了志愿服务小队，为有困难的村民提供志愿服务，开展生活缴费、水电维修等代办服务，村民还可以对志愿者的服务进行点评"晒单"，志愿者根据评价不断优化自身的服务，提高服务质量。小程序实现了群众申请、志愿者服务、群众点评、志愿服务提升等闭环管理，做到了为村民服务到家，落实了真正为村民办实事、办正事的服务理念。截至2022年该县通过"幸福＋"小程序已注册志愿者超3万人，志愿服务队伍326支。该县还以县、乡、村三个层面为主体，分别建立线上移动图书馆，开展全民阅读经典诵读活动，激励村民主动参与阅读活动，提高自身文化素养。结合线上阅读，线下也成立了多个全民阅读点，如农家书屋、乡村文化站，使文化传播辐射到乡村的每个角落。此外，昔阳县政府还建立了网上非遗博物馆，并开设"每周一村"专栏，举办村史故事、老城印象等征集展示活动，拍摄乡村民俗活动文化微视频，推广富有当地风情特色的周边产品，利用互联网平台展现村落文化，打造文化氛围浓厚的乡村形象。

利用先进技术搭建宣传媒介，吸引村民积极参与。浙江省桐乡市骑力村利用信息技术助力农村文化礼堂建设。为吸引村民参与文化宣讲活动，该村利用数字化技术进行文化展示，村民带上VR眼镜可观看宣讲员对村落文化的介绍，与各种数字藏品线上互动，欣赏老照片和乡村风景。农村文化礼堂是浙江省农村文化建设的重要窗口和农村的新地标，截至2022年全省已经建成2万家农村文化礼堂，实现了各市农村文化礼堂全覆盖。农村文化礼堂的建设为基层思想文化的宣传发挥了重要作用。农村文化礼堂包括"礼堂空间""创客进礼堂""思政在礼堂"等多个场景模式，满足了村民的多样化需求。

（二）乡村文化资源化

为了保存古村落文化，越来越多的村落将非物质文化转化成数字遗产，科技与文化的结合，使抽象的文化生动形象起来。乡村文化包含生活的方方面面，直观的体验能够打破人们对文化僵化的认识，从多方面感受文化的意义。

为满足人们对文化多样化呈现的需求，多地成立了数字博物馆，使人们身临其境感受古村落文化和生活。在良渚古城遗址公园数字体验馆内，该馆采用"5G＋AR"技术和沉浸式的互动形式，让游客可以体验打鱼捕猎等情景，体验到5000多年前的农耕生活。数字博物馆通过数字技术让参与者穿越千年体验过去的生活，并利用网络短视频宣传当地的特色风俗文化和人文风情，吸引全国各地游客前来打卡。数字博物馆的呈现方式同时也吸引当地村民参与文化活动，简单有趣的呈现形式使村民提升对文化学习的接受程度。例如，湖南省阳山村有着600多年的建村历史，全村坐北朝南，依山造屋，小溪环流，环境优美。在布局上该村充分展现了儒家的思想，有着崇文尚武、求和睦的古民族风情，享有"天下客家第一村"的美誉。该村现存古建筑60余栋，是一个典型的人文村落。为了将古风俗文化保存下来，供世人分享，该村建立了数字博物馆，游客可通过扫码在线观看村内的古建筑，享受村内的古文化的熏陶。该村的传统村落数字博物馆有村落概括、全景展示、传统建筑、民俗文化等7个板块，每个板块都可以通过音频、视频、图片、文字、3D模型等多种表现和互动形式生动地展示传统村落的文化风韵。在线观光系统使用户不受时间和地点的约束，就能通过互联网快捷地享受数字博物馆的信息资源，并通过高清晰度的全景照片、三维模型、视频动画等身临其境地感受当地的人文风情。与此同时，该村的传统舞蹈经过多阶段的发展和演变，形成了具有独特形态的舞蹈艺术，同时也融入更多地方特色和村落精神向世人展示中国传统艺术。该村在村干部的带领下自发成立了"禁戒会""义学会""女儿会"等六会治村，形成"宽容诚厚重，和气致祯祥"的百家风气。为了维护古村的风貌，该村落实现自我约束、自我教化、自我延续，逐步打造成了国家级休闲农业和乡村旅游景点，让村民依靠传统文化过上更好的生活。

农家书屋是国家五大文化惠民工程之一，2005年开始试点，2007年全面推开，覆盖了全国具有基本条件的行政村，以满足农民的基本文化需求。农家书屋建设是推进城乡基本公共服务均等化的重要举措，有利于缩小城乡之间的文化差距，丰富农民的精神文化生活。甘肃省作为全国首个启动农家书屋建设试点的省份，在农家书屋数字化升级改造方面不断创新，率先建成全国首家农家书屋数字平台——"百草园"公共文化服务平台。该平台集"数字阅读、影视点播、VR 和 AR 应用、信息服务、政策宣传、农业培训、教学辅导、扶贫电商"等功能于一体，对丰富农民精神文化发挥了积极作用。

黑龙江省为提高农家书屋的利用率，搭建数字平台，将农家书屋搬进民宿、知识讲堂，使得村民在各处都可以方便地进行阅读。黑龙江省同江市赫哲族文化区建设了多处流动的农家书屋——"民族艺苑"，游客能亲眼看到鱼皮衣、鹿皮帽，亲身体会赫哲族文化。农家书屋在景区、校园、超市等公共场所提供免费的预约借书服务，不再拘泥于固定的地点，而是向着特色化、专业化方向发展，真正实现了服务的便民性。与此同时，该地还积极发展志愿服务，推广全民阅读。由模范人物、老干部带领乡亲们开展读书活动，参与领读计划，提高乡村书屋的利用率。村民可在微信群中互相分享阅读的文章以及感触。黑龙江省安达市江镇村成立了乡村志愿服务队，每一个志愿者负责 2～3 名有阅读需要但是行动不便的老年人或残障人士，按照他们的需求上门送书，教他们扫码阅读电子出版物，引领村民养成阅读的习惯。位于大兴安岭地区的塔河县依西肯乡依西肯村的农家书屋，2021 年被评为"全国服务农民、服务基层文化建设先进集体"，被村民们亲切地称为"文化粮仓"。为了使村民及时获得时政新闻、科普知识等信息，全村专门设置了读书二维码，购置了 16 台播放机和 30 台掌上阅读器，建立了 4 个学习阅读微信群。

（三）乡村教育特色化

农村教育在师资、设备、学习资源等方面与现代化教育仍存在较大差距，为减小城乡教育差距，除了提高乡村教育的数字化水平以外，结合乡村资源发展特色乡村教育也不失为一个好的方向。

合理利用当地资源，发展特色教育，传承优秀文化。山东省高密市密水街道大店子村的乡村教育书院，以非遗文化草木染制为基础开发的草木染系列课程深受孩子们的喜爱，书院鼓励教师将教育活动开展在田间地头，让孩子们随时随地接受教育。类似的乡村教育书院在高密乡村里很常见，例如，依托原聂家庄小学建设的乡村教育书院以国家级非物质文化遗产"泥老虎"为载体，成立了社区教育学校和产学研基地，开设劳动教育和综合实践课程；依托原化山小学建设的乡村书院建立了乡村放映室，为当地的师生、百姓播放各类爱国影片、农教视频，丰富了农家的生活，提高了乡村文化水平。这类乡村教育书院在提供课后服务、劳动教育、社会实践的同时，也提供了家庭、学校、社区多方协同育人的活动场所，利用学校现有的教育资源，拓展校外丰富的实践场所，发展各具特色的乡土文化，丰富了乡村学生的课余生活，提升了村民的文化水平。

安徽省明光市东部的涧西镇山场较多，留在本地的大多为老人、儿童，教育资源较为落后。为了改善当地的教育状况，丰富居民的生活，促进教育多元化发展，涧西镇政府结合当地情况，与明光嘉禾社会工作服务中心共同制定"满天星"特色课堂。该课堂旨在培养学生广泛的兴趣爱好，满足学生们的课外活动需求，促进学生健康、全面发展。该课堂重视农村青少年儿童的素质教育和课外实践，招募乡村教师和青年志愿者为学生定期开展绘画、剪纸、手工制作等特色课程，并在假期为学生提供作业辅导服务。自 2002 年 6 月起，已开展 90 多次特色课，共吸引 800 多人次参加，真正做到了把德育教育、民族文化融入教育中。湖北神农架林区谷坪民族小学结合地域实际，传承少数民族特色文化，将学校打造成学生传承和学习地方传统文化的重要平台。学校开设土家族摆手舞等具有土家族文化特色的课程，在丰富学生课外活动的同时，也让他们感受传统文化的魅力。

为打破乡村资源落后的困境，多地建立在线教育资源平台，实现教育资源互通。山东潍坊坊子区为提升农村薄弱学校的办学水平，促进城乡教育的均衡发展，实现教育的资源互通、服务互通，先后投入 300 多万元搭建教育资源公共服务平台，辅助全区 30 多所农村学校实现信息化教学。通过在线教育平台，乡村学校可以直接利用优秀的课件和教学案例辅助课堂教学，提高了教学质量，同时也能促使学生通过平台进行自主学习，使教育更加高效。该区涌泉小学在校师生 168 人，学校基础薄弱，教师老龄化问题突出，学生的综合素质发展不全面。2017年，该校正式启动智慧校园建设，实现了教育信息化的应用，提升了老师的信息素养，增强了学生学习的主动性。

除了在线教育平台，多地亦积极建设网络学习空间。例如，浙江省缙云县实验小学建立虚拟空间，每个学生、老师都有自己的分享平台。自2017年开始，该校通过网络学习空间——"人人通"搭建了学校空间、教师空间、学生空间，实现了"一人一空间，人人用空间"。教师可以利用网络空间辅导学生、批改作业，实现教学的在线化；学生可通过网络学习空间寻求在线答疑，开展自主学习。

三、乡村智慧治理

（一）乡村网格化管理

网格化管理将农村划分为若干网格，每一个网格设立一个网格员，将责任落实到个人，村民遇到任何问题都可以第一时间向网格员反映。网格化管理极大地提高了基层的办事效率和治理能力。浙江省慈溪市崇寿镇建设"党的建设、社会治理、村民服务"于一体的网格化治理体系，提升了农民的综合治理能力。根据党员规模、村民数量、工业园区分布等科学划分46个网格区。由村党委书记担任网格组长，各党支部书记任网格长，年轻后备干部做网格专员，形成"网格组长—网格长—网格专员"的队伍体系。每个网格内组建志愿服务队进行日常管理、问题记录、上门走访等，及时解决村民遇到的问题，实现"纠纷不出网格，矛盾不出村子"。这种创新的管理模式，提高了基层的办事效率，提升了村民的满意度。网格员发现的问题及村民反映的问题都登记在案，明确责任人，时时跟进处理情况，做到事事有回音。为了保障管理工作的成效，崇寿镇特意制定了专职网格员绩效考核办法以及薪酬管理办法，以工作成果和群众的满意度为考核指标，确保专职网格员真正为村民干实事。此外，该镇要求每个网格员了解网格内每个村民的家庭基本情况，并且让村民了解本网格内的责任人，推动管理工作更好地开展。

网格化管理与在线管理平台相结合，实现居民信息在线化和实时更新，使乡村治理更加高效。浙江省平湖市全市有 86 个村，村内人员多，居住分散，日常管理难度较大。为提升乡村治理效率，该市使用网格化管理方式，以网格为管理单位，利用网络信息技术，向网格里的村民提供高效、优质的服务。该市 2014 年就创新了以网格为基础的管理模式，2016 年实现了基层党建网、民生服务网、平安建设网在农村网格中的有效融合，实现了对农村的网络化管理。该市把全市基层划分为 756 个网格，并分为两种：一种是村网格，即以自然村落、农民新村、片组、党员先锋站等为网格划分单元，每个网格内村民户数控制在 100 户左右。另一种是专属网格，即相对独立的工业园区、企业、学校等特定区域单独划分网格。村干部担任农村网格员，责任心强、群众基础好的村民担任网格信息员。网格管理人员的责任是熟悉自己负责的区域范围、人员信息等基本情况，做好信息收集和传递工作。村民每家每户都贴着网格管理员的联系方式，方便村民及时反映情况。平湖市建立了平安建设信息报送系统，系统包括辖区管理、日常办公、报表统计、数据管理等多个模块，实现了社会治理的信息化。网格管理员可通过"平安通"这个软件将信息传送到报送平台，实现信息的云储存。在推行农村网格化管理的同时，平湖市组建了志愿服务队，尽可能多地解决问题，提高农民的生活质量和满意度。此外，该市每个村都设立便民服务中心、文化礼堂、居家养老照料服务中心等多个公共服务场所，以满足村民的多样化需求，多方面提升村民的生活质量。

（二）乡村治理数据化

乡村治理结合现代信息技术，发展线上治理平台。村干部可通过该平台查询和登记村民基本信息，提升乡村治理的智能化、精细化。贵州省开发了数字乡村建设监测平台，并同步开发了贵州数字乡村 App，使贵州的脱贫攻坚、农村危房改造等工作能够高效率地开展。贵州数字乡村建设监测平台和贵州数字乡村 App 实现了工作人员移动办公、实时监测、高效监督，一个 App 集建设乡村、治理乡村、游览乡村等多功能于一体，使手机成为农民参与建设乡村的重要工具。此外，贵州省还积极探索公众号、小程序等服务平台的应用，提升治理能力。例如，"黔农 e 村"是贵州省以金融服务为切入点通过村银共建提升乡村治理能力的重要举措，实现了党建工作的规范化、信息宣传的在线化。贵州省遵义市花茂村通过"黔农e村"小程序，完善了村里的党组织信息和党员信息。同时，通过这个平台，村里的财务信息能快速传递给村民，提高了村务管理效率和村庄治理透明度。该平台还开发了智慧村务板块，村民通过学习、转发、评论及线下好人好事等方式获得积分，积分可以作为农村信用社授信评级的一个参考指标，还可以到线下的超市兑换生活用品，极大地提高了村民自我管理、自我教育、自我提升的能力。为激励年轻人回乡创业，该平台推行励志积分贷、低息贷款等服务，减轻村民创业负担。"黔农e村"还整合了卫生医疗、电商平台、生活缴费、贷款申请等便民服务资源，让百姓真正享受到科技的便利性。智慧村务的建设让村民拥有了更多的知情权、监督权、参与权，增强了村民参与村务工作的积极性。

甘肃省庆阳市董志镇积极探索数字治理模式，建立数字乡村综合信息服务平台，通过云端对全村进行管理。平台中有智慧党建、村务管理、便民服务等多个模块，方便了政府与群众的沟通。通过手机App一键喊话、文字转语音等方式实现智慧广播，为宣传政策法规、农业知识等提供了便利。该镇21个行政村安装摄像头500多个，通过监控巡查发现有破坏环境卫生、损害公共设施等行为，会第一时间通知村组干部进行整改。数字综合服务平台实现了数据的整合，各部门可通过平台数据库不断更新信息，极大地提高了办事效率。村民足不出户就可以办理相关事务，查看事务处理进度，还可以联系到直接负责人，解决了办事不知道找谁的问题。村民还可以在平台对事务处理情况进行评价，推动政府不断优化服务流程，提高服务效率。

四、乡村绿色发展

（一）发展绿色生产，助力乡村振兴

绿色生产以少用或者不用化肥、农药等化学物质为特点，以生产绿色、健康的产品为目的，过程中尽可能减少污染物的产生。农业绿色发展是实现乡村振兴的必由之路。

河南省光山县与金合欢林茶专业合作社、锦园林茶有限公司共同合

作，在凉亭乡投资建设标准化的麻鸭养殖基地。该基地以养殖母本光山麻鸭为主，兼顾养殖成品鹅并利用有效水面养殖水产品，实现"水上有鹅鸭，水下有鱼虾"的绿色生态立体养殖。企业保证资金的运转及产品的销售，村集体维护基地的绿色生态，村民提供丰富的养殖经验，三方互相补充，相互合作，共同推进麻鸭养殖的发展。该基地的发展得到了县各级领导的关注和重视，光山麻鸭产业不断做大做强。2020 年，在 2200 平方米的养殖基地内投入麻鸭苗 2 万只，每户村民可分红 3000 元。

除生态养殖外，乡村还可以利用本身优势大力发展种植业。山东省梁山县地形以平原为主，土地肥沃，适宜苹果、梨、杏等多种水果的种植。近年来梁山县把大力发展梨产业作为推进乡村振兴战略的重要措施，精心培育早熟梨等特色优势品牌，促进了梨业增效和梨农增收。马营镇作为"特色林果之乡"，生产的韩国梨曾久负盛名，但由于品种老化、种植技术老化，产品满足不了消费者需求，近几年果业生产经济效益逐年下降。为此，梁山县在科技扶贫、科技助农上主动作为，创建了"梨博士教老乡"服务品牌，开展"一条龙"助农行动。2016 年，梁山县引进"翠玉""翠冠"两个早熟梨品种进行试验栽培并获得成功。在 2021 年扬州世界国际博览会中国中华好礼品鉴推荐活动中梁山的翠冠梨获得金奖。截至 2021 年，梁山县引进 20 多个优良品种，示范推广梨栽培新种植模式 4000 余亩，实现了经济效益增加 1576.4 万元。为了促进梨的销售，梁山县政府多次举办产品推介会，达成多个早熟梨等特色优势品牌的合作意向。同时，帮助果农开通线上销售，果农在电商 App 的销量逐年递增。果农还与多个大型超市合作，实现了产品的一对一投放，实现了效益的最大化。

重庆市巫溪县利用生物技术从优质马铃薯种中分离出不含病毒的马铃薯茎尖，并经过无土栽培技术形成试管苗，通过三级繁育获得品质优良的马铃薯。当地政府引导村民采用地膜覆盖技术，马铃薯平均亩产从 1350 公斤提高到 2000 公斤，使化肥和农药的使用量减少 30%。截至 2022 年，巫溪县种植马铃薯商品薯 35 万余亩，带动 8 万余户农户致富增收，户均增收 3000 元。巫溪县还与马铃薯加工企业合作研发马铃薯面条、馒头等特色主食和薯片、薯条等休闲零食，建成淀粉年产量 2 万吨、粉丝 1000 吨的自动生产线，打造从种植、收获、生产到包装一体化发展的马铃薯产业链。同时，巫溪也非常注重发展"巫溪洋芋"品牌，通过建设马铃薯体验馆及举办丰收节、厨艺大赛等活动，构建观光、美食、购物于一体的产业消费链。带动村民收入大幅增加，2021 年巫溪农村人均可支配收入为 12313 元，同比增长 10.7%。

（二）发展生态旅游，实现可持续发展

生态旅游是实现旅游业可持续发展的关键。多年来，多地通过发展生态旅游，带动绿色经济发展。

改造工业化乡村风貌，整治农村生活环境，维护生态自然环境，提高人们的生活满意度。河南安阳市是国家规划建设的老工业基地，以钢铁、建材、煤化工为代表的重工业发展快速，但是这种资源掠夺式的发展方式，对自然造成了严重的破坏，环境污染问题较为严重。近年来，安阳贯彻习近平总书记的生态文明思想，坚定地走"绿水青山就是金山银山"的道路。为了推动产业结构调整，安阳市委托国内环保专家成立污染防治专家组，对污染问题把脉问诊，确定污染防治重要任务和主要手段。在此基础上安阳聚焦城市发展，推动城市"污染之城"向"宜居之城"转变，大力发展绿色建筑，建设文体中心、文字博物馆等 20 余个绿色项目。另外，充分利用绿水青山、人文景观等资源优势，发展观光、休闲、健康养老等新产业、新业态，推动乡村从"卖产品"向"卖风景""卖文化"转变，实现农民增收。围绕龙泉水库、金线河等生态修复工程发展生态休闲服务功能。通过道路林带景观建设以及村落民居改造工程，打造了田园风光。通盘考虑城乡融合发展、土地利用、产业发展和历史文化传承合理划分村庄类型，调整优化村庄布局，打造农村宜居宜业新环境，村容村貌得到显著改善和提升。2021 年，安阳被表彰为"河南省农村人居环境整治三年行动先进市"。

利用流量效应，打造生态网红村。浙江省宁波市宁海县骆家坑村原以养猪业闻名，2018 年始，骆家坑村开展"九村百宿全景"A 级旅游景区村庄打造行动，以艺术为切口，深化乡村旅游，打造乡村旅游差异化品牌。为了进一步丰富骆家坑村的"艺术＋旅游"业态，村里发起"乡建艺术家"驻村计划，吸引了一大批工匠师、花艺师入驻。以建设艺术特色村为

契机，骆家坑村通过打造一个个充满艺术类的景观节点，串联起观海平台、四季花海、泡泡屋和农耕体验园等公共艺术空间，成为人们体验乡村生活，寻找诗和远方的好去处。村民们也从旁观者变成了参与者，通过制作文创产品及开办民宿、餐馆等，实现了经济增收。

五、乡村智慧生活

（一）远程医疗

远程医疗可以让偏远地区的居民能够享受到优质的医疗服务，缓解偏远地区面临的"医生荒"问题。远程医疗能够降低就医成本，还可以充分利用全社会的医疗卫生资源，方便边远地区群众寻医问诊。早在2016年我国就启动了三级医院对口帮扶贫困县县级医院工作，带动县级医院的服务与医疗水平不断提升。截至2021年，我国已有1007家三级医院对口帮扶1172家县医院，832个贫困县县医院实现了远程医疗网络的覆盖。截至2020年底，远程门诊诊疗人次超过5500万，出院患者超过600万。

云南省彝良县地处乌蒙山腹地，交通不便，医学技术发展落后，医疗资源不足，群众看病极不方便。彝良县2017年启动了云南省远程医疗"乡乡通"首个试点工程建设，次年即实现了远程医疗县、乡、村全覆盖，打通看病就医"最后一公里"，解决了山区百姓看病难的问题。在此基础上彝良县建立了覆盖县、乡、村三级医疗机构的卫生专网，在县级组建一体化办公室、远程会诊中心、远程影像诊断中心，在乡级组建远程会诊室，各个村庄配齐电脑摄像头等设备，建立了扁平化、零距离的远程医疗协作网，患者不出家门就可以享受到专家级的医疗服务，降低了医疗成本。以远程医疗为切入点，彝良县全面推进全民健康信息化建设，搭建了涵盖医疗、医保、公共卫生、健康扶贫、家庭医生签约服务、医共体综合监管的大数据平台，为促进全县医改工作与医疗信息化发展打下了坚实的基础。

海南联通与海南卫健委共同推动基于5G网络的基层医疗卫生能力提升工程项目，以解决海南基层医疗卫生机构资源匮乏、医疗资源严重不平衡等问题。该项目于2020年12月底全面上线使用，是迄今为止全国最大的5G商业应用项目，也是全国第一个基于5G覆盖全省所有基层医疗机构的远程诊断信息化项目，助力实现"小病不进城，大病不出岛"，具有重大意义。博鳌镇沙门村卫生室配备了新的5G智慧医疗一体机，为村民测量血压、做心电图，村卫生室医生通过5G高速网络远程连线镇卫生院，自动传输检测结果并远程挂号，镇卫生院可及时通过视频进行线上问诊。

（二）数字平台

基于互联网、物联网、大数据以及人工智能搭建的数字平台成为推动数字乡村建设的重要载体。数字平台的搭建实现了乡村治理主体的多元化、治理内容的精细化、治理理念的人本化，为提升乡村治理现代化水平提供了高效的路径。

2021年7月，浙江省湖州市南浔区旧馆街道港湖村正式上线数字乡村云平台。该平台实现了大中小三屏联动：数字乡村云平台面向村"两委"、村级电视台面向村民和党员，微信公众号面向所有关心港胡村发展的社会人士。三个云平台针对受众发布不同的网络信息，实现了信息推送的针对性与有效性。该村给予老人特殊关爱，为独居老人配备了4G智能手表，可实现心率、血压、行动轨迹监测和一键求救等功能，同时数据会上传数字乡村云平台，相关人员可随时查看老人的健康信息。

乡村e站是科普惠农服务站的升级版，为扶贫工作插上科技的翅膀。2018年10月山西吕梁已建成289个乡村e站，成为山西省首个实现各乡镇和重点村乡村e站全覆盖的地级市。乡村e站为农民搭建技术培训、远程互动、信息查询、专家在线服务、电商创业等平台，传递生产技术、生活知识等。乡村e站被列入《山西省科技助力精准扶贫工程实施方案》，助力脱贫攻坚乡村振兴的作用不断凸显。

第十章　我国乡村数据治理赋能乡村振兴路径

2022 年中央一号文件强调"大力推进数字乡村建设"，数字乡村是乡村振兴的战略方向，数字乡村建设离不开乡村数据治理，持续以数据治理赋能乡村振兴，是解决新时代我国社会主要矛盾，实现"两个一百年"奋斗目标和中华民族伟大复兴中国梦的必然要求，具有重大而深远的历史意义。

第一节　优化数字化基础设施，缩小城乡数字鸿沟

乡村数字基础设施建设是进行数字乡村建设的重要前提和基础。根据《数字乡村发展行动计划（2022—2025 年）》，乡村数字基础设施涵盖乡村信息基础设施与乡村传统基础设施，当下我国乡村数字基础设施建设还存在基础设施建设相对滞后、发展不平衡不充分等短板。数字化赋能乡村基础设施建设，缩小农村与城市的数据鸿沟，推进乡村数字基础设施差异性优化升级，一方面要实现农村电信服务设施完善化、智慧广电设施普及化，开发适应"三农"的信息平台；另一方面要推动乡村地区公路、电网、水利、物流等传统基础设施数字化改造升级。

一、实现乡村地区信息网络基础设施普及化

囿于城乡二元结构的制约，我国城乡信息网络基础设施建设存在显著差距，城乡间的数字鸿沟逐渐成为一个严峻的问题。实现乡村信息网络基础设施普及化可以有效缩小城乡间的差距，全面支撑农村数字化生产和生活的转型。

第一，持续推进乡村电信普遍服务。普遍电信服务是国家通信系统的一个柱石，我国乡村地区电信服务相对薄弱，要积极开展农村地区4G基站补盲建设，优化提升农村宽带网络质量，完善乡村地区电信服务设施。一方面，电信运营商、广电企业应充分利用现有资源，逐步推动5G和千兆光纤网络向有条件、有需求的乡村延伸，覆盖农业生产、加工区域，满足农业用网需求；另一方面，探索利用卫星遥感、航空检测、物联网设备等多种手段，提升农村相对贫困地区以及偏远地区的接入水平和质量，为全面发展现代农业、农民增收致富、提升农民生活质量提供信息化支撑。

第二，深入实施乡村智慧广电建设工程。优化农村信息服务基础设施建设离不开广播电视服务设施建设，相对于传统的广播电视，依托有线电视网络承载智慧乡村服务，可以有效地推动广播电视服务走向"终端通""人人通"，同时推进广播电视传输网络高质量发展，发挥无线与有线的综合效能，实现乡村广电从功能业务型向创新服务型转变，助力培育乡村"智慧广电"生态。

第三，鼓励开发适应"三农"的信息平台。应不断丰富"三农"信息终端和服务供给，依托手机终端向农村、农民提供实用的乡村医疗、卫生、教育、住房、文化等信息服务，在一定程度上解决乡村"信息鸿沟"难题。

二、推动乡村地区传统基础设施数字化改造升级

乡村传统基础设施建设应积极响应国家《"十四五"全国城市基础设施建设规划》，推动乡村传统基础设施数字化改造升级，夯实现代化强国

的物质技术基础。乡村传统基础设施数字化改造升级离不开农村公路管理数字化水平提高、农村电网数字化改造、农村水利设施智能化改造、农村冷链物流设施短板补齐，这些功能的完善能够有效保障乡村数字化推进的可持续性，更好地赋能乡村振兴，实现数字经济与乡村振兴协同发展。

首先，提升农村公路管理数字化水平，推动农村交通高质量发展。推动"四好农村路"，完善农村公路基础数据统计调查制度，将乡村道路档案化、数字化，并在此基础上统筹优化公路配套设施建设，推进电子地图定期更新，实现农村公路建设由规模速度型向质量效益型转型。

其次，推进农村电网数字化改造，补强农网薄弱环节。科学精准地制订农配网改造计划，加强智能输电、配电、用电建设，推进农村电气化建设项目，实现村民从"用上电"到"用好电"转变。同时，要推进以故障自愈为方向的配电自动化建设，不断提高配电自动化有效覆盖率，实现农村电网多能互补与多能融合发展。

再次，兼顾农村水利设施智能化改造，加快农村水利设施智慧化发展进程。全面提升中小型水利工程的信息感知能力，充分利用信息技术手段和智能化技术，实现农村水利设施智能化识别、监测控制、模型运算，提高农村水利设施的治理效益。

最后，加强农村冷链物流数字化建设，补齐农村冷链物流设施短板。一方面加快完善农村智慧物流体系建设，优化区域性农产品产地冷链物流设施网络，做好农产品的储藏、加工、运输和配送；另一方面推广现代冷链物流理念，建立"网络化经营、专业化服务"的产地冷链物流服务体系，提升农村物流服务时效，降低农村冷链物流成本。

第二节 提供精准化信息服务，增强村民信息素养

农业农村现代化发展和转型，离不开信息技术和数字技术的支撑。当前我国农村信息服务存在零散、不成体系、渠道有限等问题，农民获取农业信息服务受限。同时，农民获取、评价、利用信息的能力比较低，综合信息素质有待进一步提高。

一、多角度赋能精准化信息服务

近年来，我国信息化、数字化水平有了质的飞跃，但是受制于基础建设、教育水平、资金实力等多方面原因，城乡信息化水平差距仍然存在，农村现代化转型存在短板。

首先，农村信息化水平不高，主要表现为信息技术落地不到位，导致农业技术与信息融合水平有待进一步提高。农村信息技术落地实施的广度、深度地区差异比较明显，东部地区的实施力度更强，农业技术与信息融合水平整体不高。农业技术的快速发展与信息服务的脱节导致技术应用存在短板，不利于农业现代化、智能化的发展。同时，农民和相关从业者缺少路径获取和传递信息，导致农村数字资源没有发挥应有的作用。应实现精准化的信息服务，从资源层面让信息流动起来，实现信息的增值，为农业现代化提供更多的动力。

其次，从供需角度而言，传统信息服务以供给方为主体，考虑的是能提供哪些服务，但是随着农村经济的发展、农民生活质量的提高和需求的多样化，信息服务应转为以需求方为主，供给方应更多考虑农民需要哪些服务。精准信息服务即利用大数据、云计算、物联网、区块链、人工智能等技术手段，深入挖掘用户需求、使用习惯、信息关注等要素，为使用者提供有针对性、精准化、高效的信息，实现向上需求和向下供应两者匹配，有助于解决供应方与需求方信息的不对称性问题。

最后，精准化信息服务离不开传播载体。应着重建设移动互联网端的信息服务，利用智能手机的软件，如微信、QQ 等常用 App 作为推动精准化信息服务的突破点，或者在原有政务服务平台中搭建农业服务专版，满足农业从业者和农村居民的信息需求。

二、多渠道提升农村居民信息素养

信息素养强调个人对信息内容的获取、评价与利用三方面的能力。农村居民有了获取信息的渠道，但若是没有信息评价与利用能力，再多的信息资源也无法发挥应有的作用。

首先，智能手机的广泛推广在一定程度上拓展了农村居民获取信息的渠道。根据《中国乡村振兴综合调查研究报告（2021）》显示，我国九成以上的农户家庭拥有至少1部智能手机，这表明乡村居民有更多机会和通道获取信息。但是，只获得信息但不能评价和利用信息，数字资源的能效就不能充分发挥。移动互联网上的信息繁杂，只有先正确评价和甄别信息，才能让信息为己所用。

其次，信息素养的培养是公共服务的重要内容，是一个长期的过程，因此政府、学校、公益组织等机构应当积极参与到农村居民信息素养发展的过程中，承担起教育责任。应从顶层设计中明确信息素质教育的重要性、实施战略和发展目标，各地区要依据经济实力、教育水平、信息资源、科技实力等制定具体细则，从学习、工作、生活等方面为乡村居民提供提高信息素养的通道，并给予激励。

学校应将信息素养纳入素质教育，提升学生的信息查询、辨别和利用能力。相较学校教育，工作、生活中的非正式教育目前较为缺乏，相关方面应通过公益或非公益渠道为乡村居民提供学习机会，如举办学习讲座、技术培训等活动，尤其针对农村中老年等信息弱势群体，更要通过加强培训、提供咨询服务、创新信息传播方式来满足其需求。

第三节　打造数字化治理平台，实施乡村智慧治理

乡村治理是以村民自治为基础，联合基层组织及其他利益相关组织共同参与乡村公共事务的组织和管理，通过发现、解决问题，实现资源的整合、利用，以达成乡村进步和社会和谐发展的目的。乡村治理是国家治理的重要组成部分，建设数字乡村必然离不开数字化乡村治理。

当下，我国乡村基层治理存在两方面较为明显的问题。首先，乡村治理仍然采用传统直线式、单向性的方式。其次，部分乡村治理正在迈向数字化，但是治理效果不理想，与基层乡村事务相脱离，无法发挥数字化治理平台的优势。

一、搭建数字化治理平台

农业农村的现代化是我国现代化进程中的重要一步，实现农业农村现代化离不开乡村治理的现代化。数字化治理是实现农村现代化转型的重要一步，在我国数字化快速发展的背景下，数字技术赋能乡村治理是大势所趋。

在没有良好技术依托的情况下，乡村治理的效率低下，村民需求无法向上传达，政策文件向下执行力度不够，构建乡村治理平台，打通向上与向下两条通道，能够推进乡村治理内容线上化、透明化。乡村党务、村务、财务等公共事务在平台上公开，接受群众监督，有利于构建和谐人群关系。

但是，乡村治理转向数字化是一项复杂的工程，其实质是对组织要素及相互关系的一种重构，因此，搭建乡村治理的数字化平台需要从顶层设计出发，自宏观走向微观、整体走向局部、定性走向定量。我国各省份已基本实现"互联网＋政务"服务平台的构建，其中数字技术发挥了举足轻重的作用，但是这些平台目前没有达到预期效果，与传统乡村治理的惯性仍然存在有关。乡村治理要迈向现代化、数字化，必须要有宏观层面的设计与微观层面的调整。

乡村治理不仅是国家治理的微观基础，也是与公民相衔接的最终一环。不同发展阶段的乡村在构建数字治理平台时应该找准各自的建设重点，根据自身的经济实力、地理环境、资源禀赋、文化特性等因素做到精准施策。例如，发展旅游业与发展种植业的乡村治理重点各有不同，僵硬地套用同一个治理模式必然会陷入"数字化"的陷阱中。

二、推进基层数字治理组织变革

农村推行数字化、智能化治理，不仅是利用技术、资金等资源搭建治理平台，更是通过技术创新对原有基层组织治理各要素进行变革，包括治理理念、工作方式、人员配备等方面。

数字治理平台的搭建会对原有治理理念产生冲击。农村是一个"熟人"社会，因此农村事务的处理带有更多的个人色彩，也为农村基层贪腐提供了"温床"。利用数字治理平台，将乡村治理过程程序化，在一定程度上能够减少上述负面事件的发生，营造合规、合法的乡村治理理念。同时，在数字技术的作用下，乡村治理由封闭性向开放性转变，基层工作受到更多方的监督。这种更广泛的监督不仅有利于提高群众对治理的参与度，也有利于乡村发展的公平公正。

乡村治理数字化、平台化能在一定程度上优化治理工作的方式与流程。过去，基层干部只能进行点对点单线服务，拉低了工作效率与效果，但是利用数字化治理平台，管理工作实现点对线甚至智能化，可以解放部分人力，将更多的时间与精力用于关乎民生大计的农业农村发展问题中。通过治理平台的搭建，梳理基层职位权责、工作流程等，能够实现基层管理的前瞻化、主动化。

农业农村资源在治理平台的搭建过程中也实现了数字化，这些数字资源可以通过参与平台的各方实现流转，减少信息相互割裂的问题。传统的信息传递方式是静态且单一的，而一个融会贯通的数字化平台可以实现乡村治理数据动态化、多元化，为不同部门的信息流转创造良性循环。

三、共建乡村智能治理平台

充分发挥数字化治理平台的效能，需要多方共建，否则空有数字化治理的"外壳"，无法达成乡村治理的实质改变。

首先，数字化治理平台必须与乡村居民的利益相关。村民是乡村治理的参与者，亦是受益者，在治理平台的建设中，村民的参与度与积极度将直接影响平台建设成功与否。当村民的问题能够得到解决，诉求得到倾听，与生活相关的讯息能通过平台获取，切身利益得到保障，村民便会更多地参与到数字化治理平台中，平台也能渗透到乡村治理的方方面面。

其次，政府在数字化治理平台的建设中发挥着至关重要的作用。农村基层干部是政府机关面向村民的具象化个体，治理平台是政府统筹管理农业农村的工具与渠道，因此治理平台数字化需要由政府牵头，积极引导各利益相关者参与建设。其中，社会资本发挥的作用不容小觑，将部分工作社会化，有利于平台与社会相衔接及后续技术优化等问题。

最后，应为无法与平台链接的村民提供人性化服务。数字化技术为乡村治理插上科技的"翅膀"，而人性化服务则为弱势群体提供了兜底保障。农村中无法使用互联网或移动互联网的居民仍然存在，如部分老年人、文化素质偏低者、留守儿童等，他们的需求同样是农业农村现代化进程中需要关注的。这种兜底服务可以在基层干部的领导下，由社会组织提供，以在数字化的过程中打通与弱势群体的"最后一步"。

第四节　推动乡村数字经济发展，探索乡村数字经济新业态

农业数字经济发展是我国乡村振兴的重要内容。2022 年中央一号文件《中共中央　国务院关于做好 2022 年全面推进乡村振兴重点工作的意见》指出，必须稳住农村基本盘，做好"三农"工作，持续全面推进乡村振兴，确保农业稳产增产、农民稳步增收、农村稳定安宁。

要充分发挥数字技术对农村经济的优化、升级和转型作用，构建农村一二三产业相融合的新业态，延伸产业链、价值链，力图为破解农村发展痛难点提供新方案、新思路，以推进农村振兴、缩小城乡差距、实现共同富裕。

一、推进供给侧结构性改革

推动乡村数字经济发展有利于推进农业供给侧结构性改革。改变通过提供大量同质化产品拉动农村经济增长的局面，通过增加有效数字技术供给和高质量产品供给，构建农村经济新业态。

推动乡村数字经济发展，就是将数字技术和数字资源作为新的生产要素融入乡村经济中，为农业生产增加有效技术供给。传统农业生产多依靠人工和经验，但是数字技术的应用实现了农业生产活动的可视化、数字化及一定程度的预测推演，为生产经营者提供了决策依据。过去"靠天吃

饭"的农民可以通过数字遥感技术、5G 技术实时监控种植养殖的温度湿度、风向风速等。基于大数据技术的天气预测及其应用，能够帮助农民及时采取措施，减轻农业损失。此外，通过对灌溉、用药等生产过程的监测，能够为提高水资源利用效率、保障食品安全和降低土壤化学物质残留提供数字方案。

数字技术作为数字经济的重要支撑力，打通了市场供给侧与需求侧，农产品供给更具有针对性，同时通过吸引其他产业资源推进乡村产业结构优化，增加了高质量产品供给。高质量不仅指的是农产品质量高，服务体系也得到了优化，高效、快速、精准的售前、物流和售后服务等也是高质量产品供给的重要部分。例如，在数字技术的加持下，农村电子商务取得了卓有成效的成果。电子商务平台为农民和消费者搭建了互通渠道，在一定程度上打破了"信息壁垒"。根据消费者需求的变化，农户生产出多元化、精准化的产品，而高质量产品供给也会刺激和引领消费新需求。利用大数据、云计算等技术预测消费者需求偏好和发展方向，辅以推广营销等手段，能够打开需求市场，创造农业新增长点。

将数字技术与农业生产经营活动融会贯通，生产、加工、销售等环节实现数字化，以更低的成本、更高效的服务、更便利的获取条件改良产品、创新营销模式，充分挖掘乡村资源，促进乡村数字经济的大力发展。

二、丰富并延长产业链和价值链

数字技术的快速发展将过去很多无法实现的事情变成了现实。例如，快速发展的供应链、冷链、物联网等技术，使各地特色产品有机会流向全国各地，并在此基础上开发形成了新的产品和服务，延长了农业的产业链条。另外，农产品食品安全问题困扰市场已久，在"区块链＋供应链"技术的赋能下，现在，从农产品种植开始，肥料使用情况、种植时长、种植地区等"身份信息"就一一记录在案，不仅为市场监管提供了便利，也让消费者买得更放心。

农村数字经济的快速发展为一二三产业的融合提供了更多的可能，从传统的农耕作业逐渐演化为智能化、自动化、数字化产业模式，不仅丰富和优化了农产品的产业结构，还带动了诸如休闲旅游、研学基地等耳目一新的服务模式的形成和发展。

互联网和移动互联网的大规模普及为消费者提供了更为广阔的选择空间，这对农业从业者提出了新的挑战。我国社会主要矛盾从人民日益增长的物质文化需要同落后的社会生产之间的矛盾转化为人民日益增长的美好生活需要和不平衡不充分的发展之间的矛盾，已揭示农业未来的发展方向就是与人民的需求相匹配，从需求端倒逼农业平衡、充分地发展。

同时，各地区出台农用化学品使用、农村垃圾回收等相关行政法规，倒逼农业从业者通过技术创新，减少农业生产加工过程对生态环境的负面影响，在农业生产中使用更多可降解、易回收的农膜，完善农田残膜回收利用体系，提高资源利用效率，保护乡村生态环境，实现绿色可持续发展。

农业数字化、智能化过程即重新配置农业生产要素、引入新生产要素和生产条件，开辟新的农业市场，延长产业链，为价值链细化、分化、重新融合提供条件，搭建农业新业态，实现经济的高质量发展。

三、增添创业就业新机遇

当下，越来越多的年轻人返乡发展，因为数字技术的快速发展创造了新的就业创业机会。譬如近年来十分火热的直播带货，不仅打开了农产品的销路、增加了务农者的收入，也为宣传地区风貌、开拓新商业模式打下了基础。"互联网＋休闲旅游"等新模式不断涌现，不少农民充分利用乡村"不可移动"的生态资源，创办农家乐、建设山庄，吸引了大量游客，创造了无限商机。

人才是乡村数字经济发展的关键。虽然数字技术背景下的农业生产经营方式发生了转变，移动互联网、人工智能等信息技术的高速发展和大范围普及，在一定程度上降低了数字农业的门槛。但是，新技术的加入也拉高了数字农业的上线。如何将数字技术与农业生产经营活动密切链接起来，如何打通农业供应链各行业间信息传递的壁垒，如何在后续实现自动化、智能化、数字化生产等问题，都需要数字化人才一一解决。培养能够熟练掌握和应用数字技术的高层次人才是实现乡村数字经济不断发展的根本之一。农业从业者对生产经营活动的认知与数字技术的应用相交融，能够共同促进乡村数字经济的发展。除了要加强本土农业人才培育，也要注重引进外部人才。数字技术作为新的生产要素加入农业生产，农业劳作对象、过程与结果都发生了改变。作为我国经济新的增长点，农业数字经济和新业态的发展需要复合型人才，以提高数字化融合深度、拓宽数字技术融合广度。

过去农村流入城镇的人口为城市现代化作出了不可磨灭的贡献，现在农村的数字化发展急需各方面资源，城镇应以先富带后富，将冗余资源向农村高质量发展倾斜。乡村数字经济的高质量发展可以激发以技术、人才、信息、数据、知识为代表的各生产要素活力，探索农业与第二、第三产业融合与细化的新业态，实现乡村振兴和共同富裕。

第五节　提升智慧绿色乡村水平，倡导数字绿色生活方式

建设智慧绿色乡村是数字乡村发展的内在要义，是乡村现代化建设和乡村振兴战略的必然要求，也是保障乡村生态环境、资源和农业生产的必要手段。中共中央办公厅、国务院办公厅印发的《数字乡村发展战略纲要》明确提出要"建设智慧绿色乡村，推广农业绿色生产方式，提升乡村生态保护信息化水平，倡导乡村绿色生活方式"。

一、推进农业发展全面绿色转型

农业绿色生产是以协调农业生产和环境保护为目标，在保护环境、保证让农产品绿色无污染的同时，促进农业发展和增加农户收入的一种生产方式。利用农业投入品追溯管理平台，规范农业生产经营企业的活动，实现农药、兽药、化肥、饲料等农业投入品流向可跟踪、风险可预警、责任可追究，防止不合格的农业投入品进入流通领域、减少农业投入品的滥用，推动农业绿色发展。

第一，推广绿色生产相关知识，带动农民改变生态观念。利用互联网推广绿色生产知识对于实现绿色发展十分关键。例如，通过短视频推广绿色生产新模式、新技术和新产品，提升公众认知度。

第二，建立监管平台，为农业绿色生产提供保障。省级层面建立省级农业投入品追溯监管平台，主要实现企业电子档案、产品追溯管理、监督检验管理、产品召回等主要功能。赋予监管机构、检测机构、执法机构和生产经营主体使用权限，采集主体管理、产品流向、监管监测和公众评价投诉等相关信息。县级层面指导农业生产经营主体接入省级追溯监管平台，开展农业投入品监管溯源与数据采集工作，加强追溯监管平台使用指导和培训服务等。

二、促进农村生态文明建设

乡村绿色生活是指基于可持续性原则，运用现代化科技手段改善乡村居民的居住生活环境，保障其健康。推进农民生活方式绿色化转变，不仅可以倒逼生产方式绿色化发展，还可以改善农村生态环境问题。

第一，加强农村人居环境综合监测，为改善农村人居环境提供监管依据。首先，实施农村生活垃圾收运数字化监管。运用物联网和人工智能等技术对农村生活垃圾的收集、运输、回收和处理过程进行监控与分析，并实时监测垃圾的清运量，提高处置和收运效率。其次，利用现代技术，如卫星遥感数据、无人机和高清视频监控等，对农村生活污水处理设施的运行情况进行实时监控和智能预警，并开展过程管控、水质监控和设施运营状态评估。再次，利用物联网、人工智能、无人机等信息技术手段对农村地区房屋、道路、河道、特色景观等公共生活空间进行监测，消除乱搭乱建、乱堆乱放、乱贴乱画等影响村庄环境的现象，为保持乡村面貌整洁提供管理依据。最后，建设省级农村人居环境监管平台，建立预警数据定期分析研判制度，形成"问题线索在线受理、任务在线交办、履职在线监管"全流程监督的闭环管理工作机制，并引导农村居民通过 App、小程序等方式参与农村人居环境网络监督。

第二，完善农村饮用水水源水质监测体系，保障农村饮用水安全。首先，在农村河流、水库、地下水、蓄水池（塘）等饮用水水源采样点设置数据采集点，对温度、色度、浊度、pH 值、电导率、溶解氧、化学需氧量和生物需氧量进行综合性在线自动监测。其次，各级政府应按照相关要求开展农村地区地表水环境、饮用水水源环境监测工作，合理安排信息化自动监测站点布设，制定监测标准和方案，做好农村饮用水水源地供水管理。

三、推动乡村生态关系数字化转型

农村生态保护信息化是指在农村生态环境保护工作中，应用信息技术手段，实现农村生态环境监测、评估、预警、防治、修复等工作的自动化、智能化和精细化管理。农业农村生态环境保护信息化建设是提升农业农村污染治理能力和监管水平的有力手段，对促进农业农村产业发展、打赢农业农村污染治理攻坚战和实现乡村振兴意义重大。

第一，建立健全农村环保信息资源中心，加快推进生态环境保护信息化工程建设，推动跨部门信息共享和业务协同，有效整合、全面共享生态环境、农业农村、水利等多部门农村环保相关数据资源。建立各级生态环境部门生态环保信息平台，实现数据信息实时共享，同时对各部门进行分级分类管理，各个管理层级分权限共享数据。充分考虑新时期生态环境部门的工作要点，合理确定数据采集重点和顺序，优先采集南水北调中线水源地及其输水沿线、京津冀和长江经济带等重点片区农业农村污染治理攻坚、农村环境综合整治、农村生活污水治理、种植养殖行业污染减排等重点领域相关数据。

第二，建立"部级监管、省负总责、市县组织、村镇填报"的数据报送机制。落实报送主体责任制，确保数据来源真实性和准确性。建立完善污染监管直联直报和数据信息动态更新机制，提高数据报送时效。在污染现状底数识别和设施运维监控数据获取方面，通过 App、传感器、无人机等方式动态采集，接入信息管理平台。实施智能监控与识别，对异常点位或数据自动报警，及时发现农业农村环境问题。

第三，加快建立健全大数据相关法律法规与规章制度，厘清农村环保大数据的所有权，保障信息安全。制定农业农村大数据管理的法律法规和标准，确保数据的准确性、完整性和安全性，以便不同机构之间数据的交流共享。搭建多层次、信息多向流通的数据共享平台，规范各个机构和部门在数据采集、存储、处理和传输等环节的职责分工，确保数据运行的流畅性，提高数据利用效率。加强储备人才队伍建设，针对大数据、互联网专业学生提供生态环境保护、乡村治理等相关课程。通过远程视频培训等方式，培养具备乡村治理专业知识和数据处理技能的基层工作人员。

第六节　巩固网络文化阵地，繁荣乡村网络文化

乡村振兴包括产业振兴、人才振兴、文化振兴、生态振兴和组织振兴。大力发展乡村网络文化的重要性在于提升农村形象，充实农民精神文化生活，缩小城乡数字鸿沟，推动乡村经济水平提升和社会和谐稳定发展。大力发展农村互联网文化，需要从"强化互联网安全与信息化建设""挖掘保护优秀传统文化""增强基层文化建设"三个层面进行部署。

一、强化网络安全和信息化建设

近年来，我国不断加强对网络空间内容生产、复制、发布、运营的规范治理，加快培育向上向善的网络文化。"筑牢乡村网络文化阵地"，构建良好的网络生态空间需要政府、企业、社会、网民等多元主体的参与，从而形成共建共治共享的网络社会治理格局。

一是增加优质内容供给，完善县级融媒体中心功能，为以"三农"为主题的优质网络作品提供支撑，并根据当地乡村特色、风土人情，打造符合乡村文化习惯的优秀节目。二是加强网络视听节目管理，普及国家宗教政策，依法严厉打击农村非法宗教活动及其有组织的渗透活动。加强网络监督，预防农村青少年沉迷网络，抑制封建迷信、攀比低俗等现象的网络传播，提高青少年网民文明素质。三是大力推进网络普法教育，借助微信群组、短视频等方式，加大农村居民对网络立法的了解掌握，推动依法上

网成为农村居民的基本共识。四是鼓励广大农村居民积极参与网络文化作品创作，借助微博、微信、短视频等手段进行跨媒介、立体化传播，并为农村民众提供必要的培训、技术支持和政策扶持。

二、推进乡村文化资源数字化

在媒介高度发达的时代，怎样将优秀传统文化挖掘出来、透彻学习、有效传播是我们未来研究的主要课题。伴随着 5G 智能互联网时代的来临，将优秀传统文化资源进行数字化处理是继承与弘扬优秀传统文化的行之有效的手段。积极推进中华优秀文化的数字化开发，将乡村文化纳入中华优秀传统文化传承发展的系列工程之中，是现阶段我国乡村文化建设的重要路径。

数字化能够极大地拓展乡村文化的内涵和外延，突破乡村文化资源的局限。可以从以下方式入手，为乡村文化注入新动能。一是结合乡村文化特色，制订行之有效、独具特色的数字化实施方案，有效保护当地乡村文化资源，展示乡土文化的真正魅力。二是加大乡村文化遗产的数字化转化开发力度，重点保护利用好古镇古街、祠堂民宅、廊桥亭台、古树名木等物质文化遗产，以及民俗风情、传统技艺、乡乐乡戏等非物质文化遗产，实现乡村文化遗产的创造性转化和创新性发展，延续乡村文化脉络。三是加大线上线下相结合的力度，利用网络充分展示当地乡村文化资源，促进"互联网＋文旅"产业发展，积极探索开发新产品、新业态，为发展乡村文化产业创造良好条件。

三、提高基层公共文化设施数字化服务水平

文化基础设施是促进乡村文化振兴的重要基础。《中华人民共和国国民经济和社会发展第十四个五年规划和 2035 年远景目标纲要》提出，要"创新实施文化惠民工程，提升基层综合性文化服务中心功能，广泛开展群众性文化活动"。为提高基层公共文化服务，需要进一步提高乡镇综合文化站等公共文化服务设施的效能，并在农村地区建设统一标准的基层公

共文化网络基础设施,如乡村数字图书馆、乡村旅游网上展馆、乡村文化网上展馆、数字博物馆等。

要加强基层公共文化设施的数字化建设,提高数字化服务能力。一是加快乡村信息基础设施建设,加强对乡村网络设施水平的提升优化,加快农村宽带、移动互联网、数字电视网等综合设施的建设与覆盖。二是用好公共文化云基层智能服务端,推动乡村公共数字文化站建设,支持推进农村地区广播电视基础设施建设和升级改造,提升乡村公共文化服务能力。三是培养乡村网络文化服务人员,提高当地文化从业人员的服务意识,把一些热爱乡村文化事业、具有专业特长、甘于奉献的优秀人才吸纳到乡村文化建设中来,打造一批专门服务于农村居民的文化管理队伍。

第七节 深化乡村数字惠民服务,共享数字发展红利

"十四五"期间,为推动数字经济发展,提升公共服务数字化水平成为一个关键问题。党的十九大报告指出,实施民生工程,加强社会保障体系建设,要把基本公共服务特别是均等化服务作为重点。要广泛推广应用数字技术,以全面推动公共服务的均等化、惠普化、高效化和便捷化发展。围绕教育、医疗与养老领域,加快推动公共服务数字化水平全面提升,实现数字经济发展红利的全民共享。

一、积极发展农村教育事业

当前,我国农村教育发展落后于城市,为了缩小城乡教育资源配置的差异,特别是改善农村地区的教育资源配置状况,应大力提高乡村学校的信息化水平,积极开展乡村远程教育,提升乡村教师信息技能水平。通过将互联网等信息技术与乡村教育相结合,实现城乡教育资源均衡配置。

第一,完善乡村学校信息化建设,提升信息化应用水平。建设学校基础通信网络,提升农村中小学互联网接入速率与网络质量。为乡村学校配备多媒体教育教学设备,满足远程教育等信息化教学需求,并在有条件的

地方建设数字校园，实现教育教学、教育管理、教育评价、生活服务等方面的信息化应用。

第二，推动互联网远程教育体系建设，推广网络课程理念。建立教育资源公共服务平台，将城市区域的优质教学课程资源整合起来，引导城市学校、教育培训机构、相关企业、公益组织共同参与城乡学校共建。在农村学校设置远程教育设施，支持农村学校与城市学校形成对接，实现城乡学校教育课程的同步共享和动态互动。通过"双师"教学、视频点播、网络直播等形式向乡村提供优质教学资源，为农村中小学教师量身打造培训课程。

第三，加大乡村教师培训，提升乡村教师信息技能水平。深化开展中央电教馆"教研共同体协同提升试点项目"，组织城市优秀教师专家团队开展网络直播，组织农村学校教师参加线上讲座培训。依托全国中小学教师信息技术应用能力提升工程2.0、国培计划、省培计划，因地制宜开展乡村教师信息化教学示范培训，开展名师网络课堂和远程协同教研相结合的"双师教学"模式教师培训改革。组织城乡学校开展校际合作。对农村学校教师信息技术应用能力提升工作进行过程督导和质量评估，并将评估结果纳入学校办学水平综合考评的指标。

二、构建农村普惠医疗服务体系

乡村医疗存在医疗资源短缺和医疗服务水平相对较低等问题，"互联网＋医疗健康"通过数字化的医疗健康服务，能够有效解决乡村医疗资源不足的问题，提高医疗服务水平，进一步打破城乡的数字鸿沟。

第一，加快医疗机构信息化建设。建设基层医疗卫生机构信息系统，运用基础信息通信网络、信息化医疗设备等，实现省、县、村医疗卫生机构的信息互通。以县级医院为龙头，鼓励联合辖区基层医疗机构建立"一体化"管理的县域医共体，为实现远程医疗、分级诊疗等"互联网＋医疗健康"模式提供基础保障。

第二，推动农村地区远程医疗的可持续健康发展。随着网络通信技术的快速发展以及医疗卫生体制的改革，远程医疗对促进基层医疗卫生事业的发展具有扶持、推动和创新作用。首先，加强基础设施建设是实现远程医疗服务的基础。其中，建设高速互联网和完善通信网络可以为农村地区的医疗服务提供更加稳定和高效的信息传输服务，解决乡村医疗机构与城市医院之间的信息障碍问题。其次，培养专业的医疗团队和提高医疗人员的技能水平可以有效提高远程医疗服务的质量与效率。政府和医疗机构要从人才培养、政策扶持、津贴补助、职称评定等方面加大支持力度，吸引更多的医务工作者参与到乡村医疗事业中来。同时，由于远程医疗服务的特殊性，医疗人员需要具备更高的沟通与协作技能，熟练掌握先进的信息技术和医疗器械操作技巧。最后，政策和监管也是实现远程医疗服务可持续性发展的要素之一。政府需颁布相关的行政法规、制度和标准，确保远程医疗服务的质量和安全。

三、大力发展智慧养老

随着中国人口老龄化程度的不断加深，社会的养老压力越来越大。为提高养老的质量，更人性化、高效地为老年人提供养老服务，在信息技术广泛应用的背景下，智慧养老应势而生，具体做法如下。

首先，开展"互联网＋养老"服务，通过老人个人健康管理和健康数据人工智能分析业务应用，实现老人健康电子档案管理、体检报告管理、健康大数据分析服务。其次，构建智慧养老服务综合信息平台，实现平台数据与政务、公安、医疗卫生、社保、金融、殡葬、救助等系统数据的互联互通。最后，利用智慧养老服务信息平台，结合机构视频监控、消防报警设施，实现对养老机构远程、实时、动态、高效的日常安全监督、管理，加强对机构的安全管理体系建设、消防安全保障和突发事件应急管理，实现机构安全和服务质量全过程实时监管。

第八节　坚持城乡一体化理念，推动数字城乡融合发展

数字城乡融合发展是统筹新型智慧城市和数字乡村，基于整体性的数

字赋能手段来驱动城乡融合，改善不平等城乡关系的具体实践。现阶段，数字城乡融合发展应重点聚焦基础设施协同、产业融合互促、公共服务普惠和治理手段升级等方面，走有中国特色的数字城乡融合发展道路。要做好中长期战略布局，夯实城乡新基建，强化数据安全治理，培育数字经济产业集群，营造数字公共服务空间，培育数字人才队伍等，加快以人民为中心的城乡数字化转型，将城乡发展红利惠及全民。

一、数字赋能城乡发展

数字化转型是系统工程，必须突出抓好县城和乡镇数字化改革创新，促进智慧城市与数字乡村协调并进，实现城乡数字资源统筹配置、整合共享、功能互补。支持有条件的区县开展城乡数字化融合试点示范，推动城市 5G、互联网、物联网、大数据平台等服务在区县重点布局，鼓励区县开展数字化创新试点，围绕田间管理、农产品流通等领域打造智慧应用，统筹进行规范标准、数据汇聚、业务协同等工作，推动县域数字化"百花齐放、各领风骚"。推动有条件的乡镇推广数字化应用，唤醒乡村"沉睡的资源"，让数字化转型见到效益、释放红利。要结合城镇化发展的各个时期、各地区的信息化建设、产业发展、社会治理、民生保障等领域的实际需求，充分发挥数字技术在提高城市承载力、增强乡村内生发展动能中的作用，因地制宜探索不同数字城乡融合发展模式。坚持以改革带动城乡发展，以数据要素为基础，加快大数据、人工智能、物联网、区块链等技术与现代产业的深度融合，促进城乡间劳动力、土地、资金等要素的流动，激活市场主体的创新创业动能，释放新兴产业对城乡融合的倍增作用。

二、推动数字城乡融合发展

推动数字城乡融合发展是当前中国城乡一体化战略的重要组成部分。数字城乡融合是指在城乡一体化的基础上，通过信息与数字技术的运用，促进城乡经济、社会和生态的互联互通、互补互进，实现城乡资源、服务、产业等要素的"融合发展"。加快推进数字城乡一体化进程需要做到以下两点。

一是加快建设新型智慧城市。首先要加大信息化基础设施包括光纤宽带、5G网络、卫星导航等的建设力度，确保城市数字化管理的全面覆盖。其次要加强数据共享和交互，充分利用大数据、物联网等技术，将城市各类数据、信息、资源互联互通，实现信息资源共享和高效利用。再次，新型智慧城市需要应用智能交通、智慧能源、智慧环保等技术手段实现城市的高效运转和低碳低排，提升城市的生产力和生活品质。最后，新型智慧城市还需注重市民的参与，建立市政府、企业、社区、市民共治的城市治理体系，完善公共设施、社区服务等民生事务，以高效性、智能化、可持续性为目标，推动城市现代化，实现城市资源、环境和人口的合理调配和整合，提高城市的市场竞争力和综合指数，为改善人居环境和提高城市品质提供坚实的技术与理论支撑。

二是加快农村信息化进程。提供信息化与社会化服务，打造乡村综合信息服务系统，为农民提供更为便捷的信息服务。提升基层信息化服务能力，加强农业生产、生活数字化应用，推进乡村基层管理信息化建设，推动农村基层服务工作线上线下协同办理，实现信息共享和资源整合，提升农村基本公共服务水平。推广和培育数字化的新业态、新模式，鼓励农村电商、数字农业等新兴产业的发展，增强乡村经济的活力、竞争力和可持续发展能力，推进城乡经济一体化和产业融合，实现"以城带乡、共建共享"的数字城乡融合发展新局面。

参 考 文 献

［1］包冬梅，范颖捷，李鸣. 高校图书馆数据治理及其框架［J］. 图书情报工作，2015，59（18）：134－141.

［2］蔡军霞. 倡导绿色生活方式促进农村生态文明建设［J］. 文化创新比较研究，2018，2（5）：36－38，40.

［3］曹惠民，邓婷婷. 政府数据治理风险及其消解机制研究［J］. 电子政务，2021，217（1）：81－91.

［4］陈彪，曹晗. 乡村文化振兴的空间与进路——兼谈文旅乡建［J］. 社会科学家，2022，304（8）：52－60.

［5］陈畴镛. 韩国数字政府建设及其启示［J］. 信息化建设，2018（6）：30－34.

［6］陈端. 数字治理推进国家治理现代化［J］. 前线，2019，468（9）：76－79.

［7］陈洪友，李虹. 嵌入到共生：县级融媒体参与乡村文化生产的进路［J］. 中州学刊，2022，311（11）：155－163.

［8］陈培彬，张精，朱朝枝. 印度"绿色革命"经验对我国发展生态农业的启示［J］. 农业经济，2020（6）：11－13.

［9］陈晓琳，李亚雄. 数字乡村治理的理论内涵、数字化陷阱及路径选择［J］. 理论月刊，2022（10）：108－117.

［10］陈振明. 公共管理学——一种不同于传统行政学的研究途径：第二版［M］. 北京：中国人民大学出版社，2003.

［11］程国强，马晓琛，肖雪灵. 推进巩固拓展脱贫攻坚成果同乡村振兴有效衔接的战略思考与政策选择［J］. 华中农业大学学报（社会科学版），2022，162（6）：1－9.

［12］崔凯. 数字城乡融合发展的逻辑基础、实践道路与推动策略［J］. 科技管理研究，2022，42（19）：192－198.

［13］范建华，邓子璇. 大力发展特色文化产业走可持续减贫之路［J］. 理论月刊，2021，475（7）：78－88.

［14］方创琳. 城乡融合发展机理与演进规律的理论解析［J］. 地理学报，2022，77（4）：759－776.

［15］冯川. 日本"一村一品"运动的推动机制与农村社会自主性［J］. 世界农业，2021，510（10）：62－69.

［16］冯献，李瑾，崔凯. 乡村治理数字化：现状、需求与对策研究［J］. 电子政务，2020（6）：73－85.

［17］冯献，李瑾. 乡村治理现代化水平评价［J］. 华南农业大学学报（社会科学版），2022（3）：127－140.

［18］高鹏，杨翠迎. 智慧养老的精准化供给逻辑与实践：来自上海市的调研［J］. 经济体制改革，2021（5）：187－193.

［19］高强，游宏梁，汤珊红，等. 军事数据治理概念与框架研究［J］. 情报理论与实践，2019，42（12）：55－59.

［20］高政良，兰雨晴，王久翰. 甘肃白银："互联网＋"推动"甘味"品牌建设助力乡村振兴［N/OL］. 白银市广播电视台，2021－12－15.

［21］格里·斯托克. 作为理论的治理：五个论点［J］. 国际社会科学杂志，1999（1）：19－30.

［22］郭君平，曲颂，刘合光. 中国城乡关系的演进脉络、结构性失衡及重构方略［J］. 改革，2022，343（9）：83－93.

［23］郭凯凯，高启杰. 农村电商高质量发展机遇、挑战及对策研究［J］. 现代经济探讨，2022，482（2）：103－111.

［24］郭美荣，李瑾，马晨. 数字乡村背景下农村基本公共服务发展现状与提升策略［J］. 中国软科学，2021（7）：13－20.

［25］郭治安，等. 协同学入门［M］. 成都：四川人民出版社，1988.

［26］韩广富，叶光宇. 从脱贫攻坚到乡村振兴：乡村特色优势产业的战略思考［J］. 西南民族大学学报（人文社会科学版），2021，42

（10）：136 - 143.

[27] 韩晶，陈曦，冯晓虎. 数字经济赋能绿色发展的现实挑战与路径选择 [J]. 改革，2022，343（9）：11 - 23.

[28] 韩西平. 美国信息高速公路的建设 [J]. 理论导刊，1996（8）：46 - 47.

[29] 韩啸，汤志伟. 数字政府创造公共价值的驱动因素与作用机制研究 [J]. 电子政务，2022（2）：51 - 64.

[30] 何迪. 美国、日本、德国农业信息化发展比较与经验借鉴 [J]. 世界农业，2017（3）：164 - 170.

[31] 何玉长，王伟. 数据要素市场化的理论阐释 [J]. 当代经济研究，2021（4）：33 - 44.

[32] 河南省社会科学院课题组. 数据治理驱动政府治理效能提升的影响机制与优化路径 [J]. 中州学刊，2020，278（2）：71 - 75.

[33] 黄静，周锐. 基于信息生命周期管理理论的政府数据治理框架构建研究 [J]. 电子政务，2019，201（9）：85 - 95.

[34] 黄如花，冯婕，黄雨婷，等. 公众信息素养教育：全球进展及我国的对策 [J]. 中国图书馆学报，2020，46（3）：50 - 72.

[35] 江必新. 国家治理现代化基本问题研究 [J]. 中南大学学报（社会科学版），2014，20（3）：139 - 148.

[36] 江维国，胡敏，李立清. 数字化技术促进乡村治理体系现代化建设研究 [J]. 电子政务，2021（7）：72 - 79.

[37] 姜程潇. 论数据双层结构的私权定位 [J]. 法学论坛，2022，37（4）：119 - 126.

[38] 金建东，徐旭初. 数字农业的实践逻辑、现实挑战与推进策略 [J]. 农业现代化研究，2022，43（1）：1 - 10.

[39] 李本庆，岳宏志. 数字经济赋能农业高质量发展：理论逻辑与实证检验 [J]. 江西财经大学学报，2022（6）：95 - 107.

[40] 李汉卿. 协同治理理论探析 [J]. 理论月刊，2014（1）：138 - 142.

[41] 李杰义，胡静澜，马子涵. 数字乡村建设赋能乡村振兴：理论

机制、实践路径与政策启示 [J]. 西南金融, 2022, 496 (11): 84-95.

[42] 李伟, 陈沫, 杨帆. 乡村振兴视阈下农村人居环境整治的战略价值 [J]. 农业经济, 2022, 427 (11): 52-54.

[43] 李依浓, 李洋. "整合性发展" 框架内的乡村数字化实践——以德国北威州东威斯特法伦利普地区为例 [J]. 国际城市规划, 2021, 36 (4): 126-136.

[44] 李裕瑞, 曹丽哲, 王鹏艳, 等. 论农村人居环境整治与乡村振兴 [J]. 自然资源学报, 2022, 37 (1): 96-109.

[45] 李周. 乡村生态宜居水平提升策略研究 [J]. 学习与探索, 2019, 288 (7): 115-120.

[46] 梁丹丹, 张源纯. 新发展阶段的乡村价值: 多维考量与实践向度 [J]. 西北农林科技大学学报 (社会科学版), 2022, 22 (6): 38-44.

[47] 廖福崇. 数字治理体系建设: 要素、特征与生成机制 [J]. 行政管理改革, 2022, 155 (7): 84-92.

[48] 廖一红. 乡村振兴视域下农村电商发展模式的探索及启示——基于乡村共同体的思考 [J]. 税务与经济, 2022, 242 (3): 74-80.

[49] 刘金钊, 汪寿阳. 数据要素市场化配置的困境与对策探究 [J]. 中国科学院院刊, 2022, 37 (10): 1435-1444.

[50] 刘新超. 中外农业信息化发展的比较与经验借鉴 [J]. 黑龙江畜牧兽医, 2017 (24): 254-257.

[51] 刘学侠, 陈传龙. 数字技术推动农业产业结构转型升级路径研究 [J]. 行政管理改革, 2022, 160 (12): 57-65.

[52] 刘洋. 美国农村 K-12 数字化学习最新进展——《美国农村数字化学习策略 (2018 年度)》解读 [J]. 中国电化教育, 2019 (9): 91-97.

[53] 刘银喜, 赵淼, 赵子昕. 政府数据治理能力影响因素分析 [J]. 电子政务, 2019, 202 (10): 81-88.

[54] 刘遵峰, 张春玲. 推动脱贫攻坚与乡村振兴有效衔接 [N]. 经济日报, 2020-09-15 (011).

[55] 门献敏. 关于推进乡村文化振兴的若干关系研究 [J]. 理论探讨, 2020 (2): 46-51.

［56］缪萌萌. 温州龙港市"共富工坊": 党建搭台让幸福来敲门 ［N/OL］. 人民网—浙江频道, 2022 - 10 - 31.

［57］欧阳日辉, 杜青青. 数据要素定价机制研究进展 ［J］. 经济学动态, 2022, 732 (2): 124 - 141.

［58］庞丹, 边悦玲, 张晓峰. 共同富裕视域下中国区域协调发展的现实困境与创新路径 ［J］. 新疆社会科学, 2022 (3): 36 - 46.

［59］庞慧敏, 王馨誉. 网络时代乡村文化传播的重建与策略 ［J］. 传媒, 2018, 293 (24): 72 - 74.

［60］钱静斐, 陈秧分. 典型发达国家农业信息化建设对我国农业"新基建"的启示 ［J］. 科技管理研究, 2021, 41 (23): 174 - 180.

［61］乔天宇, 李由君, 等. 数字治理格局研判的理论与方法探索 ［J］. 中国科学院院刊, 2022, 37 (10): 1365 - 1375.

［62］邱泽奇, 李由君, 徐婉婷. 数字化与乡村治理结构变迁 ［J］. 西安交通大学学报 (社会科学版), 2022, 42 (2): 74 - 84.

［63］冉连, 张曦. 网络信息内容生态治理: 内涵、挑战与路径创新 ［J］. 湖北社会科学, 2020 (11): 32 - 38.

［64］任晓刚, 李冠楠, 王锐. 数字经济发展、要素市场化与区域差距变化 ［J］. 中国流通经济, 2022, 36 (1): 55 - 70.

［65］任勇, 孟子龙, 朱友伟. 数据治理驱动政府与市场关系的变化及其未来路径 ［J］. 东南学术, 2022, 292 (6): 74 - 84, 246.

［66］社小科. 《是这个理》: 橘颂新篇 ［N/OL］. 湖北省社科联, 2022 - 12 - 10.

［67］申云成. 个人大数据定价方法研究 ［D］. 成都: 四川大学, 2021.

［68］沈讯. 昭通彝良县: 远程医疗破解山区群众"看病难" ［N/OL］. 云南网, 2021 - 12 - 21.

［69］石如宽. 山东潍坊寿光市东斟灌村: "90后"玩转新式大棚 ［N］. 大众日报, 2022 - 11 - 27 (2).

［70］斯丽娟, 曹昊煜. 县域经济推动高质量乡村振兴: 历史演进、双重逻辑与实现路径 ［J］. 武汉大学学报 (哲学社会科学版), 2022, 75

（5）：165－174.

[71] 宋常迎，郑少锋，郑雯雯．"十四五"时期数字农业关键技术发展的创新路径 [J]．科学管理研究，2022，40（1）：79－85.

[72] 宋洪远．智慧农业发展的状况、面临的问题及对策建议 [J]．人民论坛·学术前沿，2020，208（24）：62－69.

[73] 孙华美．结合美日经验论中国特色农产品品牌建设策略 [J]．世界农业，2016（6）：36－39.

[74] 唐惠敏．数字技术赋能乡村振兴的理论阐释与实践发展 [J]．农村经济，2022，479（9）：42－51.

[75] 唐要家，唐春晖．数据价值释放的理论逻辑、实现路径与治理体系 [J]．长白学刊，2022（1）：98－106.

[76] 陶雪娇，胡晓峰，刘洋．大数据研究综述 [J]．系统仿真学报，2013，25（S1）：142－146.

[77] 陶卓，黄卫东，闻超群．数据要素市场化配置典型模式的经验启示与未来展望 [J]．经济体制改革，2021（4）：37－42.

[78] 田杰棠，刘露瑶．交易模式、权利界定与数据要素市场培育 [J]．改革，2020，317（7）：17－26.

[79] 田立法，张妍彬，赵娅娅．农村数字文化赋能农业发展的商业模式研究 [J]．农业考古，2022，182（4）：260－265.

[80] 田野，叶依婷，黄进，等．数字经济驱动乡村产业振兴的内在机理及实证检验——基于城乡融合发展的中介效应 [J]．农业经济问题，2022（10）：84－96.

[81] 王波，孙一力．大数据助力乡村治理现代化的实现路径 [J]．宏观经济管理，2021（7）：51－57.

[82] 王成利，鲁冰，程静静．乡村文化创造性转化创新性发展的建构路径研究 [J]．山东社会科学，2022，326（10）：85－91.

[83] 王国法．煤矿智能化最新技术进展与问题探讨 [J]．煤炭科学技术，2022，50（1）：1－27.

[84] 王俊．从电子政务、智慧城市到智慧社会——智慧宜昌一体化建设实践探析 [J]．电子政务，2018（5）：52－63.

［85］王丽. 善治视域下乡村治理的公共性困境及其重构［J］. 行政论坛，2022，29（3）：99－104.

［86］王林霞. 大数据嵌入乡村治理的路径建构［J］. 黑龙江社会科学，2020，182（5）：22－27.

［87］王小兵，康春鹏，刘洋，等. 牢牢抓住建设智慧农业的时代主题［J］. 中国农业资源与区划，2021，42（12）：46－50.

［88］王小宁，刘丽丽. 供需视角下农村精准信息服务扩散影响因素研究［J］. 情报科学，2020，38（3）：93－100.

［89］韦艳，杨婧. 远程医疗对我国5省农村贫困地区居民健康状况的影响［J］. 医学与社会，2022，35（5）：60－64，70.

［90］吴红霞，蔡文柳. 基于灰色关联模型的新型城镇化发展质量评价研究［J］. 农业经济，2019（5）：78－80.

［91］吴红霞，赵爽，金益多. 基于 Critic 的生态文明视角下新型城镇化水平测度——以河北省为例［J］. 企业经济，2016，35（2）：143－147.

［92］吴圣，吴永常，陈学渊. 我国农业科技园区发展：阶段演变、面临问题和路径探讨［J］. 中国农业科技导报，2019，21（12）：1－7.

［93］吴文旭，吴业苗. 数字乡村建设如何促进乡村振兴——基于政策法律文本的扎根理论研究［J］. 中国农业大学学报（社会科学版），2022，39（5）：69－92.

［94］吴永年. 印度如何凭借两次"绿色革命"从粮食进口国变成出口国第一财经［N/OL］. 第一财经，2019－03－31.

［95］习近平谈治国理政：第一卷［M］. 北京：外文出版社，2014：209.

［96］肖红利，王斯佳，许振宝，等. 德国农业4.0发展经验对中国农业发展的启示［J］. 农业展望，2019，15（12）：117－120.

［97］肖黎，刘纯阳. 发达国家农业信息化建设的成功经验及对中国的启示——以美日法韩四国为例［J］. 世界农业，2010（11）：16－20.

［98］谢天成，施祖麟. 农村新业态发展现状、问题与对策研究［J］. 当代经济管理，2020，42（1）：41－46.

［99］徐邦友. 推进国家治理体系和治理能力现代化的中国方案［J］.

治理研究，2020，36（5）：11-18.

［100］闫贝贝，刘天军. 信息素养、电子商务采纳与农民增收关系的实证检验［J］. 统计与决策，2022，38（11）：70-73.

［101］杨典. 以党的治理体系现代化引领国家治理体系现代化——基于政党社会学的分析［J］. 社会科学，2020，479（7）：18-23.

［102］杨亚东，罗其友，伦闰琪，等. 乡村优势特色产业发展动力机制研究——基于系统分析的视角［J］. 农业经济问题，2020，492（12）：61-73.

［103］姚明峰，姜波，沈小晓，等. "数字种田"让农活更轻松 多国加快农业数字化转型［N/OL］. 人民日报，2021-09-23.

［104］姚香娟，田甜，党向盈，等. 智能优化在软件测试中的应用综述［J］. 控制与决策，2022，37（2）：257-266.

［105］于君博，戴鹏飞. 中国地方政府数字治理的"过程"与"组织"［J］. 公共管理学报，2023，20（1）：121-132，174-175.

［106］于奇，张开颜，崔艳智. 以信息化手段提升农业农村生态环保监管水平［J］. 环境经济，2020（18）：58-61.

［107］俞可平. 全球治理引论［J］. 马克思主义与现实，2002（1）.

［108］俞可平. 推进国家治理体系和治理能力现代化［J］. 前线，2014（1）：5-8，13.

［109］曾亿武，宋逸香，林夏珍，等. 中国数字乡村建设若干问题刍议［J］. 中国农村经济，2021（4）：21-35.

［110］翟坤周，侯守杰. "十四五"时期我国城乡融合高质量发展的绿色框架、意蕴及推进方案［J］. 改革，2020（11）：53-68.

［111］詹姆斯·N. 罗西瑙. 没有政府的治理［M］. 南昌：江西人民出版社，2001.

［112］詹姆斯·N. 罗西瑙. 没有政府的治理［M］. 张胜军，刘小林，等译. 南昌：江西人民出版社，2001.

［113］张春玲，杜丽娟，马靖森. 县域新型城镇化质量评价研究——以河北省为例［J］. 河北经贸大学学报，2019，40（1）：102-108.

［114］张春玲，范默莘，姜学永. 乡村数据治理的问题探索及体系构

建 [J]. 经济论坛, 2021, 609 (4): 117-125.

[115] 张春玲, 范默茸. 跨境电商研究热点及演化脉络解析 [J]. 财会月刊, 2021 (6): 113-118.

[116] 张春玲, 范默茸. 乡村生活垃圾分类治理影响因素及对策 [J]. 河北大学学报 (哲学社会科学版), 2021, 46 (3): 101-110.

[117] 张春玲, 李安娜, 贾淼森. 新电商背景下农产品流通创新发展动力与发展对策 [J]. 经济论坛, 2022 (1): 17-25.

[118] 张春玲, 李安娜. 数字普惠金融助推农业现代化的空间效应及门槛效应分析 [J]. 燕山大学学报 (哲学社会科学版), 2023, 24 (1): 77-87.

[119] 张春玲, 刘遵峰, 吴红霞. 以数字乡村建设助力乡村振兴 [N]. 经济日报 (理论版), 2019-12-25.

[120] 张春玲, 吴红霞, 刘遵峰. 用技术创新为乡村振兴注入新动能 [N]. 经济日报, 2018-03-29 (014).

[121] 张春玲, 赵爽, 刘遵峰. 以数字经济助力乡村产业振兴 [N]. 经济日报 (理论版), 2021-12-14.

[122] 张春玲, 赵爽. 农村正成为青年创业的热土 [N]. 光明日报, 2021-09-14 (012).

[123] 张春玲, 赵爽. 数字经济: 激活县域共同富裕新动能 [N]. 光明日报, 2022-09-06 (11).

[124] 张居正, 王凤科, 张思洁. 美国电子政务发展对我国的启示 [J]. 河南科技大学学报 (社会科学版), 2021, 39 (6): 41-46.

[125] 张康洁, 于法稳. "双碳"目标下农业绿色发展研究: 进展与展望 [J]. 中国生态农业学报 (中英文), 2023, 31 (2): 214-225.

[126] 张莉. 数据治理与数据安全 [M]. 北京: 人民邮电出版社, 2019.

[127] 张立萍. 新常态下中国农业机械化发展问题探讨 [J]. 智慧农业导刊, 2022, 2 (11): 76-78.

[128] 张添翼. 国家治理主体的政治哲学研究 [J]. 青海社会科学, 2020, 244 (4): 10-16, 35.

[129] 张玮哲, 彭祚登, 翟明普, 等. 我国农业农村生态文明标准体

系构建的探讨［J］. 北京林业大学学报（社会科学版），2020，19（3）：55 – 66.

［130］张昕蔚，蒋长流. 数据的要素化过程及其与传统产业数字化的融合机制研究［J］. 上海经济研究，2021，390（3）：60 – 69.

［131］张岳，周应恒. 数字普惠金融、传统金融竞争与农村产业融合［J］. 农业技术经济，2021，317（9）：68 – 82.

［132］章爱先，朱启臻. 基于乡村价值的乡村振兴思考［J］. 行政管理改革，2019，124（12）：52 – 59.

［133］赵春江，李瑾，冯献. 面向 2035 年智慧农业发展战略研究［J］. 中国工程科学，2021，23（4）：1 – 9.

［134］赵玉鑫，张祎. 信息技术在农业环境污染防治中的应用［J］. 吉林农业大学学报，2021，43（2）：244 – 250.

［135］周冏，罗海江，孙聪，等. 中国农村饮用水水源地水质状况研究［J］. 中国环境监测，2020，36（6）：89 – 94.

［136］祝国平，焦灵玉，刘星. 产业链参与、技术选择与农户绿色生产行为［J］. 经济纵横，2022（8）：88 – 97.

［137］Diebold F X. Advances in Economics and Econometrics："Big Data" Dynamic Factor Models for Macroeconomic Measurement and Forecasting：A Discussion of the Papers by Lucrezia Reichlin and by Mark W. Watson［M］. Cambridge University Press，2010.

［138］Kooiman，Modern Governance：New Government – Society Interactions［M］. London：Sage Press，1993.